lonely planet

LAS MEJORES RUTAS EN BICICLETA
FRANCIA

38 ITINERARIOS INOLVIDABLES

QUENTIN BOEHM, CHRISTOPHER COOLEY, PIERRE JAUMOUILLÉ,
RORY MULHOLLAND, CHARLES ONIANS Y ASHLEY PARSONS

Sumario

MAPAS DIGITALES DESCARGABLES DE LAS RUTAS

En este QR se pueden descargar archivos GPX o KML para seguir el itinerario en ruta.

NORESTE DE FRANCIA p. 205
ÎLE-DE-FRANCE (PARÍS) p. 53
NOROESTE DE FRANCIA p. 21
CENTRO DE FRANCIA p. 75
SUROESTE DE FRANCIA p. 171
ALPES p. 111
PROVENZA Y LA COSTA AZUL p. 139
Mar de Irlanda
Dublín
IRLANDA
Mánchester
Liverpool
Sheffield
Lincoln
Leicester
Norwich
Birmingham
GALES
INGLATERRA
Cardiff
Bristol
Londres
Canal de Bristol
Folkestone
Dover
Southampton
Brighton
Calais
Plymouth
Isla de Wight
Canal de la Mancha
Mar del Norte
Groningen
PAÍSES BAJOS
Den Haag (La Haya)
Ámsterdam
Róterdam
Hamburgo
Bremen
Hannover
Dortmund
Düsseldorf
ALEMANIA
Gante
Bruselas
BÉLGICA
Lille
Bonn
Rin
Fráncfort del Meno
Wurzburgo
LUXEMBURGO
Ciudad de Luxemburgo
Mannheim
Sarrebruck
Karlsruhe
Stuttgart
ISLAS DEL CANAL
OCÉANO ATLÁNTICO
Cherburgo
Península de Cotentin
Dieppe
Amiens
St-Quentin
El Havre
Ruan
Caen
Sena
Charleville-Mezières
Reims
Metz
Nancy
Estrasburgo
PARÍS
Brest
St-Brieuc
St-Malo
Chartres
Quimper
Rennes
Le Mans
Orleans
Troyes
Raon-l'Étape
Danubio
Lago Constanza
Mulhouse
Vannes
Angers
Tours
Loira
Nantes
Dijon
Besançon
Zúrich
Vaduz
Berna
SUIZA
Bourges
La Roche-sur-Yon
Poitiers
Lago Lemán
Lausana
Mâcon
Ginebra
ITALIA
La Rochelle
Clermont-Ferrand
Mont Blanc (4807m)
Saintes
Limoges
Lyon
Milán
Golfo de Vizcaya
Périgueux
Ródano
Grenoble
Turín
Po
Brive-la-Gaillarde
Valence
ALPES FRANCESES
Burdeos
Génova
Garona
Lot
Mont-de-Marsan
Albi
Nîmes
Aviñón
Niza
Golfo de Génova
MÓNACO
Santander
Biarritz
Bayona
Toulouse
Montpellier
Cannes
Bilbao
Pau
Marsella
San Sebastián
Pirineos
Narbona
Toulon
Vitoria-Gasteiz
Costa Azul
Pamplona
ANDORRA
Perpiñán
Calvi
Bastia
Logroño
Aneto (3404m)
Andorra la Vella
Córcega
Ajaccio
Valladolid
Duero
Girona
Zaragoza
Ebro
Lleida
Barcelona
Tarragona
Olbia
Sassari
ESPAÑA
MAR MEDITERRÁNEO
Madrid
Teruel
Cerdeña
Tajo
Islas Baleares
Menorca
Golfo de Valencia
Palma de Mallorca
Mallorca
Valencia
Cagliari
N
0
200 km

Bienvenidos a Francia

En familia, en solitario o con amigos, este libro desvela las mejores rutas en bicicleta de Francia. Se podrá explorar los Alpes y los Pirineos, optar por una ruta costera por Bretaña o el Mediterráneo o planificar un itinerario que coincida con festivales o migraciones de fauna: las opciones son innumerables. Sin necesidad de llevar mallas de licra ni calas en los pedales, esta forma de explorar el mundo, además de respetuosa con el clima, permite al viajero sumergirse en la vida local cotidiana, que es la verdadera esencia de todo viaje, mientras disfruta de, p. ej., rutas a la sombra por el Loira o de exigentes ascensiones con increíbles vistas del Verdon.

Este libro ofrece todo lo necesario para pasar de soñar con recorrer Francia a fuerza de pedal a organizar el alquiler de la bicicleta y descargarse rutas GPS para empezar la aventura.

Ciclista cerca del Mont Blanc y Chamonix (p. 132).

LUKE JARMEY / TFA/ ASCENT/GETTY IMAGES ©

Mi ruta ideal en bicicleta

Ashley Parsons

PROVENZA Y LA COSTA AZUL

P. 139

Provenza en temporada baja es mi región favorita para ir en bicicleta. Con innumerables carreteras secundarias que enlazan pueblos de las laderas del Luberon (p. 154), esta zona pide a gritos ser pedaleada y las rutas que descubro siempre me sorprenden. Además, en los pueblos siempre hay algún café abierto y, en temporada baja, artistas, artesanos y agricultores con tiempo para sentarse a charlar sobre sus pasiones.

Charles Onians

NORESTE DE FRANCIA

P. 205

Mi ruta perfecta acompaña al río Mosa (p. 208) desde Charleville-Mézières hasta las boscosas colinas de las Ardenas. Su fauna, historia y belleza natural, junto con la opción de continuar por el aún más tranquilo río Semois, hacen que sea difícil de superar. Al documentarme para este libro, pasé una noche de acampada (¡con el permiso del propietario!) a orillas del tranquilo Mosa escuchando a los castores. ¡Maravilloso!

Campo de lavanda en Provenza (p. 144).

Las cinco mejores rutas panorámicas

1. **Champaña** Recorrer los campos y viñedos burbujeantes.
2. **Montaña Sainte-Victoire** Los colores que inspiraron a Cézanne.
3. **Norte de Bretaña** Disfrutar de los panoramas de las Côtes-d'Armor.
4. **Valle de Chamonix** Cruzar llanuras y estrechas gargantas con vistas al Mont Blanc.
5. **Dolce Via** Seguir las curvas de las montañas de Ardèche.

Christopher Cooley

SUROESTE DE FRANCIA

P. 171

Para mí, el País Vasco francés (p. 190) es un paraíso ciclista. No es un terreno fácil y hay que estar mentalmente preparado para sus empinadas colinas, pero la recompensa tras un duro día pedaleando sin duda merece la pena. Desde sus impresionantes paisajes y campos vírgenes hasta su cultura atemporal y excelente gastronomía, esta zona es un lugar mágico del mundo para explorar al que regreso una y otra vez.

Pierre Jaumouillé

NOROESTE DE FRANCIA

P. 21

Mi ruta favorita es la que conduce al Mont St-Michel (p. 34), ya que permite aproximarse a este enclave maravilloso de una forma íntima, a través de pequeñas carreteras. Ya se vaya en primavera, verano, otoño o invierno, esta ruta nunca deja a uno con la misma sensación. Las vistas varían según los horarios de las mareas. Llegar a este icónico lugar en bicicleta es una experiencia extraordinaria que se recuerda durante mucho tiempo.

Las cinco mejores rutas en familia

1. **Mont St-Michel** Crear recuerdos mientras se pedalea hasta esta sublime abadía en Normandía.
2. **La Camarga** Pasar un día embobado con los flamencos en la playa.
3. **Pau** Deleitarse con los panoramas pirenaicos por la Véloroute 81.
4. **Bourg-St-Maurice** Toda la familia puede pedalear de Bourg-St-Maurice a Aime, en los Alpes.
5. **París** Visitar el cementerio del Père Lachaise y el Parc des Buttes-Chaumont por carriles bici.

Quentin Boehm

LOS ALPES

P. 111

Como vivo en las montañas por encima de St-Gervais-les-Bains, mi ruta favorita es, cómo no, la del Mont Blanc (p. 132), que puedo empezar desde la puerta de casa. Me encanta ver cómo va apareciendo poco a poco el macizo del Mont Blanc mientras pedaleo hacia Chamonix, así como contemplar los glaciares. Los Alpes me han robado el corazón porque las estaciones son muy diferentes entre sí, haciendo que cada una sea especial y que cada vez que hago esta ruta sea como la primera vez.

Rory Mulholland

ÎLE-DE-FRANCE

P. 53

Mi ruta perfecta es la que recorre el canal de l'Ourcq (p. 56) desde Meaux hasta París. La he hecho decenas de veces a lo largo de los años y es excelente para escapar unas horas del ajetreo parisino. Meaux, una pequeña ciudad con catedral famosa por su queso brie, queda a un corto trayecto en tren desde París. Ya solo queda ponerse a pedalear por ondulados campos junto al canal, bordeado de árboles, para volver a entrar lentamente en la capital francesa.

Imprescindibles

LAS MEJORES RUTAS GASTRONÓMICAS

Como cuna de la alta cocina, Francia es el destino ciclista perfecto para abrir el apetito. Se puede comer en restaurantes sofisticados en las ciudades, pero no hay que subestimar el recetario local, en base a ingredientes frescos de rigurosa temporada. Desde las ostras de la costa atlántica hasta las *fondues* de los Alpes, los amantes de la buena mesa deben probar estas rutas.

CONSEJO

Quesos, aceites, vegetales o cooperativas de vino son la mejor manera de apoyar a los agricultores locales y disfrutar de su excelente despensa.

1

Meaux

Parar en una *fromagerie* (quesería) en Meaux, la cuna del brie.

P. 56

2

Bourg St-Maurice

Aprovisionarse de queso beaufort de verano en la cooperativa.

P. 122

3

País Vasco francés

Probar un *gâteau basque* o una *piperade* de pimientos de Espelette DOP.

P. 190

'Gâteau basque' (p. 191).

4

Isla de Noirmoutier

Pedalear hasta una caseta de ostras para probarlas recién desbulladas.

P. 24

5

Lyon

Esta ciudad cuenta con 20 restaurantes con estrellas Michelin. Se impone reservar.

P. 100

Tomates provenzales.

CONSEJO

En Francia triunfa la cocina de temporada. Los tomates de Provenza son una exquisitez, pero en verano, no en invierno.

EN SU MOMENTO

La fauna está más activa a primera hora de la mañana y al anochecer. Hay que consultar los patrones de migración para saber dónde encontrar animales.

Imprescindibles

LAS MEJORES RUTAS FAUNÍSTICAS

Con largos litorales, marismas, dos grandes cordilleras, interminables campos y diversos climas, Francia alberga una gran diversidad de animales. La ubicación de los parques naturales tampoco es aleatoria: no solo sirven como refugios, sino que a menudo también están alineados para crear corredores de fauna. Gracias a esto, se podrán ver poblaciones de flamencos, gamuzas, castores y ciervos mientras se pedalea por todo el país.

CONSEJO

Hay que guardar silencio al observar fauna, y también en los cafés. Alardear de haber visto un lobo podría alertar a los cazadores furtivos.

1

Río Mosa

Avistar castores y cigüeñas negras en los humedales y orillas del Mosa.

P. 208

2

Brenne

En los estanques del Brenne se pueden ver decenas de especies de aves amenazadas.

P. 104

CREATIVENATURE_NL/GETTY IMAGES ©

Castor europeo.

3

Chambord

Visitar Chambord en la época de celo del ciervo es algo inolvidable.

P. 96

4

Gargantas del Verdon

Las famosas gargantas albergan gamuzas y más de 300 buitres que sobrevuelan en círculos.

P. 164

5

Narbona

Desde Narbona, una ruta acerca a los ciclistas hasta lagunas llenas de flamencos.

P. 198

Cigüeñas negras.

CONSEJO

Hay que reservar las bicis y los remolques para niños con antelación. Las eléctricas son solo para mayores de 12 años.

Imprescindibles

LAS MEJORES RUTAS EN FAMILIA

El ciclismo es una actividad apta para familias que puede adecuarse a todas las edades. Hay que optar por rutas con carriles bici seguros o poco transitadas. Es crucial adaptar las distancias y las actividades diarias para que todos los miembros puedan seguir el ritmo y disfrutar. Viajar con niños ofrece un nuevo punto de vista para experimentar Francia a pedales. Estas son nuestras rutas favoritas.

CONSEJO

Es buena idea llevar chalecos reflectantes cuando se vaya en familia, pues ayudan a que los conductores vean mejor al grupo.

1

Mont St-Michel

Crear recuerdos imborrables pedaleando hasta la icónica abadía del Mont St-Michel en Normandía.

P. 34

FRANZ ABERHAM/GETTY IMAGES ©

Flamencos, la Camarga (p. 160).

2

La Camarga

Pasar un día con los niños embobados con los flamencos en la playa.

P. 160

3

Pau

Deleitarse con los paisajes pirenaicos por la Véloroute 81 cerca de Pau.

P. 194

4

De Bourg-St-Maurice a Aime

Toda la familia puede pedalear de Bourg-St-Maurice a Aime, en los Alpes.

P. 122

5

París

Visitar el cementerio del Père Lachaise y el Parc des Buttes-Chaumont por carriles bici.

P. 60

En bicicleta por el centro de París (p. 60).

Imprescindibles

LAS MEJORES RUTAS PANORÁMICAS

Es imposible elegir las mejores vistas de Francia, pero, en fin, aquí se ofrece una lista con lo mejorcito: los interminables viñedos de Champaña, los picos de los Alpes franceses, las increíbles gargantas del Verdon y los colores de Cézanne, pero también otras menos espectaculares, pero aun así inolvidables, ya sea por la costa bretona o cuesta abajo por la región de Ardèche.

CONSEJO

Cualquiera de estas rutas es magnífica todo el año. Solo hay que ir bien preparado y, sin importar la estación o el clima, enamorarse de las vistas.

1

Champaña

Sus viñedos y campos burbujeantes. En los días despejados quizá se vea despuntar la catedral de Reims a lo lejos.

P. 216

2

Montaña Sainte-Victoire

Sumergirse en los colores que inspiraron a Cézanne mientras se pedalea por la base de esta montaña.

P. 150

3

Norte de Bretaña

Pedalear por la costa del norte bretona para disfrutar de las panorámicas de Côtes-d'Armor.

P. 30

YURIY BRYKAYLO/SHUTTERSTOCK ©

Valle de Chamonix-Mont Blanc (p. 132).

4

Valle de Chamonix-Mont Blanc

Cruzar llanuras y estrechas gargantas con vistas de los Alpes en este bonito valle por debajo del Mont Blanc.

P. 132

5

Dolce Via

Acompañar las curvas de las montañas de Ardèche por esta vía verde del centro de Francia.

P. 78

Imprescindibles

LAS MEJORES RUTAS ENOLÓGICAS

Leer sobre vinos franceses no tiene ni punto de comparación con visitar los propios viñedos. Y ¿por qué no visitar uno o dos mientras se pedalea? Desde Borgoña hasta Burdeos, y casi en cualquier lugar entremedias, se pueden descubrir viejos clásicos y tentadoras novedades en nuestras rutas favoritas, que combinan los placeres del ciclismo con las sensaciones de la cata de vinos.

CONSEJO

Si ha gustado el vino que se ha catado, no hace falta comprarlo y cargar con él; casi todos los viñedos aceptan envíos internacionales.

1

Voie des Vignes

Visitar cuatro pueblos en el corazón de la región vinícola de Borgoña.

P. 88

2

Burdeos

Parar a probar los famosos vinos de la región mientras se pedalea junto al río.

P. 186

3

Luberon

Parar en las cooperativas vinícolas de Bonnieux o Coustellet, en la región del Luberon.

P. 154

Bodega, Château de Pommard (p. 89).

4

Champaña

Hacer una pausa en las bodegas de Pouillon para brindar con un buen champán.

P. 216

5

Valle del Loira

Famoso por sus castillos y vinos afrutados, el valle del Loira es un lugar digno de la realeza.

P. 44

Cuándo ir

Francia tiene rutas ciclistas para todas las estaciones. En los calurosos veranos, se puede ir a las montañas y, en invierno, a la costa sur.

MIRADA LOCAL

PRIMAVERA EN LOS ALPES

Ashley Parsons es escritora y una amante de las actividades al aire libre. @jailoo.studio

Cuando acaba la temporada de esquí, estoy ansiosa por recorrer en bici los puertos de montaña de los Alpes franceses. A menudo, en lo alto de las largas ascensiones a los puertos hay restaurantes, ideales para tomar un café o un almuerzo a modo de celebración antes de empezar a descender. En primavera, cuando los puertos reabren, aún suele haber un poco de nieve en lo alto, y mientras desciendo hasta la base del valle contemplo cómo el paisaje se va tiñendo de colores en combinación con el cambio de altitud.

De abril a octubre es la mejor época ciclista en Francia, aunque en plena temporada de vacaciones, en agosto, es buena idea buscar las zonas menos visitadas. También hay que tener en cuenta la región: Provenza es la única relativamente fácil de recorrer en bici en invierno (y si no sopla el mistral). Aun así, el dicho "no existe el mal tiempo, sino solo una mala preparación" es válido para el ciclismo en Francia. Incluso en las regiones alpinas con nieve, si es posible alquilar una bicicleta con cubiertas adecuadas, se puede pedalear.

RADU RAZVAN/SHUTTERSTOCK ©

Tour de France.

El clima mes a mes (Marsella)

ENERO	FEBRERO	MARZO	ABRIL	MAYO	JUNIO
Media máx. diurna: **12°C**	Media máx. diurna: **13°C**	Media máx. diurna: **16°C**	Media máx. diurna: **18°C**	Media máx. diurna: **23°C**	Media máx. diurna: **26°C**
Días de lluvia: **6**	Días de lluvia: **4**	Días de lluvia: **4**	Días de lluvia: **5**	Días de lluvia: **4**	Días de lluvia: **2**

LITCHI CYRIL PHOTOGRAPHIE/SHUTTERSTOCK ©

Carnaval de Niza.

CONSEJO

La fama de lluviosa que tiene Normandía es exagerada. En el norte de Francia llueve a menudo, pero raras veces todo el día. Hay que llevar un chubasquero y no dejarse disuadir por las previsiones de lluvia.

Alojamiento

En temporada baja, de noviembre a marzo, suelen reducirse las opciones, pero también los precios. Además, las que están disponibles todo el año son más fáciles de reservar fuera de temporada alta, y cuando los alojamientos tienen menos clientes resulta más sencillo pedir una rebaja del precio, sobre todo si es para varias noches.

CLICHÉ CLIMÁTICO: SOLO NIEVA EN LOS ALPES

Los Alpes no son la única región de Francia donde podrían necesitarse cubiertas de nieve. En el Macizo Central, que incluye Ardèche y Auvernia, pueden caer nevadas impresionantes. Y tampoco es extraño que nieve en Alsacia y los Vosgos.

GRANDES CITAS

Muchas ciudades de Provenza y la Costa Azul celebran el **carnaval,** pero el más renombrado es el de Niza, normalmente en febrero (las fechas exactas varían cada año). **Febrero**

Cada 21 de junio, la plaza mayor de todos los pueblos de Francia se anima de noche durante **La Fête de la Musique. Junio**

La carrera ciclista más famosa del mundo, el **Tour de France** (o el Tour, como es más conocido), acapara la atención del ciclismo mundial durante tres semanas de julio y casi 3500 km. Es posible unirse a la 'caravana' y buscar un sitio para verlo pasar. El **Tour de France femenino** arranca una semana después de acabar el masculino. **Julio**

CITAS MENOS FAMOSAS

La **Mad Jacques,** una carrera ciclista con destino secreto, termina con un festival. **Varias fechas**

El **Jazz au Phare** es un festival musical de una semana en la isla de Ré. **Julio/agosto**

Con ropa y bicis de época, los participantes del festival **Anjou Vélo Vintage** exploran el valle del Loira. **Junio/julio**

JULIO	AGOSTO	SEPTIEMBRE	OCTUBRE	NOVIEMBRE	DICIEMBRE
Media máx. diurna: **29°C**	Media máx. diurna: **29°C**	Media máx. diurna: **26°C**	Media máx. diurna: **21°C**	Media máx. diurna: **16°C**	Media máx. diurna: **13°C**
Días de lluvia: **1**	Días de lluvia: **2**	Días de lluvia: **3**	Días de lluvia: **6**	Días de lluvia: **5**	Días de lluvia: **5**

Prepararse para Francia

Cosas útiles para llevar en el equipaje o en la cabeza.

Ropa

Para pedalear, lo mejor es vestir a capas:

Básicos Camiseta deportiva o de lana merina de manga corta, que seca rápido y no retiene el mal olor. Camiseta fina de manga larga para las mañanas frescas. Chubasquero fino. Calcetines de secado rápido que eviten las rozaduras del calzado. Zapatillas o sandalias deportivas; nunca chanclas. Pantalones cortos, mejor acolchados de ciclismo. Gafas de sol, útiles incluso en días nublados.

Clima fresco Forro polar fino para abrigarse en las paradas. Mallas o pantalones acolchados de ciclismo, que pueden ser de ayuda en las rutas más largas. Chubasquero tipo cortavientos para protegerse del frío y la lluvia. Guantes finos para mantener calientes los dedos. Braga de cuello, imprescindible para el clima fresco y útil también en los descensos.

Clima frío Pantalones de ciclismo o excursionismo. Un sobrepantalón impermeable puede ayudar a protegerse del viento. Calcetines de repuesto. Unos guantes que abriguen, imprescindibles para los descensos, pero útiles también contra el viento. Un gorro fino que quepa bajo el casco.

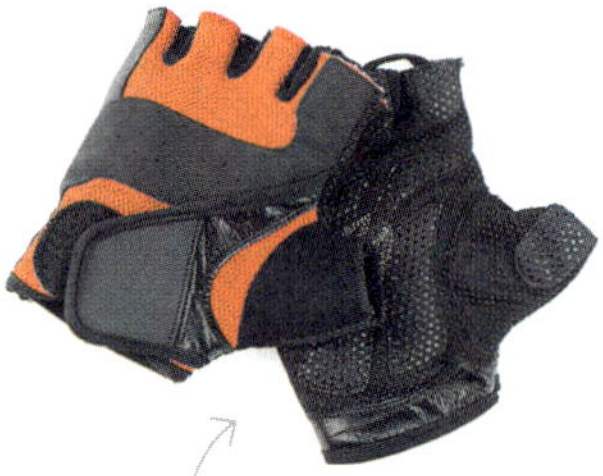

CINE

Ventoux
(Nicole van Kilsdonk; 2021) Un grupo vuelve a Provenza para subir en bici al Mont Ventoux, un objetivo que para ellos terminó trágicamente hace 30 años.

Bienvenidos a Belleville
(Sylvain Chomet; 2003) Película de animación en la que el nieto de Madame Souza, un ciclista del Tour de France, es secuestrado por mafiosos.

La mentira de Lance Armstrong
(Alex Gibney; 2014) Aclamado documental sobre el ciclista, caído en desgracia, Lance Armstrong.

MARCUS STEVENS/SHUTTERSTOCK ©

Bicicleta de montaña, valle de Chamonix-Mont Blanc (p. 132).

Palabras y expresiones

Bonjour Hola

Merci Gracias

Est-ce que vous parlez espagnol? ¿Habla español?

Où est...? ¿Dónde está...?

Les toilettes El baño

Le magasin vélo La tienda de bicicletas

J'aimerais... Me gustaría...

J'aimerais louer un vélo Me gustaría alquilar una bicicleta

J'aimerais reserver pour... Me gustaría reservar...

Un vélo de route Una bicicleta de carretera

Un vélo pour enfant Una bicicleta infantil

Un vélo éléctrique Una bicicleta eléctrica

Voie vélo Vía ciclista

Véloroute Vía ciclista

Tournez à gauche/droite Gire a la izquierda/derecha

Avez vous une carte? ¿Tiene un mapa?

Quand est le prochain train? ¿A qué hora es el próximo tren?

Quelle est l'adresse? ¿Cuál es la dirección?

MÚSICA Y 'PODCASTS'

A la cola del pelotón Poscast de actualidad, ciclismo amateur, profesional, cicloturismo, de todo.

Women's History Month (Peloton; 2023) Lista de reproducción de Spotify de enérgicas canciones de artistas femeninas.

Fantaisie Militaire (Alain Bashung; 1998) Álbum del cantautor francés Alain Bashung. Letras en francés con mucha fuerza que evocan un sentimiento de pertenencia.

LIBROS

Las aventuras de un ciclista que no deseaba el maillot amarillo (Frédéric Albert/Israel Parada; 2017) Divertidas narraciones en primera persona de rutas ciclistas por Europa.

Las mejores rutas del mundo en bicicleta (Lonely Planet; 2017) Incluye cinco rutas en bici por toda Francia.

La milla invisible (David Coventry; 2015) Relato de ficción sobre el Tour de France de 1928.

Metiendo codos (Laura Meseguer; 2020) Voces y confidencias de la mejor generación del ciclismo español.

0
50 km
Canal de la Mancha
Cap de la Hague
Cherburgo
Île Tatihou
Península de Cotentin
Douve
ISLAS DEL CANAL
St Helier
Cap de la Hève
El Havre
Côte de Nacre
Bahía del Sena
Forêt de St-Gatien
Parc Naturel Régional des Marais du Cotentin et du Bessin
Bayeux
Caen
Saint-Lô
CALVADOS
Lisieux
Côte de Granit Rose
Île de Bréhat
02
Pleubian
Paimpol
Lannion
MANCHE
Vire
Touques
Charentonne
Côte d'Émeraude
Pointe de St-Cast
Bahía del Mont St-Michel
Avranches
Guingamp
Bahía de St-Brieuc
St-Malo
Mont St-Michel
03
Orne
ORNE
St-Brieuc
Parc Naturel Régional Normandie-Maine
CÔTES D'ARMOR
Rance
Forêt de Ville-Cartier
Fougères
MAYENNE
Alençon
Sarthe
BRETAÑA
Rennes
Vitré
SARTHE
Laval
Étang au Duc
Forête de Paimpont
Forêt de Carnoët
Canal Nantes-Brest
Vilaine
ILLE-ET-VILAINE
Le Mans
Laïta
Ploërmel
MORBIHAN
Lorient
Rivière d'Etel
Vannes
Îles de Groix
04
Canal de Nantes a Brest
Forêt de Gâvre
Loir
ANJOU
TURENA
Parc Naturel Régional de Brière
Belle-Île-en-Mer
Île d'Hoëdic
LOIRE-ATLANTIQUE
Angers
Loira
Parc Naturel Régional Loire-Anjou-Touraine
St-Nazaire
Côte Sauvage
Saumur
Nantes
05
Indre
Pointe de St-Gildas
Cholet
Forêt de Chinon
Isla de Noirmoutier
Lac de Grand-Lieu
01
Sèvre
Montreuil-Bellay
Golfo de Vizcaya
Challans
Châtellerault
St-Gilles-Croix-de-Vie
La Roche-sur-Yon
VENDÉE
DEUX-SÈVRES
Poitiers
Les Sables-d'Olonne
VIENNE
Parc Naturel Interrégional du Marais Poitevin
OCÉANO ATLÁNTICO
Niort

LABELLEPATINE/SHUTTERSTOCK ©

Isla de Noirmoutier (p. 24).

Noroeste de Francia

Explorar

Noroeste de Francia

Esta zona, con una superficie de unos 90 000 km^2 y poco más de 10 millones de habitantes, incluye tres grandes regiones administrativas: Países del Loira, Bretaña y Normandía. Se extiende desde la Vendée en el sur hasta la desembocadura del Sena en el norte, y desde Finisterre en el oeste hasta Sarthe en el este. El noroeste de Francia alberga una amplia variedad de paisajes y también tiene una jugosa historia. Con más de 3000 km de costa, esta zona sin duda disfruta de una gran vertiente marítima, además de prometer cautivadoras rutas en bicicleta llenas de sorpresas y descubrimientos.

Diversidad paisajística

No hay mejor forma de explorar el noroeste de Francia que en bicicleta. Son muchas las rutas que se entrecruzan en esta región que cautiva por su riqueza histórica, cultural y gastronómica, además de por su variedad y belleza natural.

La Vendée

En el sur, se puede pedalear junto a sus largas playas de fina arena y descubrir los encantos de la isla de Noirmoutier. Este departamento también tiene un rico patrimonio histórico, puesto de relieve en el famoso parque Puy du Fou.

Nantes

Entre la Vendée y Bretaña, en esta ciudad se encuentra el gran castillo de los duques de Bretaña. Considerada la capital histórica de Bretaña, también es el centro económico de la región. Está atravesada por el Loira, el río más largo de Francia. El valle del Loira alberga muchos lugares que muestran la influencia histórica de Francia en el mundo. Magníficos castillos y prósperos viñedos flanquean sus orillas. Se puede pedalear por un tramo de la famosa Loire à Vélo alrededor de Saumur y meterse de lleno en este rico patrimonio.

Bretaña

Esta tierra de leyendas y marineros, que combina maravillosamente tradición y autenticidad, lleva cientos de años en el mapa de los viajeros internacionales. Mucho antes de la era del turismo, esta región occidental era ya una de las principales puertas de acceso a Francia para el resto del mundo. La costa bretona ofrece toda una amplia variedad de acantilados y playas pedregosas, mientras que el interior está lleno de brezales y misteriosos bosques. Se puede

CUÁNDO IR

La mejor época es de abril a octubre, con temperaturas más suaves y menos lluvia. Casi todos los eventos culturales se celebran en julio y agosto; durante este período se recomienda reservar el alojamiento y la bicicleta con antelación. Sin embargo, yendo bien equipado, todas las rutas de este capítulo son asequibles todo el año.

pedalear alrededor de Pleubian y disfrutar del singular ambiente de esta tierra de leyendas. Sus abundantes ensenadas y puertos hacen que sea la región más popular de Francia entre los amantes de la navegación. Con una fuerte identidad regional y una excelente gastronomía, Bretaña estimula la mente y el paladar del viajero.

Normandía

Más al norte, Normandía disfruta de una gran diversidad de paisajes, repartidos por una mezcla de costa y zonas rurales. Se puede pedalear por la carretera elevada hasta el Mont St-Michel, la mágica puerta de entrada a Normandía. En la costa este, se puede pedalear por una sección de la Vélomaritime para descubrir las famosas playas del desembarco de Normandía. En la última década se han dedicado grandes esfuerzos a desarrollar un buen número de vías ciclistas que atraviesan la región, confirmando su fama de "tierra ciclista".

TRANSPORTE

El noroeste cuenta con una buena red ferroviaria que conecta muchas ciudades con París en pocas horas. Para viajar entre poblaciones más pequeñas, hay autobuses. Se recomienda viajar entre semana y reservar los billetes con antelación, sobre todo en verano. Para información sobre horarios de trenes y transporte de bicicletas, consúltese www.sncf-connect.com. En los trenes de alta velocidad hay que reservar espacio para la bici, ya que hay pocos en cada tren. En los regionales, llevar la bici suele ser gratis.

EVENTOS

Nature is Bike

Celebrado a mediados de junio en Angers, **Nature Is Bike** (natureisbike.com) es un festival dedicado al ciclismo *gravel* en todas sus dimensiones, como reconectar con la naturaleza.

Festival Interceltique de Lorient

Este festival (festival-interceltique.bzh) se celebra a principios de agosto, dura 10 días y reúne a miles de personas en la ciudad de Lorient con la mejor música y cultura celtas.

La Semaine du Golfe du Morbihan

Cada dos años en mayo, más de mil barcos se dan cita en el golfo de Morbihan durante **La Semaine du Golfe,** un espectáculo sin par en una de las bahías más bonitas del mundo.

DÓNDE ALOJARSE

En toda la región hay una amplia variedad de alojamientos. En la costa hay muchos *campings,* pero también abundantes hoteles y B&B, con opciones para todos los gustos y bolsillos. En julio y agosto, hay que reservar con antelación.

La web en.francevelotourisme.com ofrece información sobre alojamientos Acceuil Vélo. Estos incluyen servicios específicos para los ciclistas: un espacio cubierto y cerrado para guardar la bici, un completo kit de reparación, enchufes para recargar las bicis eléctricas, lavandería y traslado de equipaje (gratis o de pago). También ofrecen información y consejos sobre rutas ciclistas y alquiler de bicicletas.

Recursos

France Vélo Tourisme (en.francevelotourisme.com) Web oficial para recorrer Francia en bicicleta.

Loire by Bike (loirebybike.co.uk) Toda la información sobre esta ruta de 900 km por el valle del Loira.

01

Ideal para

MARISCO

Isla de Noirmoutier

DURACIÓN	DIFICULTAD	DISTANCIA	INICIO/FINAL
5 h	Media	36 km	L'Épine

TERRENO	Caminos de ripio y vías ciclistas asfaltadas

LOUIS-MICHEL DESERT/SHUTTERSTOCK ©

Salinas, isla de Noirmoutier.

La isla de Noirmoutier también es conocida como la isla de las Mimosas por su clima templado, que permite que en invierno florezcan pequeñas y bonitas flores amarillas. Es accesible desde tierra firme por un puente (gratis) o por el Passage du Gois, una singular carretera elevada solo factible con bajamar. Las salinas cubren un tercio de la isla, mientras que la costa está bordeada de bonitas dunas. Un auténtico paraíso costero para los amantes de la naturaleza.

Alquiler

No' Vélo (locnovelo. com), en L'Épine, ofrece una amplia gama de bicicletas convencionales y eléctricas. En verano hay que reservar con tiempo.

Punto de partida

La ruta por las maravillas de la isla de Noirmoutier empieza en L'Épine, un pueblo rodeado de salinas. Tras alquilar la bicicleta, hay que seguir los carteles azules de "L'île de Noirmoutier à vélo".

01 Desde las encantadoras calles de L'Épine, la ruta pasa por una rotonda y lleva a los ciclistas por las salinas. Hay que seguir el camino de ripio hacia Noirmoutier-en-l'Île. Tras un corto tramo asfaltado, se gira a la izquierda junto al campo de rugbi para sumergirse en las salinas. Estos estanques, creados por el hombre a lo largo de los siglos, cubren casi un tercio de la isla. Entre los ss. XVI y XVIII, el comercio del "oro blanco" impulsó la economía local. Tras un período de declive en la década de 1980, jóvenes emprendedores han impulsado su resurgimiento. Actualmente, un centenar

Altitud (m)

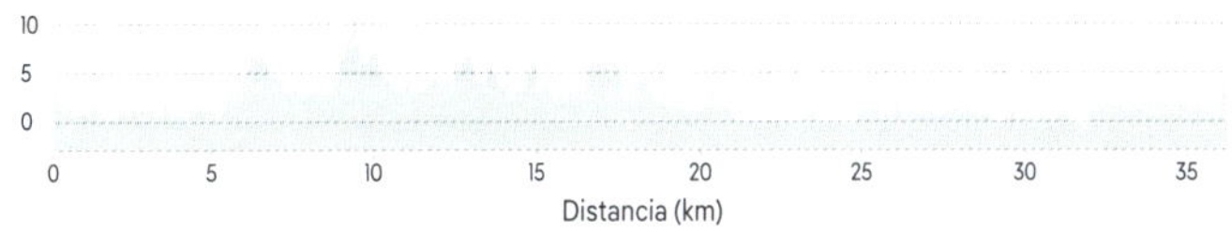

de salineros recolectan cada año cerca de 3000 toneladas de sal. Para saber más sobre sus técnicas tradicionales, es posible aparcar la bici frente a las cabañas que bordean la carretera y hacer un circuito guiado.

02 La ruta sigue a través de las salinas. Se gira a la izquierda por una carretera asfaltada y luego a la derecha por un camino de ripio. Se siguen las carteles de "Boucle entre marais et moulins" y, luego, de "Port de Morin". Este es un espacio natural lleno de aves, insectos y pequeños mamíferos. El camino de ripio se convierte en una pequeña carretera asfaltada y pronto se ve el puerto de Morin, en la costa oeste, un puerto natural rodeado de rocas donde atraca la flota pesquera. Con 850 barcos, el puerto late al ritmo de las mareas, con las embarcaciones descansando sobre la arena durante la bajamar.

03 Se sale del puerto de Morin y se gira a la derecha por una pequeña carretera asfaltada siguiendo los carteles de "Noirmoutier - sortie de l'île".

CONSEJO:

Ostras

Para que sepan mejor, hay que abrirlas 1 h antes de comerlas, quitarles la primera agua y ponerlas en la nevera o en una cama de hielo. Así, las ostras soltarán una segunda agua, más sabrosa que la primera. Se aconseja acompañarlas con tostadas con mantequilla y una copa de vino blanco.

Recolección de la sal

La sal se produce en las salinas, donde el agua de mar circula por una red de canales y cuencas.

A medida que el agua se evapora, la concentración de sal aumenta durante un lento curso que tarda 48 horas en completarse. Luego, la sal gorda cristaliza y se deposita en el fondo de los *œillets*, los tajos de arcilla donde se cosecha la sal.

Cuando el verano es caluroso y sopla el viento, en la superficie aparecen cristales finos de sal llamados "flor de sal". Estos se recolectan usando una especie de espumadera. Luego, la sal se coloca en mesas para secarse al sol.

Al cabo de 1 km, se deja la carretera y se toma una pista forestal hacia el Bois des Eloux, pedaleando entre pinos, madroños, arbustos, rosales y rosas silvestres. Este bosque está en el emplazamiento del antiguo pueblo de Les Eloux, que quedó sepultado por la arena a principios del s. XII. Durante la Revolución francesa, la búsqueda constante de combustible de cualquier tipo desforestó la zona completamente. Arrastrada por el viento, la arena volvió a cubrir los restos del pueblo abandonado en solo unos años. Afortunadamente, a finales del s. XIX se plantaron pinos para estabilizar las dunas.

04 Se sale del bosque y se gira a la derecha por una carretera asfaltada que conduce a La Guérinière, donde se puede comer en alguno de sus atractivos restaurantes o comprarse un sándwich en la panadería. Se admira la iglesia de Notre-Dame-de-Bon-Secours y se visita el Musée des Traditions de l'Ile de Noirmoutier, muy ilustrativo sobre la vida de antaño en la isla.

05 Saliendo del pueblo se gira a la derecha por una pequeña carretera asfaltada y se siguen los carteles hacia Barbâtre. En Rue des Moulins, a mano derecha, hay dos molinos de viento bien conservados. La gran exposición al viento de la isla es el motivo por el que se construyeron tantos molinos aquí. A mediados del s. XIX había 32 en funcionamiento. El último se cerró en 1945, por lo que los habitantes más viejos aún los recuerdan en activo. Estos molinos también ayudaban a los marineros: gracias a sus grandes aspas blancas se podía prever la dirección y la velocidad del viento desde la costa.

06 Se sigue hacia Barbâtre por una agradable vía ciclista junto a la carretera principal. El itinerario está señalizado con el cartel azul de "L'île de Noirmoutier à vélo". Esta es la parte más estrecha de la isla, con solo 500 m de costa a costa. Se atraviesa el pueblo de Barbâtre y se cruza la carretera principal por la rotonda. Se sigue por la vía ciclista para llegar al Passage du Gois (una carretera inundable).

07 Invisible la mitad del tiempo, el Passage du Gois conecta la isla con tierra firme. Con solo 4,2 km de longitud, este frágil paso también es un hábitat fantástico. Ya sea bajo las aguas o al emerger durante la bajamar, este lugar atrae a muchas aves en busca de descanso y alimento. La carretera sumergible también es muy popular para la pesca de orilla durante la pleamar. El paso se

Una pausa

El restaurante Citron Mer, en la calle principal de Barbâtre, ofrece una deliciosa cocina marinera, con productos regionales de temporada. Aquí, cada plato se prepara y sirve con pasión y amabilidad. Es posible sentarse en su soleada terraza y estirar las piernas mientras disfruta de unas gambas fritas, un "chucrut del mar" o un filete de atún. Luego, ya se estará listo para dirigirse al Passage du Gois. El Citron Mer es el único restaurante de Barbâtre que abre todo el año.

JEROME.ROMME/SHUTTERSTOCK ©

Ostricultura

Los ostricultores acceden a los bancos de ostras en *lasses,* barcas de fondo plano que son remolcadas hasta el borde del agua.

Regularmente sacuden los sacos de ostras para garantizar su crecimiento. Cuando las ostras ya están demasiado apretadas, llevan los sacos a tierra, las separan y las ponen en sacos con una malla más ancha. Las ostras terminan de crecer en estanques de engorde con agua de mar.

En los estanques, su carne engorda, su sabor mejora y, a veces, adquieren un tono verde esmeralda debido a algas microscópicas. Hacen falta casi tres años de trabajo para que una ostra alcance la plena madurez.

PIERRE JAUMOUILLE/LONELY PLANET ©

Passage du Gois, isla de Noirmoutier (p. 26).

creó de forma natural con la arena y los sedimentos depositados por el efecto de las mareas gracias a dos corrientes contrapuestas. El primero en cruzarlo fue Auguste Gauvrit, de Barbâtre, en 1766. En 1872 se pusieron las primeras piedras de la carretera. Tras un período de abandono en favor del transporte en barco, el asfaltado de la carretera se completó en 1939.

08 Para una experiencia memorable, se pueden explorar unos cientos de metros del paso, pero antes hay que comprobar el horario de las mareas. Se puede entrar en la isla, o salir de ella, por este paso durante la 1½ h anterior y posterior a la bajamar. Si se hace a destiempo, nueve balizas ofrecen refugio a los imprudentes atrapados por la subida de las aguas.

09 Tras explorar el paso, se da media vuelta y se sigue la vía ciclista a lo largo del dique. En el pólder (tierra ganada al mar) de Sébastopol se alternan los canales de agua de mar con surcos para el cultivo de patatas. En la isla se cultiva una antigua variedad de patata conocida como *bonnotte* o *noirmoutier*. Plantada en febrero, se recolecta a mano a principios de mayo antes de que madure totalmente. Así es como conserva su excepcional e inimitable sabor salado aportado por el yodo. El pólder de Sébastopol está clasificado como reserva natural regional y alberga más de 3000 especies de animales y plantas. Aquí, las aves marinas conviven con las migratorias y, además de ser un buen sitio para la observación de aves, también es un importante lugar de anidación.

10 Con el sonido de fondo de las olas, se siguen los carteles azules a lo largo del dique hasta el puerto ostrero de Bonhomme, que consta de un puñado de cabañas de ostras y que es el sitio perfecto para una merecida pausa. Al llegar al puerto hay que pedalear con más fuerza para cruzar el dique hasta la grada del puerto, pero el esfuerzo merece la pena. Desde allí se pueden contemplar los bancos de ostras de la bahía de Bourgneuf, que se extienden hasta donde alcanza la vista. Al fondo, el castillo y la iglesia de Noirmoutier-en-l'Île custodian la bahía.

11 Cuando se esté listo para afrontar el último tramo de la ruta por la isla, hay que pedalear por la vía ciclista siguiendo los carteles hacia L'Épine. Los kilómetros finales son por un carril bici junto a la carretera. El cartel de "L'Épine centre" señala el centro del pueblo.

Una pausa

Chez P'tit Louis (lesjollyhuitres.com) es un lugar genial para un receso *gourmet*. Esta cabaña de ostras, con un agradable ambiente costero, está en el puerto de Bonhomme. Aquí, se conocerá a la familia Jolly, que lleva 30 años produciendo ostras en Noirmoutier. Es el sitio perfecto para disfrutar del marisco local con un vino. Chez P'tit Louis abre de Semana Santa a finales de septiembre y durante las vacaciones escolares.

02

Ideal para

COSTA

Costa bretona

DURACIÓN	DIFICULTAD	DISTANCIA	INICIO/FINAL
3 h	Media	24 km	Pleubian/ Pleubian

TERRENO	Pequeñas carreteras asfaltadas

JFARQ/SHUTTERSTOCK ©

Sillon de Talbert.

El departamento de Côtes-d'Armor es una visita imprescindible en Bretaña. Con más de 500 km de vías ciclistas, es un paraíso para los aficionados a los pedales. La zona combina un rico patrimonio con fabulosas vistas del océano a lo largo de su litoral. Entre el interior y la indómita costa, el viajero quedará cautivado por el encanto de este genuino territorio. Esta ruta, salpicada de vistas panorámicas, permite descubrir también la riqueza del patrimonio arquitectónico de esta península salvaje, además del famoso Sillon de Talbert.

Alquiler

Abierta todo el año, Veloc' ouest (velocouest.fr) lleva bicicletas a cualquier lugar de Bretaña. Hay que reservarla antes de las 17.00 para recibirla a la mañana siguiente.

Punto de partida

Esta ruta empieza en la iglesia de Pleubian, un auténtico pueblo bretón que ha sabido conservar sus esencias. Se cruza la plaza mayor y se va hacia la torre de agua.

01 Se pedalea por una pequeña carretera a través del campo para empaparse del ambiente de la península. Se siguen los carteles de "Sillon de Talbert - circuit n°5". A los 3 km, se gira a la izquierda para llegar a la pequeña y encantadora capilla de Kermassac'h, del s. XV pero reconstruida en el s. XVIII, en la que un vitral conmemora la batalla de 1592 de las guerras de Religión.

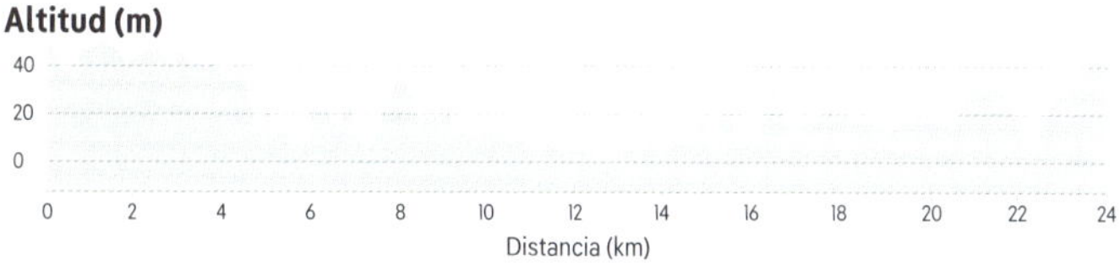

PIERRE JAUMOUILLE/LONELY PLANET ©

Capilla de Kermassac'h.

02 Se vuelve desde la capilla, se gira a la izquierda y se cruza la carretera principal para seguir el sendero hacia "Mezou Yan". Se sigue pedaleando hacia el océano siguiendo los carteles de "Circuit n°5". En la siguiente intersección hay bonitas vistas de la parte de atrás de la Manoir de Villeneuve. Tras pasar por una fuente, la ruta asciende hacia Nod er Guern y sus casas de granito. Desde allí hay bonitos panoramas de la bahía de Pommelin, un lugar ideal para la observación de aves.

03 El itinerario continúa por la costa. Se hace un corto desvío para degustar ostras en Les Huitres Chaumard, un auténtico bar de ostras que abre solo en verano. Unos cientos de metros más allá, se gira a la derecha siguiendo el cartel de "Grêve et Chapelle de Bonne Nouvelle". Esta capilla, un lugar de meditación resguardado del viento, era visitada por creyentes que venían a rezar pidiendo, sobre todo, fertilidad. Desde aquí hay un magnífico panorama de la península de Pen Lan y las islas de Maudez y Bréhat.

El CEVA

En la península de Pen Lan, el CEVA (Centro de Estudio y Valorización de las Algas) se dedica a la biotecnología marina y a las algas.

Las algas, origen de la vida vegetal, son organismos vivos muy valiosos con muchas aplicaciones, sobre todo en la industria agroalimentaria.

El CEVA intenta promocionar la industria de las algas y ofrecer alternativas a los combustibles fósiles. Sus expertos trabajan en varios campos, como la nutrición humana, la cosmética, los biocombustibles, los bioplásticos, los suplementos alimenticios y los fertilizantes.

Su objetivo es satisfacer las necesidades del futuro y ofrecer fuentes de energía y alimentos más sostenibles.

04 Se sigue hacia el pueblo de L'Armor-Pleubian. A la izquierda, por un camino de grava, está el viejo molino de viento de Ker Annio, restaurado. Se llega a la carretera principal y se gira a la izquierda hasta el pueblo. L'Armor-Pleubian siempre ha tenido una identidad distintiva, reforzada por su ubicación en el extremo de la península. Hay varios cafés y restaurantes donde se puede almorzar.

05 Se da media vuelta y se sale de L'Armor-Pleubian por Rue de Laneros. Se sale del Circuit n°5 y se pedalea por la costa alrededor de la península de Pen Lan. Aquí hay muchas actividades relacionadas con la investigación, cosecha y procesamiento de las algas marinas, además de bonitas vistas de la isla de Bréhat y los islotes circundantes.

06 Tras pedalear por la costa por el Chemin du Sillon Noir, se sigue el panel rojo de "VTT 22" y se vuelve al Circuit n°5, que conduce al Sillon de Talbert. Esta lengua de arena y guijarros, que se adentra 3 km en el mar y solo es accesible a pie y durante la marea baja, es una reserva natural que alberga muchas especies de plantas y animales. Se pasea por la lengua, sintiendo la fuerza de los elementos mientras se deja atrás tierra firme.

07 Luego, se visita la Maison du Sillon, cuyas exposiciones ayudan a entender mejor esta singular y destacada franja de tierra: fauna, flora, geomorfología, paisaje y protección de la naturaleza. También se puede reservar un circuito guiado por ella.

08 Se sigue el cartel de "Circuit n°5" hacia la derecha. Se sigue recto, se hace un pequeño desvío hacia la derecha y se sube hacia el viejo telégrafo óptico de Créac'h Maout, que ofrece fabulosas vistas de 180° desde Plougrescant hasta el Sillon de Talbert y la isla de Bréhat.

09 La ruta continúa por la península y conduce a Port la Chaine, cuyo faro parece más una casa coronada por un fanal. Se da la vuelta para llegar a la carretera principal y se sigue por esta 200 m antes de tomar a la derecha una pequeña carretera y disfrutar de excelentes vistas de los islotes deshabitados de la bahía.

10 Se siguen los carteles para llegar a Pleubian y se completa así la ruta alrededor de la península. En el pueblo, se visita la iglesia de St-Georges y la iglesia de Notre-Dame-de-la-Mer, construida con granito rosa.

Una pausa

El **Avel Zo** (avelzopleubian.com), en el pueblo de L'Armor-Pleubian, en el centro de la península, ofrece cocina tradicional siempre en base a productos frescos locales. Su acogedor comedor es perfecto para disfrutar de los mejillones del Sillon de Talbert, el pescado del día o incluso una deliciosa *pizza*. Su joven y dinámico equipo agasaja a los comensales con ricos platos a precios razonables todos los días excepto los miércoles, día de descanso.

Sillon de Talbert.

Leyendas del Sillon de Talbert

Con solo 35 m de ancho, el Sillon de Talbert es una lengua de arena y guijarros que se adentra 3 km en el mar. Pero, ¿cómo se originó este fenómeno natural?

En lo que se refiere a su formación, puede que se prefieran las leyendas románticas a las explicaciones geológicas. Según una de ellas, Merlín echó millones de guijarros al mar para llegar hasta el hada Viviana.

Según otra, Morgana, que vivía en la isla de Talbert, se enamoró del rey Arturo. Para llegar hasta él, lanzó pequeñas piedras hacia la costa que se multiplicaron en millones de guijarros y formaron el Sillon de Talbert.

03

Mont St-Michel

DURACIÓN	DIFICULTAD	DISTANCIA	INICIO/FINAL
5 h	Baja	20 km	Pontorson

TERRENO	Suave vía ciclista de ripio y pequeñas carreteras asfaltadas

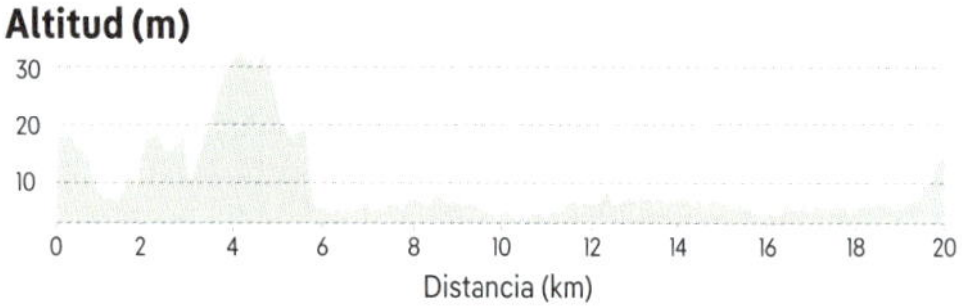

Esta ruta lleva a uno de los ejemplos de arquitectura sagrada más extraordinarios del mundo, pero por una ruta alternativa que ofrece un punto de vista diferente. De camino al Mont St-Michel, se pasa por campos de cultivo, molinos y encantadores pueblos normandos, mientras se disfruta de increíbles vistas de este sitio Patrimonio Mundial por la Unesco. Llegar a este lugar en bicicleta es una experiencia muy gratificante.

Alquiler

En Beauvoir, cerca del Mont St-Michel, Bik' in Baie (bikinbaie.com) alquila bicis eléctricas de marzo a noviembre y ofrece consejos sobre itinerarios. Hay que reservar en línea con antelación.

Punto de partida

La ruta empieza en la estación de trenes de Pontorson, un típico pueblo normando construido alrededor del río Couesnon a solo 10 km del Mont St-Michel.

01 Se toma Rue St-Michel y se sale de Pontorson por el norte. Se sigue el cartel hacia la Route de la Baie y se cruza el puente sobre la nacional. Se gira a la derecha para dejar la carretera principal e, inmediatamente, a la izquierda por una pequeña carretera asfaltada. Las vistas del Mont St-Michel indican la dirección a seguir mientras en las colinas despuntan viejos molinos.

02 Se cruza el pueblo de Moidrey y se deja la iglesia a la derecha. Saliendo del pueblo, la ruta continúa entre campos hacia Beau-

Mont St-Michel.

Ideal para

PATRIMONIO

La carretera al Mont St-Michel

El creciente número de visitantes junto con el progresivo encenagamiento de la bahía hicieron necesario replantearse el acceso al monte.

Llevado a cabo entre el 2006 y el 2015, este proyecto reinventó la aproximación al Mont St-Michel preservando su carácter insular.

Se construyeron aparcamientos en tierra firme, mientras que el antiguo dique-carretera fue destruido en favor de una pasarela peatonal y un puente apto para ciclistas. Al mismo tiempo, se construyó una presa en el río Couesnon, cuya liberación intermitente de agua dispersa los sedimentos acumulados en la bahía.

voir. Pronto se llega al majestuoso molino de viento de Moidrey, de finales del s. XIX y restaurado en el 2003, con sus largas aspas al viento. Desde su restauración, cada día que hace viento el molinero muele trigo, trigo sarraceno y centeno, y también ofrece un apasionante circuito guiado por el molino, siempre con humor.

03 De vuelta a la carretera, es fácil deleitarse con el paisaje típico de la bahía: los pólderes o terrenos ganados al mar mediante diques. Aquí, cada granja tiene su nombre, y cada cercado, su huerto.

04 En el pueblo de Beauvoir, se deja la iglesia a la izquierda y se sigue hacia el Mont St-Michel. El islote rocoso ya es visible en línea recta, con su silueta destacando en el horizonte. Desde el centro de visitantes, se gira a la izquierda y se toma la vía ciclista junto al río. Hay que fijarse en la presa construida en el río Couesnon. Tras la pleamar, se cierran las compuertas de la presa y el río crea un embalse cuando el mar se retira. Seis horas después de la marea alta, se abren lentamente las compuertas, dispersando los sedimentos acumulados alrededor del Mont St-Michel.

05 Se pedalea hasta el Mont St-Michel por el sendero boscoso junto a la carretera disfrutando de las vistas del monte y su magnífica bahía. Al final del sendero, se aparca en el lugar indicado a la izquierda de la entrada.

06 Al recinto se accede por la puerta del Boulevard. Inmediatamente, el visitante es absorbido por los siglos de historia que cuentan los muros de esta roca atemporal. Durante más de 1300 años, su leyenda se ha combinado con la historia de sus monjes, peregrinos, habitantes, prisioneros y visitantes.

Milagrosamente intacto tras la II Guerra Mundial, el Mont St-Michel y su bahía se incorporaron en 1979 a la lista del Patrimonio Mundial. Hay que deambular por sus calles y fijarse en los antiguos albergues de peregrinos, hoy adaptados para recibir a otros viajeros. Ya solo queda sacar la entrada para la abadía y sumergirse en la historia de esta singular obra maestra de la arquitectura.

La primera iglesia se construyó en el 966 y luego se desarrolló un pueblo por debajo para recibir a los primeros peregrinos. A lo largo del s. XI, constructores y canteros lograron una auténtica proeza arquitectónica: erigieron una gran abadía en lo alto del monte y cuatro criptas a su alrededor. En el s. XIII, una donación del rey de Francia, Felipe Augusto, permitió el desarrollo gótico de La Merveille. Siglos más tarde, tras la Revolución francesa, la abadía se convirtió en una cárcel estatal. Unos 14 000 prisioneros pasaron por la "Bastilla de los mares", de la que era imposible escapar

Una pausa

En una casa con entramado de madera del s. XV, la Crêperie La Sirène es una célebre institución del Mont St-Michel, ideal para reagruparse en torno a un delicioso almuerzo tras bajar de la abadía. Se saldrá saciado de excelentes crepes dulces o de surtidas *galettes* (tradicionales crepes saladas de trigo sarraceno). Al comedor se accede por la parte de atrás de la tienda La Sirène, lo que dificulta un poco su localización.

ANGEL217/SHUTTERSTOCK ©

La Mère Poulard.

debido a las mareas y las arenas movedizas. La cárcel se cerró en 1863, y la abadía se restauró antes de reabrir al público. En 1879 se construyó un dique-carretera para transportar al creciente número de visitantes, con lo que el Mont St-Michel perdió parte de carácter insular.

La Mère Poulard

En 1888, Annette y Victor Poulard hicieron realidad su sueño de abrir un restaurante en el Mont St-Michel.

Annette dedicó su vida a cocinar para peregrinos, visitantes y muchos famosos de la época.

Querida por todos, se convirtió en una respetada figura de la cocina francesa. Durante su larga trayectoria creó un gran número de platos, entre ellos su famosa y esponjosa tortilla al horno de leña, cuya receta sigue siendo un secreto nada menos que 130 años después.

Su talento, amabilidad y legendaria hospitalidad la convirtieron en un símbolo imperecedero de la tradición culinaria gala.

07 Se baja de la abadía y se recorren las murallas alrededor del monte. Ya se puede hacer una parada en algún café o restaurante. Se recoge la bici y se vuelve por el mismo puente, dejando el monte a las espaldas. Se siguen los carteles hacia Pontorson por la llana vía verde a lo largo del río Couesnon.

04

Ideal para

ISLAS Y CALAS

Golfo de Morbihan

DURACIÓN	DIFICULTAD	DISTANCIA	INICIO/FINAL
6 h	Media	48 km	Vannes/ Port-Navalo

TERRENO	Vías ciclistas, suaves caminos de ripio y carretera compartida

SCOTTYELLOX/SHUTTERSTOCK ©

Catedral de St-Pierre de Vannes.

Esta ruta permite sumergirse en el ambiente marítimo del golfo de Morbihan. Mientras descubre sus muchas islas y calas, el viajero quedará seducido por sus paisajes dignos de postal. Por su clima templado, este mar interior, de 20 km de ancho, es un refugio para las aves migratorias. Desde Vannes hasta Port-Navalo, se puede explorar la zona al ritmo propio aprovechando la amplia red de instalaciones ciclistas. La mejor época es primavera y verano, cuando operan los barcos.

Alquiler

Abierta todo el año, Veloc' ouest (velocouest.fr) lleva bicicletas a cualquier lugar de Bretaña. También tiene una tienda, abierta en julio y agosto, junto a la oficina de turismo de Vannes.

Punto de partida

La ruta empieza en la catedral de St-Pierre, en el centro del casco histórico de Vannes. La ciudad, de época galorromana, ha sufrido muchas vicisitudes, pero conserva su esplendor.

01 La gótica catedral de St-Pierre de Vannes es un destino de peregrinación en la ruta del Tro Breiz, que en la Edad Media honraba a los siete santos fundadores de Bretaña. Junto a la catedral se hallan las casas con entramado de madera más bonitas y coloridas de la ciudad. Resulta fácil verse transportado a la Edad Media, cuando la ciudad alcanzó su máximo esplendor, con las serpenteantes calles repletas de colores y paneles de madera. Se pedalea por las calles medievales fijándose en las murallas, que se cuentan entre las últimas fortificaciones que quedan en Bretaña. Los romanos

Altitud (m)

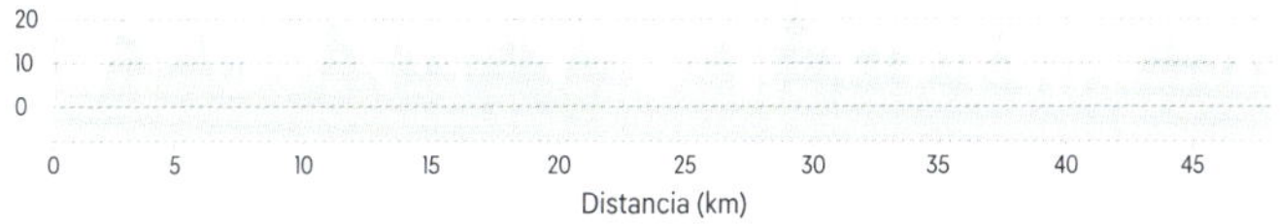

erigieron un primer recinto en el s. III, pero las fortificaciones principales se levantaron en el s. XIV. Desgraciadamente, solo se conservan algunas torres y baluartes, ya que Luis XIV decidió demolerlas y vender las piedras para financiar sus guerras.

02 Se sale del casco histórico y se cruza la Porte Saint-Vincent. En la ampliación del puerto, esta prestigiosa puerta de granito consta de tres niveles y lleva el nombre del santo patrón de la ciudad. La puerta ofrece acceso al puerto, donde los barcos esperan tranquilamente a zarpar. Se pedalea hacia el mar, con el canal a la izquierda. Se para en el centro de información turística para saber los horarios de las mareas y los barcos de enlace. Se cruza el puente de Kérino, un puente giratorio que se retrae para dejar salir a los barcos del puerto durante la marea alta, y se disfruta del ambiente marítimo del golfo que se despliega enfrente.

03 Se pedalea por una vía ciclista junto a la carretera principal siguiendo los

CONSEJO:

Belleza insular

Para disfrutar al completo de la experiencia en el golfo de Morbihan, habría que prolongar la estancia y visitar las bonitas islas de Île-aux-Moines e Île-d'Arz, accesibles en barco desde Vannes o desde la costa oeste del golfo.

Festival d'Arvor

Cada año desde 1928, el Festival d'Arvor bombea el corazón de Vannes.

Durante cuatro días de mediados de agosto, este popular festival promueve la cultura bretona y anima los lugares más emblemáticos de la ciudad con actuaciones callejeras, desfiles, conciertos, iniciación a los bailes tradicionales y actividades para todas las edades.

Cerca de medio millar de artistas son aclamados por decenas de miles de espectadores y casi todos los espectáculos son gratis. Esta es una cita imprescindible para aprender sobre la cultura y las tradiciones bretonas, así como para divertirse.

carteles verdes de "V45 - Arzon". Tras cruzar una gran rotonda, se gira a la derecha por una pequeña carretera compartida y, luego, a la izquierda por un camino de ripio para pedalear entre campos. Se cruza un pequeño pantano que alberga muchas especies de aves. Antes de llegar al centro urbano de Theix, se gira a la derecha y se pasa junto al campo de fútbol. Se sigue el cartel de "V45" y se cruza el pueblo de Noyalo. Se sigue por la vía ciclista junto a la carretera principal y se pasa bajo la carretera para llegar a St-Armel.

04 A orillas del golfo de Morbihan, el pueblo de St-Armel exhala tranquilidad. Aquí se originó en el s. XIX el famoso *gotchial,* un pan de *brioche* redondo que se hacía para el 22 de enero, festividad de San Vicente, patrón de los viticultores. Los habitantes del pueblo de Hézo llevaban su *gotchial* al horno del panadero para cocerlo. Se para en St-Armel para probarlo.

05 El cercano Passage de St-Armel permite ir hasta Séné tomando un pequeño barco llamado *passeur.* Esta travesía de 200 m se ofrece durante todo el día de abril a octubre y permite a los ciclistas acortar en 8 km la primera parte de la ruta, llegando directamente desde Vannes a través de Séné. También se puede usar el barco para volver a Vannes.

06 Con las fuerzas que da el *gotchial,* se sale de St-Armel en dirección a la costa siguiendo los carteles. Se deja la vía ciclista a la izquierda y se sigue por la Route de Tascon, con las islas de Bailleron y Tascon, importantes reservas ornitológicas, a la vista. Estas islas albergan aves migratorias que se refugian en Bretaña y sus salinas. De noviembre a marzo, miles de aves vienen a alimentarse de las algas con la marea baja. Gracias a una calzada de piedra, la isla de Tascon es accesible durante la bajamar. Allí, una aldea con segundas residencias y una granja atípica viven al ritmo de las mareas.

07 Se da media vuelta y se retoma la vía ciclista siguiendo los carteles de "Sarzeau par le Duer". La ruta cruza el pueblo de St-Colombier, donde las casas de piedra se mezclan armoniosamente con el paisaje. El camino de ripio continúa por la costa. Una cabaña de madera permite observar las aves migratorias.

08 Se siguen los carteles hacia "Sarzeau", se gira a la derecha y se pasa por el pueblo de Kerbodec. Se vuelve a girar a la derecha para tomar

Una pausa

Los puristas atribuyen la invención del *gotchial* a Le Moulin à Café, un bollo mitad pan, mitad *brioche* cuya receta tradicional se mantiene en el más absoluto secreto desde hace cuatro generaciones.

Este genuino café-panadería ofrece lo mejor de la repostería bretona, como el *far breton* o el *kouign amann*, además de, por supuesto, crepes y quiches, que se pueden acompañar con un café mientras se disfruta de su encantador ambiente.

Île-aux-Moines, golfo de Morbihan (p. 39).

JEAN-SEBASTIEN EVRARD/AFP VIA GETTY IMAGES ©

La Semaine du Golfe du Morbihan

Celebración bianual en torno a mediados de mayo, La Semaine du Golfe du Morbihan es un encuentro entre la cultura costera y el patrimonio marítimo.

La cita, repartida entre los 17 municipios participantes, abarca todos los enclaves naturales del "pequeño mar". Más de 1000 barcos clásicos y tradicionales, divididos en flotillas, levan anclas y navegan alrededor del golfo.

El plato fuerte de esta semana de celebraciones es el "gran desfile" de clausura, cuando todas las flotillas convergen en el canal de entrada al golfo, entre Locmariaquer y Port-Navalo, ofreciendo un fabuloso espectáculo marítimo.

Barcos participantes en La Semaine du Golfe du Morbihan.

un camino de ripio por el bosque costero. Se cruza una carretera asfaltada y se siguen los carteles verdes de "Fournevay - Le Golf". Tras pasar un pequeño puente, se toma a la izquierda hacia Logeo pedaleando entre campos y cruzando un puente peatonal sobre los pantanos. Este camino lleva a la carretera principal, que asciende ligeramente antes de llegar al puerto de Logeo.

09 El pequeño y típico puerto de Logeo está resguardado del viento del oeste. Su ubicación le trajo prosperidad hasta la segunda mitad del s. XIX. Aquí se estibaba vino, sal y madera. En las pequeñas casas junto al muelle, que hoy multiplican el encanto del lugar, había muchos talleres de reparaciones. Se puede observar el ir y venir de ostricultores trajinando con las cestas de ostras hacia el puerto.

10 Se da la vuelta y se va hacia la Route de Kermaillard. A poca distancia de la carretera, a la derecha, se halla el menhir de Kermaillard. Se realiza un pequeño desvío para ver este bonito monolito de granito, probablemente erigido a finales del Neolítico, 3000 años a.C. Dólmenes y menhires son los dos principales tipos de megalitos.

11 Se vuelve a la carretera asfaltada e inmediatamente se dobla a la derecha siguiendo el cartel de "V45". Se sigue este agradable camino hacia el extremo de la península de Rhuys. Las palmeras, higueras y mimosas son posibles debido al microclima del golfo de Morbihan. Hay que continuar siguiendo los carteles verdes y pedalear hacia Arzon guiándose por el campanario de su iglesia. Se deja la iglesia a la izquierda y se siguen los carteles para salir de Arzon.

12 Se toma un camino de ripio que conduce a Port-Navalo, la puerta de entrada marítima al golfo de Morbihan. Se llega al puerto y se siguen los carteles hasta el final de la carretera asfaltada. Desde hace muchos siglos, Port-Navalo es un tradicional puerto de escala de pescadores. Reconocible por su faro con cúpula verde, separa el Mor-Braz (gran mar) del Mor-Bihan (pequeño mar). Se aparca la bicicleta y se da un corto paseo para estirar las piernas y observar estos dos mares. Durante las mareas de alto coeficiente se pueden formar corrientes peligrosas. Desde el pintoresco puerto orientado al norte se pueden ver muchas de las islas del golfo en el horizonte.

En verano, los ciclistas pueden volver a Vannes en barco y, así, completar maravillosamente su experiencia de viaje a través del golfo: una travesía de 1 h cómodamente sentados y con vistas panorámicas del golfo y sus islas.

Una pausa

Le Petit Port (restaurant-lepetitport.com), en una auténtica "cabaña bretona" del paseo marítimo del pequeño y encantador puerto de Logeo, ofrece pescado fresco, moluscos y crustáceos, que se pueden disfrutar en su terraza mientras se observa el ir y venir de barcos y gaviotas.

05

Ideal para

CASTILLOS

Región de Saumur

DURACIÓN	DIFICULTAD	DISTANCIA	INICIO/FINAL
7 h (visitas incl.)	Alta	45 km	Saumur

TERRENO	Suaves caminos de ripio y pequeñas carreteras asfaltadas

Pasaje abovedado gótico, Souzay-Champigny.

Esta ruta permite explorar el patrimonio de la región de Saumur, incluida su gran gastronomía, monumentos históricos y puertos interiores. Se pasa por viñedos, pueblos trogloditas y magníficos castillos y abadías, y permite contemplar las arenosas orillas e islas del último gran río salvaje de Francia, el Loira, en su fluir por el valle epónimo, un extenso territorio donde los reyes franceses edificaron muchos de sus lujosísimos castillos.

Alquiler

Abierta todo el año, Cycl'O de Loire (cyclodeloire.fr), en Saumur, alquila bicicletas convencionales y eléctricas y ofrece circuitos guiados. Reservar la bici con antelación en línea.

Punto de partida

Desde la tienda de alquiler de bicis cerca de la estación de trenes de Saumur, una eminente ciudad del valle del Loira, se sigue el cartel de "La Loire à Vélo - Eurovélo 6" hacia Tours.

01 Se pasa por el puente sobre el Loira y se cruza la histórica ciudad siguiendo los carteles de "La Loire à Vélo". Hay que fijarse en la capilla real de Notre-Dame des Ardilliers, a la derecha, al salir de la localidad. Siguiendo el camino de ripio cerca del río, se siente toda la fuerza de sus aguas. Con el sonido de fondo de sus bravas olas, se contemplan los acantilados de toba que dan al río y que están horadados de lado a lado formando una serie de bodegas y casas trogloditas.

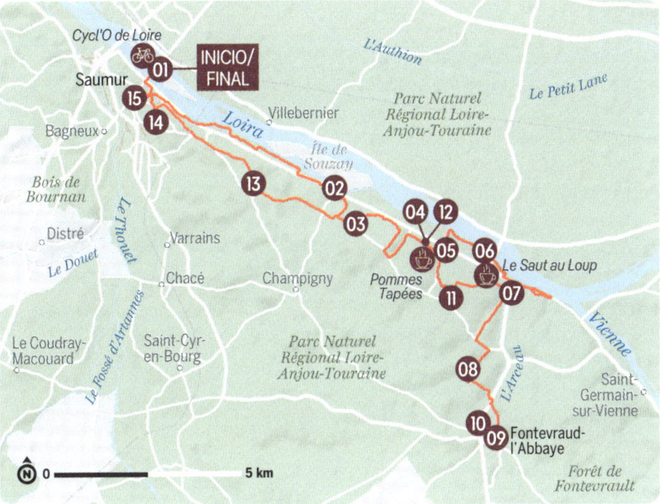

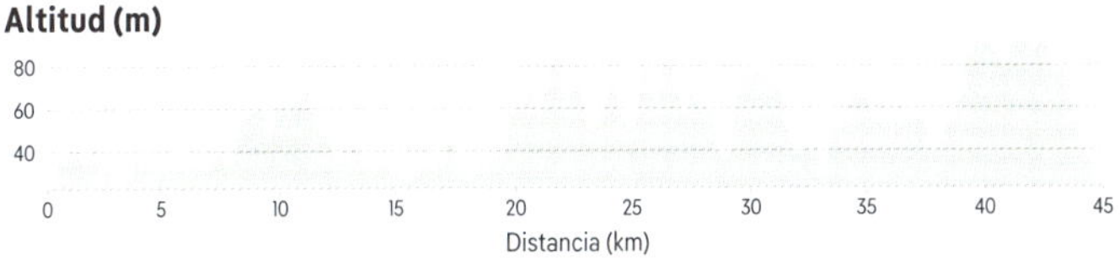

02 En Souzay-Champigny se hace una corta pero empinada ascensión hacia la derecha por Rue de la Bessière para llegar a la subterránea Rue du Commerce. Excavado en la Edad Media para extraer toba, este increíble pasaje es como un viaje en el tiempo.

03 Se sale del pueblo en dirección a Montsoreau. Se admiran las bonitas mansiones aferradas al acantilado y las viñas destinadas a la producción de los famosos caldos de Saumur-Champigny. Se siguen los carteles de "La Loire à Vélo" para subir a la meseta caliza, donde se está rodeado por los viñedos del Château de Parnay. Tras girar a la izquierda, hay que fijarse en el Clos du Père Cristal (p. 48), una singular finca donde se produce uno de los mejores vinos del valle del Loira. Se hace un corto desvío por el camino de ripio para echar un vistazo a este destacado lugar. Luego, se sigue subiendo hacia la iglesia de St-Pierre de Parnay.

04 Sin dejar de seguir los carteles de "La Loire à Vélo", se desciende hacia el río. Se cruza el pueblo de Parnay y se va hasta Turquant. En este auténtico pueblo troglodita se recomienda hacer una pausa en el museo Les Pommes Tapées du Val de Loire. La visita a esta espléndida cueva enseña más sobre la vida de los antiguos trogloditas, así como del arte de producir las famosas *pommes tapées*.

CONSEJO:

Plan de compras

Hay que empezar esta ruta con espacio en las alforjas, ya que ofrece muchas oportunidades para comprar recuerdos, como artesanías o un bote de *pommes tapées* de Turquant, hongos cultivados en cuevas trogloditas en Montsoreau e incluso un buen vino de Saumur.

'Pomme tapée'

A finales del s. XIX, el pequeño pueblo de Turquant se convirtió en la capital mundial de la *pomme tapée* (manzana golpeada), una manzana deshidratada y amartillada.

La receta, completamente olvidada a mediados del s. XX, fue redescubierta a finales de la década de 1980.

Esto permitió la supervivencia económica de los viticultores locales, cuyas vides se vieron afectadas por la filoxera.

En el museo Les Pommes Tapées du Val de Loire se aprenderá más sobre esta receta ancestral. Un circuito guiado ilustra la complicada vida de aquella época en una casa troglodita.

Una pausa

Tras visitar el museo Les Pommes Tapées du Val de Loire (pommes-tapees.fr), ya se puede abrir de un empujón la puerta de la inmensa sala troglodita donde se halla el restaurante.

Fiel a su deseo de promover el patrimonio gastronómico local, el restaurante ofrece comida tradicional elaborada con productos regionales. En aras de la sencillez y la frescura, solo tiene un menú elaborado con las especialidades más emblemáticas de la región.

05 Tras esta pausa histórica y gastronómica, se sigue con la ruta. Unos cientos de metros más allá, Turquant ofrece fabulosas vistas del valle del Loira. Más que en ningún otro lugar, aquí se puede disfrutar del espectáculo que ofrece el ancho y serpenteante río. En verano, Turquant acoge a artesanos y tiendas de artesanía en un sitio troglodita restaurado. Varios de ellos abren sus talleres al público y comparten sus conocimientos con pasión.

06 Luego, se siguen los carteles de "Montsoreau par les bords de Loire". Se pedalea por un camino de ripio junto a la orilla y se respira el aire fresco del río. El camino pasa bajo un puente y llega a la carretera principal hacia Montsoreau. Antes de entrar en el pueblo, un corto desvío a la derecha lleva a Le Saut aux Loups, una granja artesanal de setas.

07 Tras el desvío, se pedalea unos cientos de metros hasta Montsoreau, uno de los pueblos más bonitos de Francia. Se pasa la plaza y se siguen los carteles para tomar a la derecha la calle principal. Hay que subir un poco para admirar el renacentista Château de Montsoreau, el único del valle del Loira construido junto al lecho del río. Abierto al público por las tardes, el castillo también alberga un museo de arte contemporáneo. Montsoreau resulta especialmente encantador en primavera, cuando sus calles se llenan de flores. Se baja la calle y se da la vuelta a la rotonda a la salida del pueblo. Se sigue pedaleando con el Loira a la derecha y se ve el castillo desde un punto de vista diferente.

08 Desde Montsoreau se puede ir hasta el pueblo de Fontevraud y su majestuosa abadía, una visita imprescindible en el valle del Loira. Esta parte de la ruta implica un viaje de ida y vuelta, por lo que los que vayan justos de fuerzas pueden saltárselo y reservarse para la vuelta a Saumur. Se gira a la izquierda y se siguen los carteles de "Fontevraud". Se deja la orilla del Loira y se pedalea por pequeñas carreteras entre viñedos y bosques. Sin siguen los carteles de "La Loire à Vélo". Hay que superar algunas ascensiones antes de llegar a Fontevraud y su majestuosa abadía. Los encantadores callejones del pueblo conducen hasta esta joya arquitectónica, declarada Patrimonio Mundial.

09 La abadía real de Fontevraud, fundada en el s. XII, es el complejo monástico de estilo renacentista más grande que se conserva en Francia. La

MANFRED GOTTSCHALK/GETTY IMAGES ©

Château de Montsoreau.

AGEFOTOSTOCK/ALAMY STOCK PHOTO ©

Clos du Père Cristal

Esta singular parcela, diseñada por Antoine Cristal en 1894, consta de cuatro muros de cerramiento y, en su interior, 11 muros paralelos de este a oeste.

A las vides, plantadas en el lado norte de los muros, se les da forma para que atraviesen el muro por una abertura y crezcan por el otro lado, orientado al sur.

Plantadas de este modo, las vides aprovechan el fresco y la humedad de la tierra en el lado norte y los beneficios del calor en el lado sur.

Así, las vides del "Padre Cristal" tienen "los pies frescos y la panza al sol". Esta original técnica le proporciona al vino de Clos d'Entre les Murs su excepcional calidad.

Clos du Père Cristal.

gestión general del lugar fue confiada a una mujer, un hecho único en aquella época. La majestuosa iglesia de la abadía también es la necrópolis de la dinastía de los Plantagenet. Leonor de Aquitania descansa en una magnífica tumba en la parte central del monumento, junto a Enrique II y su hijo, Ricardo Corazón de León. Actualmente, la abadía está gestionada por el Estado francés.

10 Todavía deslumbrado por la magia de la abadía, se puede dar un paseo por el pueblo y visitar los talleres de joyería o de iluminación. Luego, se vuelve a Montsoreau para recobrar fuerzas en alguno de los cafés de la plaza mayor.

11 Cerca de Montsoreau, se gira a la izquierda para seguir los carteles de "Saumur par les coteaux". La ruta asciende por las colinas de la Route des Vins. De camino a Turquant, se puede parar en varias bodegas y catar estos vinos tan apasionantes.

12 En Turquant, se toma el mismo camino que en el trayecto de ida y se descubren nuevos puntos de vista del pueblo troglodita. Podría aprovecharse la oportunidad para comprar algún recuerdo en los talleres de artesanía o un bote de *pommes tapées*.

13 Desde Parnay, existe la opción de tomar el mismo itinerario que en el trayecto de ida o continuar por la más exigente ruta por las laderas de "Saumur par les coteaux". Esta última ofrece excelentes vistas de los viñedos y del valle del Loira. Se sigue por las laderas hacia Saumur mientras se admiran los extensos viñedos y bodegas.

14 Antes de volver a entrar en la ciudad, se descubre su impresionante castillo. Ubicado en la ladera, el Château de Saumur custodia la ciudad, a sus pies, desde hace más de 1000 años. A lo largo de su historia ha sido la sede de los gobernantes de la ciudad, una cárcel y, luego, un almacén de armas y munición. Adquirido por la ciudad en 1906 para albergar el museo municipal, actualmente es un museo de artes decorativas y ecuestre.

15 Se pasa el castillo y se baja por una empinada calle junto a las murallas y el casco antiguo. Se admiran las espléndidas y antiguas iglesias y casas con entramado de madera de Place St-Pierre, donde puede disfrutar de una merecida pausa en alguno de sus atractivos cafés. Por último, se cruza el Loira y se observa una última vez el salvaje río.

Una pausa

Le Saut au Loup (troglo-sautauxloups.com) es una granja tradicional de hongos. Muy pocas están aún en funcionamiento y abiertas al público.

Este sitio permite descubrir galerías excavadas en la ladera de toba: cuevas que presentan las condiciones ideales para el cultivo de las setas. Todo el trabajo se hace a mano y sin tratamientos químicos. Tras la visita, se probarán los famosos *galipettes* (champiñones rellenos al horno).

Otras propuestas

Península de Quiberon.

CHRISTIAN MUSAT/SHUTTERSTOCK ©

Península de Quiberon

DURACIÓN	DIFICULTAD	DISTANCIA
2 h	Baja	25 km

Con inicio desde la zona de dunas de Erdeven, esta ruta sigue el itinerario señalizado como "V5" y permite descubrir la península de Quiberon con total tranquilidad.

Desde Erdeven, un camino de ripio atraviesa las dunas y pasa por el pueblo de Ste-Barbe. En Penthièvre, se toma la carretera costera y se para en el fuerte de Penthièvre. En Kerhostin, donde la península vuelve a ensancharse, se sigue la nueva vía verde a lo largo de la línea férrea. Luego, la vía ciclista deja paso a la magnífica carretera por la salvaje costa, con fabulosas vistas del océano. La ruta finaliza en el puerto de Quiberon. Para el viaje de vuelta se puede tomar el Tire-Bouchon, un tren local que va hasta Auray.

De Saumur a Montreuil-Bellay

DURACIÓN	DIFICULTAD	DISTANCIA
2 h	Media	20 km

Esta ruta recorre una sección de la Vélo Francette, una ruta de 600 km que atraviesa la región noroeste desde Ouistreham, al norte, hasta La Rochelle, al sur.

Se empieza en el centro de Saumur y se siguen los carteles de "Le Thouet à Vélo". La ruta sale de la ciudad y discurre por una bonita vía verde junto al río Thouet. Se cruza el río para seguir por tranquilas carreteras rurales y pistas agrícolas. Se atraviesan pueblos, campos y los viñedos en pendiente de Saumur. Finalmente se llega a Montreuil-Bellay, encantadoramente fortificada, con su castillo y coloridas casas con entramado de madera. Desde allí, se puede continuar por la Vélo Francette o volver a Saumur en tren.

VERNERIE YANN/SHUTTERSTOCK ©

Canal de Nantes a Brest.

De Laval a Château-Gontier

DURACIÓN	DIFICULTAD	DISTANCIA
3 h	Media	35 km

Esta ruta por el río Mayenne también es una sección de la Vélo Francette. En Laval, se toma el puente ciclista junto al viaducto ferroviario.

Desde el puente ciclista hay vistas de la histórica ciudad y su par de castillos. Poco después de salir de Laval, hay que fijarse en la famosa abadía de Notre Dame du Port du Salut antes de descubrir la belleza indómita del río Mayenne. Se pedalea por el camino de sirga junto al río y se hace una pausa para contemplar las esclusas, que regulan el nivel del agua. Las renovadas casas de los escluscros ofrecen un merecido descanso a los ciclistas. Se finaliza la ruta en Château-Gontier, una pequeña localidad con un relajado ritmo de vida muy acorde al compás del río.

Canal de Nantes a Brest

DURACIÓN	DIFICULTAD	DISTANCIA
3 h	Media	30 km

Esta ruta recorre una sección de la Vélodyssée, una ruta ciclista de más de 1200 km desde el extremo occidental de Bretaña, bajando por la costa atlántica, hasta casi España.

Se empieza al sur de Rostrenen, se siguen los carteles de "Vélodyssée" y se pedalea por el camino de sirga del canal de Nantes a Brest. Se puede hacer una pausa para descubrir la doble esclusa de Coat Natous y ver la capilla de Notre-Dame de la Pitié. Se pasa por Gouarec y se sigue por el camino de sirga para llegar a la bonita abadía de Bon Repos, cisterciense, que acoge muchas exposiciones de arte contemporáneo. Luego, se sigue la ruta alrededor del magnífico lago de Guerlédan. Este pequeño mar interior es el sitio perfecto para bañarse y tomar el sol una vez completada la ruta.

Meru
OISE
Forêt d'Halatte
Chantilly
Senlis
Persan
Beaumont
Parc Naturel Régional Oise-Pays de France
Forêt d'Ermenonville
Ermenonville
VAL-D'OISE
08
Montsoult
Dammartin-en-Goële
Cergy
Pontoise
Écouen
Les Mureaux
Sena
Meaux
St-Denis
Claye-Souilly
06
VILLE DE PARIS
SEINE ST-DENIS
St-Germain-en-Laye
La Défense
París
Lagny-sur-Marne
Marne
07
YVELINES
Coulommiers
Versalles
HAUT-DE-SEINE
Créteil
VAL-DE-MARNE
Maurepas
Massy
Montgeron
Sena
SEINE-ET-MARNE
Évry
Forêt de Rambouillet
Corbeil-Essonnes
Arpajon
Melun
ESSONNE
Barbizon
Étampes
Milly-la-Forêt
Fontainebleau
Montereau-Fault-Yonne
Sena
Forêt de Fontainebleau
Yonne
09
Nemours
0
20 km

NEIRFY/SHUTTERSTOCK ©

Gárgola, catedral de Notre Dame (p. 73), París.

Île-de-France (París)

Explorar

Île-de-France (París)

La región de Île-de-France está dominada por la ciudad de París y su área metropolitana, que suman 10 millones de habitantes. Pero también incluye zonas rurales con muchas opciones para pedalear por canales, ríos, caminos rurales y pintorescos pueblos. Casi todas las rutas ciclistas por estas últimas son accesibles en tren en menos de 1 h desde la capital, y la región está llena de destinos imprescindibles, como Fontainebleau o Versalles. La propia ciudad de París es una metrópoli apta para el ciclismo, con cientos de kilómetros de carriles bici que pasan por puntos de interés como el Louvre o la Torre Eiffel.

La capital en bicicleta

París es la ciudad más visitada del mundo, con una media de más de 30 millones de turistas anuales. Muchos quieren pedalear por ella y la capital francesa ha hecho todo lo posible para que puedan hacerlo. París ya tenía una extensa red de vías ciclistas antes de la pandemia de la COVID-19, pero aprovechó el confinamiento para construir aún más y reducir el uso del automóvil. Su intento por competir con Ámsterdam o Copenhague como capital ciclista de Europa va por buen camino ahora que ya cuenta con más de 1000 km de carriles bici.

Historia

París tiene una fascinante historia de 2000 años, iniciada cuando la tribu celta de los parisios se asentó a orillas del Sena. La ciudad ha vivido episodios épicos como la conquista romana de la Galia, la Revolución francesa y la ocupación nazi en la II Guerra Mundial; ha sido el hogar de Luis XIV (el Rey Sol), María Antonieta, Napoleón Bonaparte y Charles de Gaulle; ha sido la capital de un imperio que se extendía desde América a través de África hasta el sureste asiático, y ha acogido a gigantes literarios como Victor Hugo y Jean-Paul Sartre, y a influyentes cineastas como Jean-Luc Godard y François Truffaut.

Legado cultural

Todos estos factores han modelado esta vibrante y cosmopolita urbe que actualmente alberga la mayor colección de arte del mundo en el Louvre, la emblemática Torre Eiffel y una cantidad de museos y galerías que ninguna otra ciudad puede igualar.

CUÁNDO IR

París es un destino urbano y sus calles están abarrotadas de ciclistas todo el año. Las zonas rurales de la región de Île-de-France es mejor visitarlas en verano, aunque el tiempo en primavera y otoño es razonablemente benigno.

Gastronomía

París también está llena de sofisticados restaurantes y locales nocturnos, y es la capital mundial de la moda y el lujo. Pero no hay que ser millonario para disfrutar de su vida callejera, al alcance por el precio que cuesta un café desde alguna de sus maravillosas terrazas.

Alrededores de París

Île-de-France no es solo París. Tres cuartas partes de la región son zonas rurales y se pueden hacer muchas excursiones de un día a lugares como los palacios reales de Versalles y Fontainebleau o los parques naturales regionales del Vexin y el Gâtinais. La región está llena de rutas ciclistas que conducen a pintorescos pueblos, como Auvers-sur-Oise, donde Van Gogh pasó sus últimos días y está enterrado, o a la ciudad de Meaux, la cuna del queso brie, con su catedral gótica y un fascinante museo sobre la I Guerra Mundial.

TRANSPORTE

En el metro no se puede subir la bici, pero la región de Île-de-France cuenta con una gran red de ferrocarriles que llevarán a los visitantes y sus bicis por unos cuantos euros (las bicis viajan gratis). No se permite transportarlas en las horas punta de la mañana y la tarde entre semana, pero los fines de semana se pueden llevar a cualquier hora.

EVENTOS

Aparte de su profusión de museos y atracciones turísticas, París tiene una inmensa oferta de citas culturales y festivales todo el año.

Destaca el **Día de la Bastilla,** el 14 de julio, celebrado con un desfile militar por los Campos Elíseos y aviones de combate surcando el cielo, y los parisinos bailando en la calle al son del tradicional **Bal des Pompiers** (baile de los bomberos).

DÓNDE ALOJARSE

París tiene miles de hoteles, albergues y apartamentos de alquiler para todo tipo de presupuestos. Si se celebra algún evento deportivo destacado o la semana de la moda, p. ej., es importante reservar lo antes posible. Pero, generalmente, no suele haber problemas para encontrar alojamiento. También se puede considerar la opción de hospedarse en un hotel o apartamento en alguna de las muchas poblaciones de la región de Île-de-France donde se vaya a hacer una ruta en bici. En la región también hay numerosos *campings* en verano.

Recursos

Oficina de turismo de París (en.parisinfo.com) Web oficial muy completa con todo lo que ofrece la ciudad.

France Vélo Tourism (en.francevelotourisme.com) Excelente guía de rutas ciclistas por París y la región de la Île-de-France.

Secrets of Paris (secretsofparis.com/practical/bicycle) Guía muy útil sobre dónde alquilar bicis y qué hacer y qué no al pedalear por París.

06

Ideal para

CANALES

Canal de Meaux a París

DURACIÓN	DIFICULTAD	DISTANCIA	INICIO/FINAL
3,5 h	Media	50 km	Meaux/París

TERRENO	Vías ciclistas asfaltadas y de ripio

BENSLIMAN HASSAN/SHUTTERSTOCK ©

Canal de l'Ourcq.

Esta ruta enlaza Meaux, vía la campiña junto al canal de l'Ourcq, con París. Hay mucho que ver en Meaux, incluido un museo del queso y una catedral del s. XII. En camino se puede hacer un pícnic o almorzar en algún restaurante a orillas del canal. Un corto desvío conduce hasta donde creció la estrella del fútbol francés Kylian Mbappé. La ruta tiene 50 km, pero es llana y sigue el camino de sirga del canal, por lo que no hay que estar muy en forma para completarla. Si no, siempre se puede tomar un tren de vuelta a París a mitad de la ruta.

Alquiler

L'Aventure à Vélo (laventureavelo.com) está en el canal cerca de la Gare de l'Est, donde se toma el tren a Meaux (fuera de las horas punta hay mucho sitio para llevar bicis).

Punto de partida

Se va en tren de la Gare de l'Est de París a Meaux (40 min). Se sale por la parte de atrás de la estación de Meaux y se cruza la carretera hasta el canal. El punto de partida es allí mismo.

01 Al llegar al canal se gira a la izquierda. Al cabo de un par de minutos se estará fuera de la ciudad, entre los campos de la región de Île-de-France. El canal de l'Ourcq, flanqueado de árboles, se construyó a principios del s. XIX por orden de Napoleón Bonaparte como vía de navegación y para llevar agua a París. Pronto se llega a un aeroclub en la orilla opuesta y es probable que se vean sobrevolar avionetas de recreo.

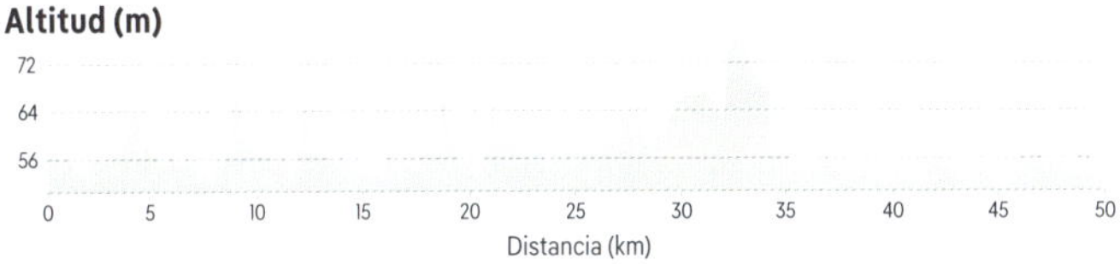

Catedral de St-Étienne de Meaux.

02 El canal discurre en paralelo al río Marne durante la primera parte de la ruta, pero el río no se ve hasta que se llega a la Usine Elévatoire de Trilbardou, un sistema hidráulico del s. XIX aún en uso que bombea agua del río para alimentar el canal. Aquí hay una mesa de pícnic con vistas al valle ribereño y un panel explicativo (en francés) sobre la historia de la planta de bombeo.

03 El canal serpentea hacia el oeste unos kilómetros. La fauna con la que es probable tropezarse es amplia, desde pájaros carpinteros y garzas hasta muchos tipos de patos y pollas de agua. También podrían verse coipos, unos roedores semiacuáticos originarios de Sudamérica.

04 Cuando el canal entra en la localidad de Claye-Souilly, hay dos restaurantes a su orilla entre los que elegir.

05 Se prosigue hasta llegar a un puente vial en lo alto e, inmediatamente después, a otro peatonal, que se cruza para cambiar de lado del canal. Desde allí, la ruta es aún más sencilla ya que el camino está asfaltado o pavimentado en su totalidad hasta París.

06 Al cabo de 2 km hay una empinada ascensión hasta un puente. Este es el punto medio de la ruta, donde se puede tomar un tren hasta la Gare du Nord de París. La estación de la RER (trenes de cercanías) está a la derecha.

Puntos de interés de Meaux

Meaux es famosa sobre todo por ser la cuna del queso brie, elaborado con leche cruda de vaca y vendido con la DOP Brie de Meaux. La Maison du Brie de Meaux es un pequeño museo dedicado a este producto que los fines de semana ofrece degustaciones.

La ciudad también alberga la gótica e imponente catedral de St-Étienne de Meaux, de 1170, y el más reciente pero también impresionante Musée de la Grand Guerre. Los combates de la I Guerra Mundial no llegaron a Meaux, pero las líneas del frente estaban cerca. El museo, con 70 000 piezas, ilustra la vida cotidiana de aquellos soldados.

SERTS/GETTY IMAGES ©

Parc de la Villette.

Si se quiere completar la ruta, hay que cruzar el puente y tomar la vía ciclista que ahora queda a la izquierda del canal, asegurándose de permanecer en la vía ciclista asfaltada que se aparta ligeramente del canal.

07 Tras unos minutos de subidas y bajadas, se llega a las puertas de hierro de la entrada del Parc de la Poudrerie. Es posible saltarse el parque y tomar la pista de tierra que discurre junto a la verja. Pero vale la pena recorrer las 137 Ha de bosque del parque, cuyos claros con hierba son ideales para hacer un pícnic. También hay restos de estructuras industriales de la época en que la antigua fábrica imperial de pólvora estaba aquí.

08 Luego, se vuelve hasta el canal y ya se estará en los suburbios de París. Las casas dan paso progresivamente a edificios de apartamentos y bloques de oficinas. Al cabo de unos kilómetros se llega al modesto arrabal de Bondy, donde nació el famoso futbolista Kylian Mbappé. Habría que estar todavía en la orilla izquierda del canal, donde hay que buscar un puente peatonal llamado Passerelle des Écoles. Esa es la entrada a Bondy, con el canal a la derecha.

09 Poco después de la Passerelle des Écoles, el sendero cruza un puente peatonal y sigue por el otro lado del canal. Se atraviesa el Parc de la Bergère y, si se mira a la izquierda, hay un muro de 1 km lleno de grafitis. Quienes se sientan capacitados pueden aportar el suyo, ya que el muro está abierto a que todo el mundo pinte.

10 La ruta pasa por un complejo rehabilitado de bloques de oficinas y apartamentos junto al canal, y vira brevemente por detrás de una fábrica de cemento antes de retomar el canal. Pronto se llega al futurista Parc de la Villette, cuyos pabellones de exposiciones, museo de ciencias, auditorios y zonas de césped bien merecen la visita. La ruta termina un poco más allá, en Place de Stalingrad, donde el canal de l'Ourcq desemboca en el canal St-Martin.

Una pausa

El Pub St Patrick (pubstpatrick.fr), en Claye-Souilly, una localidad cerca del punto medio de esta ruta, está bien para almorzar, aunque, como muchos *pubs* "irlandeses" de Francia, no tienen ninguna relación con Irlanda.

Si no, se puede ir al Casa Mia (restaurant-italien-casamia.fr). Ambos sitios están junto al canal y ofrecen una comida que puede que no sea sofisticada, pero es mucho más que aceptable para los ciclistas hambrientos. En la localidad hay varias tiendas y cafés, y una panadería.

BAPTISTE FERNANDEZ/ICON SPORT VIA GETTY IMAGES ©, ARTIST: AKIKO STEHRENBERGER

Mural que representa al futbolista francés Kylian Mbappé, Bondy.

La cuna de Kylian Mbappé

Esta ruta pasa por el suburbio parisino de **Bondy,** donde creció y pulió sus habilidades el famoso futbolista Kylian Mbappé.

Hay que parar en la Passerelle des Écoles, un puente peatonal que cruza el canal, y entrar en Bondy por Rue des Écoles. A unos cientos de metros están las viviendas sociales donde vivió Mbappé, en el **4 Allée des Lilas.**

Al otro lado de la carretera se puede dar una vuelta por el **Stade Léo Lagrange,** que alberga el club en el que Mbappé jugó de niño. No hay que perderse el mural de 11 plantas en honor al delantero en 21 Rue Jules Guesde, a 5 min en bici de su antiguo hogar.

07

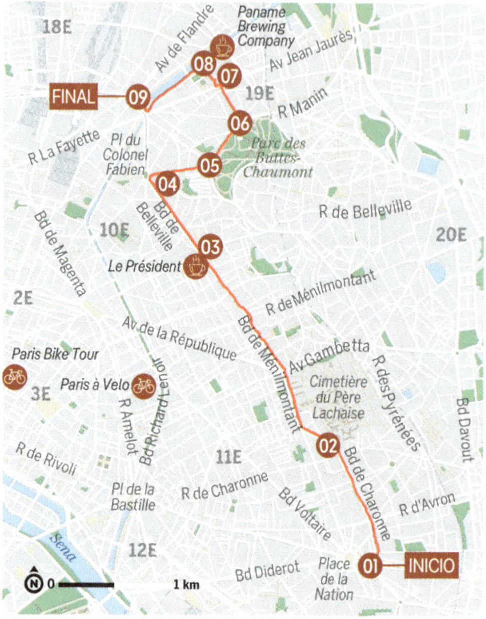

Paseo por París

DURACIÓN	DIFICULTAD	DISTANCIA	INICIO/FINAL
1 h	Baja	7 km	Place de la Nation/Place de Stalingrad

TERRENO	En su mayor parte carriles bici

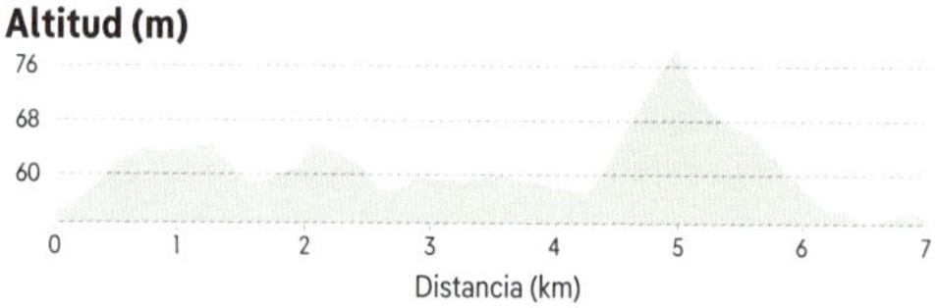

Esta ruta incluye el cementerio del Père Lachaise, uno de los más famosos del mundo. Desde Place de la Nation, la ruta pasa por barrios residenciales antes de llegar a Belleville, el descarnado barrio donde creció Édith Piaf. Luego, pasa por el extravagante edificio que alberga la sede del Partido Comunista Francés y llega hasta el Parc des Buttes-Chaumont, un parque en una ladera con cuevas, cascadas y fabulosas vistas de la ciudad.

Alquiler

Paris à Velo (parisavelo.fr) ofrece una amplia gama de bicicletas (eléctricas incl.). Paris Bike Tour (parisbiketour.net/en/bike-rental-paris) también las alquila.

Punto de partida

Place de la Nation, en la estación de metro Nation. Se empieza al pie de una de las dos columnas de la plaza, la más cercana al inicio de Blvd de Charonne.

01 Se toma el carril bici en Blvd de Charonne y se atraviesan típicos barrios residenciales parisinos llenos de cafés, restaurantes, *boulangeries* (panaderías) y carnicerías.

02 Al cabo de unos minutos se llega al cementerio del Père Lachaise, una auténtica ciudad de los muertos donde descansan los restos de muchos artistas y personajes famosos, incluidos Oscar Wilde, Chopin, Édith Piaf, Sarah Bernhardt y Modigliani, entre otros. Si se necesita un café antes de entrar, Le Purgatoire (el purgatorio) queda cerca de la entrada principal del cementerio.

Parc des Buttes-Chaumont.

Ideal para

ARQUITECTURA

Parc des Buttes-Chaumont

Con cascadas, grutas, un puente colgante (construido por el mismo Gustave Eiffel de la Torre Eiffel), un lago, un teatro de marionetas, paseos en poni para niños e imponentes vistas de la ciudad, este parque, uno de los más grandes de París, es perfecto para hacer una pausa.

Es un lugar escarpado debido a que está en las antiguas canteras que proporcionaban la piedra caliza para los edificios de París. Desde sus zonas más elevadas hay vistas panorámicas de la ciudad, con la Torre Eiffel y el Sacré Coeur en el horizonte.

03 Se sigue recto por la misma vía ciclista hasta la zona de Ménilmontant y, luego, hasta Belleville, el duro barrio donde la cantante más famosa de Francia, Édith Piaf, creció. Se para a tomar algo en el Aux Folies (8 Rue de Belleville), un bar muy de moda junto al desaparecido local de cabaré Folies-Belleville, donde Piaf empezó una carrera que pronto alcanzaría el estrellato mundial. La zona ahora es una pequeña Chinatown con muchos restaurantes asiáticos.

04 Se sigue por Blvd de la Villette hasta la rotonda de Place du Colonel Fabien. A la derecha de esta, se verá una enorme cúpula blanca que emerge del suelo: es la sede del antaño poderoso Partido Comunista Francés, diseñada por el arquitecto brasileño Oscar Niemeyer, para el que la cúpula representaba a una mujer embarazada. El Partido Comunista, escaso de fondos desde hace muchos años, ahora alquila parte del edificio.

05 Se gira a la derecha en la sede del Partido Comunista y se sube por Avenue Mathurin Moreau. Es un poco empinada, pero es posible apearse y seguir a pie hasta las puertas del Parc des Buttes-Chaumont, una de las zonas verdes más grandes de París, con geniales vistas de la ciudad hasta Montmartre y la Torre Eiffel, y con laderas cubiertas de hierba y varios cafés para hacer una pausa.

06 Si no apetece visitar el Parc des Buttes-Chaumont, solo hay que tomar a la izquierda por Rue Manin, que discurre junto al parque hasta el Mairie (ayuntamiento) del *19e arrondissement* de la ciudad, un ostentoso edificio decimonónico donde las mañanas de los sábados se puede ver salir a todo un reguero de recién casados tras haberse dado el "sí quiero".

07 Desde el ayuntamiento del distrito se va baja por Avenue de Laumière. Al final de la cuesta está el Gymnase Jean-Jaurès, un edificio de ladrillo catalogado como monumento histórico nacional que aún funciona como centro deportivo municipal más de 130 años de su inauguración.

08 Se gira a la izquierda por Avenue Jean Jaurès e inmediatamente a la derecha por Rue Euryale Dehaynin. Esta corta calle conduce hasta el canal, que en los meses de verano bulle de actividad, con una zona de baño, alquiler de barcas, actividades deportivas y muchos cafés. Si se mira hacia la derecha se verá la Paname Brewing Company, un bar y cervecería artesana junto al agua que es ideal para hacer un receso.

Una pausa

Hay una docena de sitios para comer y beber a lo largo de esta ruta. **Le Président** (lepresident-paris.fr) es un restaurante chino en la intersección principal por la que se pasa en Belleville. Es un lugar palaciego con una carta enorme.

Si se quiere esperar hasta el final de la ruta, la **Tap House de la Paname Brewing Company** (panamebrewingcompany.com), junto al canal, elabora sus propias cervezas y ofrece desde sabrosas hamburguesas hasta *ramen* al curri.

Tumba de Oscar Wilde, cementerio del Père Lachaise (p. 60).

09 Para finalizar la ruta, se va a la izquierda por el canal más allá de los multicines y se gira a la derecha hacia Place de Stalingrad, bordeada de bares y locales de tentempiés. Uno de esos bares está en La Rotonde, un imponente edificio construido antes de la Revolución francesa para albergar las oficinas de los funcionarios que cobraban los impuestos a los comerciantes y agricultores que llevaban sus productos a París. Este punto marca el inicio del popular canal St-Martin, que serpentea hacia el sur para desembocar en el Sena en la Bastilla.

Père Lachaise

Este cementerio, cerca del inicio de la ruta, es de visita obligada.

Es uno de los camposantos más famosos del mundo debido a sus muchos ocupantes insignes, incluidos el escritor irlandés Oscar Wilde, a cuyos seguidores les gusta dejar la marca del pintalabios en la barrera de cristal que rodea su gran tumba (antes lo hacían en la propia lápida); la cantante Édith Piaf, que nació cerca y Jim Morrison, el cantante de The Doors.

En la entrada principal se puede comprar un mapa para localizar las tumbas más conocidas. También se ofrecen circuitos a pie.

08

Ideal para

PAISAJES DE VAN GOGH

Auvers-sur-Oise

DURACIÓN	DIFICULTAD	DISTANCIA	INICIO/FINAL
3,5 h	Media	35 km	Pontoise
TERRENO	Vías ciclistas y carreteras secundarias		

Auberge Ravoux.

Vincent Van Gogh es la estrella de esta ruta de ida y vuelta de 33 km, centrada en el pueblo ribereño de Auvers-sur-Oise, donde el pintor vivió y está enterrado. La ruta empieza en Pontoise, a un corto trayecto en tren desde la Gare du Nord de París, y sigue el río Oise hasta Auvers, donde se puede visitar el hotel donde murió Van Gogh. Luego, se pasa por el parque natural del Vexin y se recorre la ruta ciclista París-Londres antes de atravesar boscosos valles y rústicos pueblos de regreso a Pontoise.

Alquiler

Vélo Services (https://veloservices.fr) está a 2,5 km de la estación de trenes de Pontoise. Otra opción es alquilar la bici en París y llevarla en el tren (50 min) hasta Pontoise.

Punto de partida

Se inicia la ruta en la orilla del río frente al restaurante marroquí Le Palais Royal, en 1 Quai Eugene Turpin.

01 Pontoise tiene un atractivo casco antiguo y un laberinto de túneles medievales bajo sus calles; la oficina de turismo organiza visitas guiadas los fines de semana. La ruta arranca de Pontoise desde el restaurante Le Palais Royal por la orilla del río en dirección a Auvers-sur-Oise.

02 Los siguientes kilómetros discurren junto al río Oise, que fue pintado varias veces por Pissarro, residente en Pontoise y conocido como "el padre del impresionismo". Pissarro solía

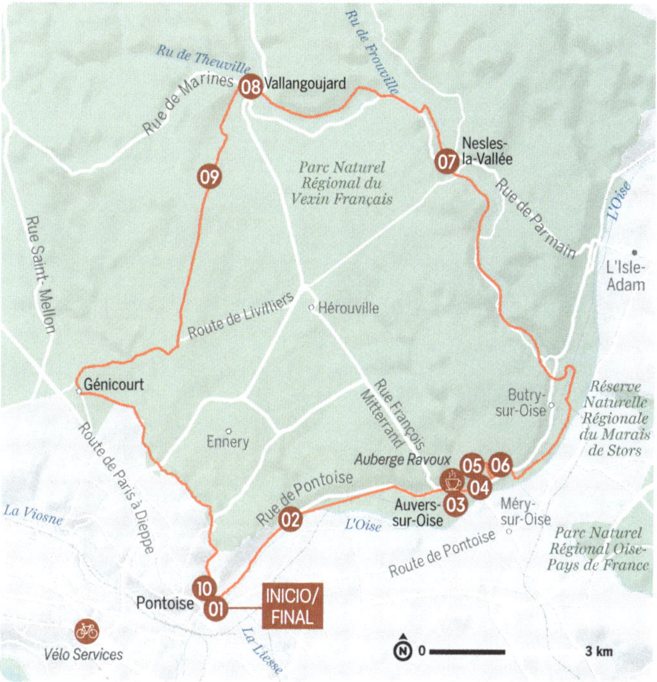

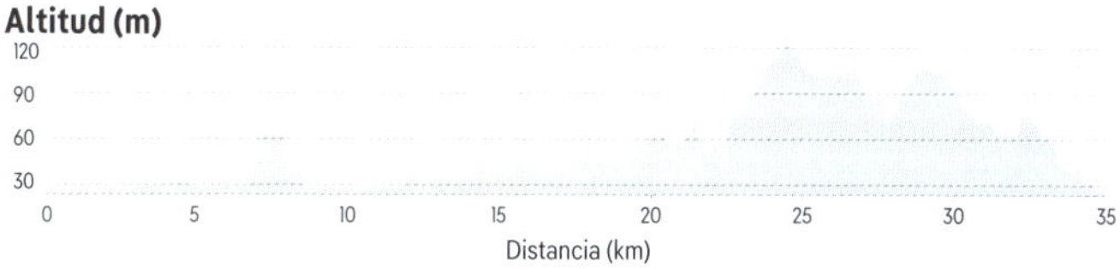

invitar a sus amigos, incluidos Cézanne, Gauguin y Van Gogh, para que se le unieran en sus expediciones pictóricas por su cauce. Este tramo del Oise está bordeado de villas del s. XIX.

03 Tras unos pocos kilómetros se llega a Auvers-sur-Oise. En la calle principal, frente al ayuntamiento, está el modesto Auberge Ravoux, donde Van Gogh pasó sus últimos meses en 1890 y donde murió a causa de las heridas de un disparo autoinfligido. Se puede visitar su habitación y comer en el restaurante del hotel, que aún ofrece muchos de los mismos platos que en tiempos de Van Gogh.

04 Se continúa en la misma dirección y se gira a la izquierda colina arriba por Rue de Paris. La calle vira a la derecha justo después de la iglesia del s. XI; hay carteles al cementerio donde Van Gogh fue enterrado con 37 años. Se sigue cuesta arriba recto por un camino peatonal que lleva hasta un camino de tierra a través de un campo. Este camino conduce a un trigal que pintó Van Gogh. Hay un pa-

PACK-SHOT/SHUTTERSTOCK ©

Tumba de Van Gogh.

Vincent van Gogh

A Van Gogh le encantaba coger su caballete y sus pinturas y pasear por los mismos campos por los que se pedaleará.

El epicentro de la ruta de Van Gogh es el pueblo de Auvers-sur-Oise, donde el pintor pasó sus últimos meses y murió a los dos días de pegarse un tiro en el pecho en su habitación del ático del Auberge Ravoux.

A los contemporáneos de Van Gogh también les encantaba Auvers y hay muchos senderos con los lugares (señalizados) donde famosos artistas pintaron un cuadro. En cada panel hay una fotografía de los cuadros para que se pueda comparar con el paisaje actual.

nel explicativo, con una fotografía del cuadro, que ayuda a localizar el lugar correcto.

05 Si se mira a la derecha de este panel se verá un cementerio cercado. Allí es donde están enterrados Van Gogh y su hermano Theo, que falleció menos de un año después. Sus sencillas sepulturas de piedra, a menudo llenas de flores dejadas por amantes del arte, están una al lado de la otra.

06 Se sigue hasta más allá del cementerio y se gira a la derecha cuesta abajo en la primera intersección, y después, en la base de la colina, a la izquierda por Rue du Montcel hasta llegar a la ruta ciclista Avenue Verte entre Londres y París.

07 Sin dejar los carteles de la ruta ciclista se llega a la estación de trenes de Valmondois. Se toma la vía ciclista señalizada como Vallangoujard al otro lado de las vías férreas. Luego, se gira a la izquierda en el café y, a 200 m, se toma una vía ciclista de ripio por una antigua vía férrea junto al río Sausseron que serpentea a través de bosques y pasa frente a casas de campo. Se puede hacer un pequeño desvío hasta el pintoresco pueblo de Nesles-la-Vallée para ver su iglesia de St-Symphorien, del s. XII, y almorzar en su reconocido restaurante La Quincaillerie.

08 Ahora se está en el Parc Naturel Régional du Vexin Français, una extensión de 71 000 Ha de bosques, llanuras, ciénagas y ríos salpicada de viejos y pintorescos pueblos. Se siguen los frecuentes carteles de la vía ciclista y se cruza el pueblo de Labbeville. Al llegar a Vallangoujard, hay que buscar la señal de "Pontoise 12 km" que hay antes del ayuntamiento y tomar esa carretera.

09 Sigue una suave ascensión de 2 km al final de la cual se verá un par de árboles, uno a cada lado de la carretera, en la cresta de la pendiente. Lo bueno es que desde este punto prácticamente todo lo que queda de camino hasta Pontoise es cuesta abajo.

10 Al llegar al pueblo de Genicourt, se toma a la izquierda en la rotonda junto a la iglesia por Rue des Fossettes, y luego otra vez a la izquierda por Rue des Ruisseaux. En la base de la colina hay una pista de tierra que sale a la derecha. Hay que seguirla y se llegará de vuelta al río Oise en Pontoise y al restaurante Le Palais Royal.

Una pausa

Dado que Van Gogh es el tema principal de esta ruta, el lugar más obvio para parar a comer o beber algo es el **Auberge Ravoux** en Auvers-sur-Oise (maisondevangogh.fr), donde el genial artista pasó sus últimos días.

Hay que pagar unos cuantos miles de euros para alquilar todo el comedor por una noche, pero desde la hora del almuerzo hasta última hora de la tarde se puede disfrutar de una tabla de embutidos, quesos o pasteles por entre 8 y 22 €.

BENSLIMAN HASSAN/SHUTTERSTOCK ©

Parc Naturel Regional du Vexin Français.

Parc Naturel Regional du Vexin Français

Este parque es una enorme extensión de bosques, valles, pantanos y tierras de cultivo en la región de Île-de-France entre París y Normandía.

Gran parte de esta ruta discurre por sus arbolados caminos y ondulados campos, que durante muchos años proporcionaron a París gran parte de sus viandas.

También alberga una amplia variedad de fauna y flora, y sus humedales, muchas aves. Por supuesto, el lugar sirvió de inspiración a muchos pintores, en particular a los impresionistas de finales del s. XIX.

09

Fontainebleau

DURACIÓN	DIFICULTAD	DISTANCIA	INICIO/FINAL
2,5 h	Media	30 km	Fontainebleau
TERRENO	Carreteras forestales y rurales		

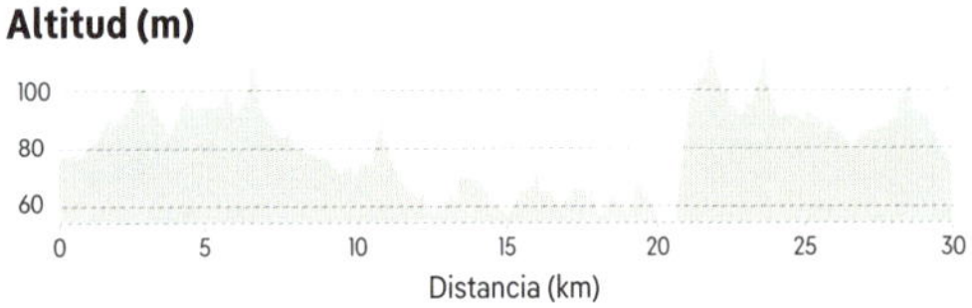

Esta ruta circular empieza y termina en la ciudad real de Fontainebleau. Su impresionante palacio, no tan famoso como el de Versalles pero con más historia, fue el hogar de los reyes franceses durante siglos desde el s. XIII. La ruta discurre por tranquilas carreteras forestales, pasa por el pueblo de artistas de Bourron-Marlotte y, luego, por Montigny y una cercana reserva natural. El tramo final vira al norte, de vuelta a Fontainebleau, por carreteras arboladas.

Alquiler

Se recomiendan À la Petite Reine (alapetitereine.com) y Fontainebleau Bike Rental (fontainebleaubikerental.com). Esta última no está en Fontainebleau, pero puede entregar allí la bici.

Punto de partida

Se inicia la ruta en Place du Général de Gaulle, entre el Hotel de Londres a un lado y la entrada principal del palacio al otro.

01 Antes de empezar o terminar la ruta, hay que visitar el palacio de Fontainebleau, con 1500 habitaciones y unos impresionantes jardines. Se inicia la ruta por Blvd Magenta hasta una cercana rotonda con un obelisco. Allí, se toma la D607 hacia Bourron. Ahora se está en el enorme bosque de Fontainebleau. A los 2 km, se toma la bifurcación a la derecha hacia Bourron.

02 Tras esta intersección, la carretera discurre mucho más tranquila, entre miles de grandes robles, pinos silvestres y hayas. Pronto se

Palacio de Fontainebleau.

Ideal para

PALACIOS
Y BOSQUES

Palacio de Fontainebleau

Napoleón Bonaparte llamó al palacio, declarado Patrimonio Mundial, “el verdadero hogar de los reyes”. Este enorme palacio no es tan famoso como el de Versalles, pero fue el hogar de más monarcas.

El palacio, que data de 1137, fue la residencia y el pabellón de caza favorito de muchos monarcas galos a lo largo de los siglos y es un fabuloso ejemplo de arquitectura clásica y renacentista francesa.

Resulta fácil pasar medio día entre algunas de sus 1500 habitaciones (los apartamentos de Napoleón incl.), 30 000 obras de arte y 130 Ha de jardines y lagos ornamentales.

verá el acueducto del Vanne, construido a finales del s. XIX y que transporta agua a lo largo de 156 km hasta París.

03 Al llegar a una intersección se continúa por la D58 siguiendo las señales de Bourron. Tras una pequeña cuesta, se desciende hasta el pueblo de Bourron-Marlotte y sus hileras de elegantes villas centenarias con grandes jardines.

04 Los sábados por la mañana se puede echar un vistazo al mercado de alimentos de Bourron-Marlotte. Este pueblo es famoso por los muchos artistas que vivieron en él, incluidos Renoir y Cézanne, y el hijo de Renoir, el director de cine Jean Renoir, que rodó su primera película, *La hija del agua,* aquí en 1924. La *brasserie* Le Martingo, aún en activo, era frecuentada por todos ellos.

05 Bourron-Marlotte es un lugar extenso; para salir de la localidad hay que ir hasta el ayuntamiento (Mairie) y tomar la contigua Rue de la Libération (D104) hacia Grez-sur-Loing.

06 De esta forma se sale del bosque de Fontainebleau y se entra en una zona de campo abierto. Se bordeará brevemente parte de la Scandibérique, la sección francesa de 1700 km de la ruta ciclista EuroVelo 3 que va desde Trondheim, en Noruega, hasta Santiago de Compostela, en España.

07 Luego hay un corto trayecto hasta el bonito pueblo de Grez-sur-Loing, a orillas del epónimo río Loing, afluente del Sena. El pueblo data como mínimo del s. XII, y su ribera es ideal para hacer un pícnic. Si apetece remar, en el pueblo alquilan kayaks.

08 Se sale de Grez por su puente de piedra y se gira a la izquierda antes del centro deportivo al aire libre. Se sigue el río hasta que se llega a un cruce con una carretera principal. Se toma a la izquierda, se cruza el Loing y a la derecha después del puente. Desde allí se sigue recto 5 km, pasando por impresionantes villas en las colinas con vistas al río, hasta el pueblo de Montigny.

09 Se continúa recto a través de Montigny por la D104 hasta llegar al semáforo en la intersección con la D148, donde se va a la izquierda para volver hacia Fontainebleau. Los amantes de la naturaleza pueden desviarse unos 200 m hasta la cercana Plaine de Sorques, una reserva natural de bosques, prados, pantanos y estanques con abundantes plantas, insectos, aves y anfibios.

10 Hay una moderada ascensión por la D148 desde el semáforo. Se vuelve a pasar por el acueducto del Vanne,

Una pausa

En Fontainebleau hay una amplia variedad de sitios para comer antes o después de la ruta, como **Le Rubis**, un pequeño café tradicional en Place de la République. A lo largo de la ruta también hay restaurantes y panaderías en los pueblos de Bourron-Marlotte, Grez-sur-Loing y Montigny-sur-Loing.

La *brasserie* **Le Martingo,** en Bourron-Marlotte, antaño frecuentada por muchos artistas famosos, es la mejor opción para disfrutar de un buen almuerzo de toda la ruta.

Rana, bosque de Fontainebleau.

que así resulta más impresionante. Se sigue por la carretera forestal y pronto se verá a lo lejos la rotonda con el obelisco. Pero antes de llegar a la rotonda se toma un camino de grava que hay a la derecha, con un par de bloques de piedra y una cadena en la entrada, y vistas del palacio de Fontainebleau.

Plaine de Sorques

Esta reserva natural protegida, en una antigua cantera entre las orillas del río Loing y el bosque de Fontainebleau, alberga una amplia variedad de aves, anfibios y mamíferos.

Un circuito de 5 km permite ver su mosaico de estanques, llanuras y bosques por los que merodean zorros, jabalíes y ciervos.

También hay muchas aves residentes y migratorias, que pueden observarse desde dos puestos de observación.

También hay que estar atento a las ranas y sapos, que pasan el invierno en el cercano bosque.

11 El camino pasa por una escuela militar ecuestre y conduce hasta una puerta lateral del palacio. Oficialmente, no se puede pedalear por los jardines, pero apeándose de la bici se puede atajar por los jardines hasta el centro de la localidad.

Otras propuestas

Parc de Sceaux, Massy.

HUANG ZHENG/SHUTTERSTOCK ©

La Coulée Verte (Vía Verde)

DURACIÓN	DIFICULTAD	DISTANCIA
1 h	Baja	12 km

Esta ruta lineal de 12 km empieza en el extremo sur de la ciudad de París y pasa por los barrios contiguos, atravesando el encantador Parc de Sceaux, hasta el arrabal de Massy.

La ruta sigue una vía ciclista y peatonal que discurre por encima o junto a la línea del tren de alta velocidad TGV Atlantique. Se empieza en la estación de metro Malakoff-Plateau de Vanves y se va hacia el sur. La ruta pasa por dos grandes y agradables parques, el Parc de Sceaux y el Domaine de la Vallée-aux-Loups. En Massy, se puede tomar el tren a París o dar media vuelta y volver pedaleando por la misma ruta. Esta Coulée Verte no debe confundirse con otra que es solo peatonal y empieza cerca de la Bastilla.

Canal St-Denis

DURACIÓN	DIFICULTAD	DISTANCIA
40 min, ida y vuelta	Baja	8 km, ida y vuelta

Esta ruta discurre a lo largo del canal St-Denis desde el futurista Parc de la Villette, en el noreste de París, hasta el Stade de France, con la opción de seguir hasta St-Denis, mausoleo de casi todos los reyes de Francia.

Se empieza en el cruce de Quai de la Charente con Avenue Corentin Cariou y se va hacia el norte, alejándose del Parc de la Villette por la orilla derecha del canal. El camino junto al canal pasa por zonas industriales y residenciales durante 4 km hasta llegar al Stade de France, en la otra orilla. Desde allí se puede volver a París. Otra opción es alejarse del agua para visitar la cercana basílica de St-Denis, donde están enterrados 42 reyes de Francia.

ANGELA MEIER/SHUTTERSTOCK ©

Río Sena, París.

Bois de Vincennes

DURACIÓN	DIFICULTAD	DISTANCIA
Variable	Baja	5 km

Si simplemente se quiere una escapada de tarde de las ajetreadas calles de París para sumergirse en la naturaleza, se puede pedalear hasta el Bois de Vincennes, en el este de la capital, que, junto con el Bois de Boulogne, en el oeste, son sus dos grandes pulmones.

La estación de metro Porte Dorée es un buen punto de partida. El Bois de Vincennes fue un coto de caza real hasta la Revolución francesa, y a finales del s. XIX se convirtió en el mayor parque público de París. Acoge un zoo, kilómetros de senderos boscosos por los que pedalear, lagos con barcas de remos y una fortaleza medieval conocida como castillo de Vincennes.

El París clásico

DURACIÓN	DIFICULTAD	DISTANCIA
30 min	Baja	6 km

Se pueden ver los principales monumentos y puntos de interés de París, desde la catedral de Notre Dame hasta la Torre Eiffel, pedaleando por las orillas sin coches del Sena.

La ruta, que pasa por los *quais* peatonales, arranca cerca de Notre Dame. Se empieza en la orilla derecha del río, en el Pont de Sully, y se va al oeste hacia el centro de la ciudad. Pronto se verá Notre Dame a la izquierda y el ayuntamiento de París a la derecha. Más puntos de interés, como el Louvre, el Musée d'Orsay y el jardín de las Tullerías, siguen apareciendo en rápida sucesión. Se cruza el río en Place de la Concorde, se toma la vía ciclista junto al agua y se sigue hasta la Torre Eiffel.

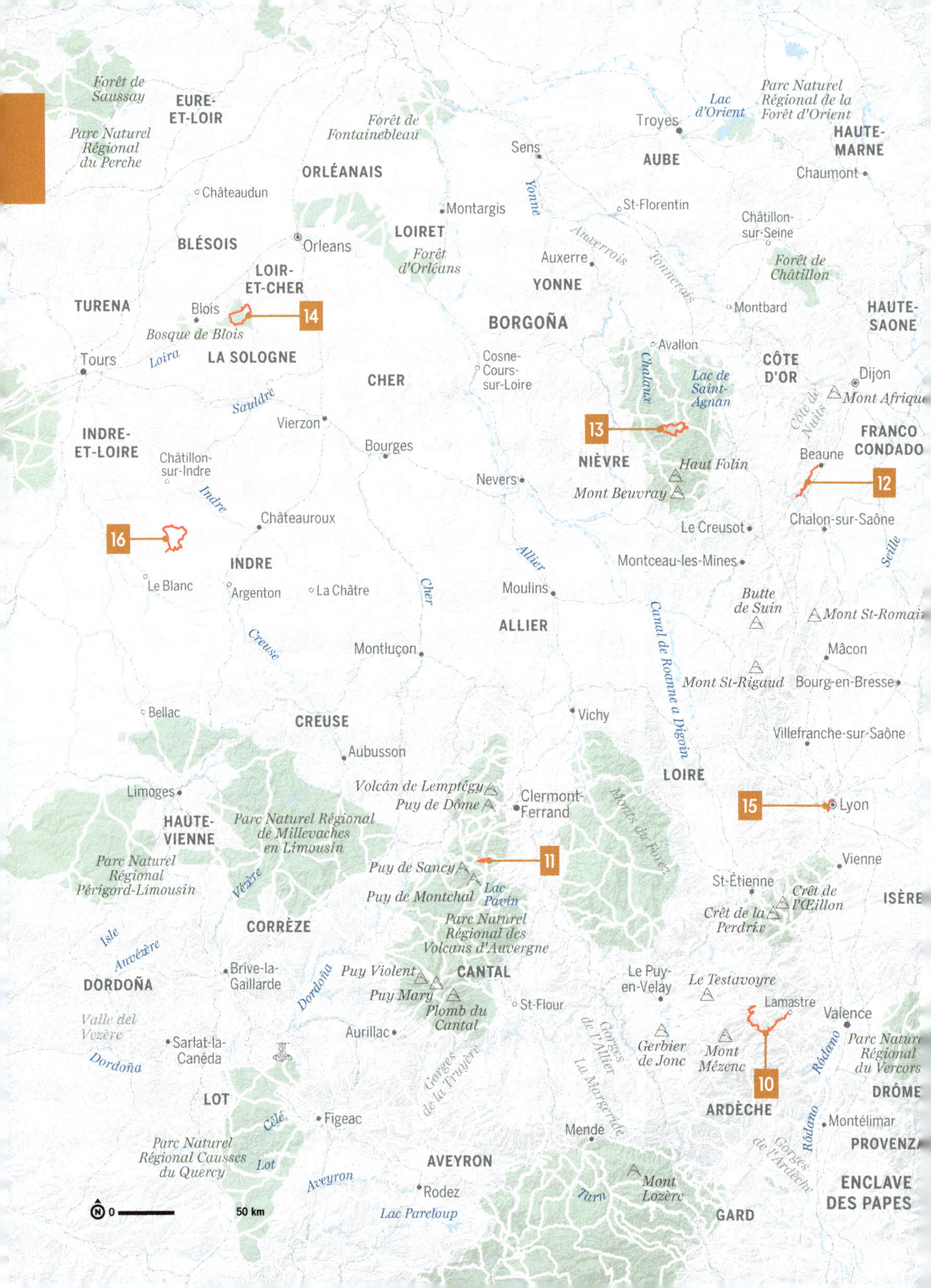
Forêt de Saussay
EURE-ET-LOIR
Parc Naturel Régional du Perche
Forêt de Fontainebleau
Troyes
Lac d'Orient
Parc Naturel Régional de la Forêt d'Orient
HAUTE-MARNE
Sens
AUBE
Chaumont
ORLÉANAIS
Châteaudun
Yonne
Montargis
St-Florentin
Châtillon-sur-Seine
BLÉSOIS
Orleans
LOIRET
Forêt d'Orléans
Auxerrois
Auxerre
Tonnerrois
Forêt de Châtillon
LOIR-ET-CHER
YONNE
TURENA
Blois
14
Montbard
HAUTE-SAONE
BORGOÑA
Bosque de Blois
Avallon
Tours
Loira
LA SOLOGNE
Cosne-Cours-sur-Loire
CÔTE D'OR
Dijon
CHER
Chalaux
Lac de Saint-Agnan
Mont Afrique
Sauldre
Côte de Nuits
INDRE-ET-LOIRE
Vierzon
13
FRANCO CONDADO
Bourges
Beaune
Châtillon-sur-Indre
NIÈVRE
Haut Folin
Nevers
12
Indre
Mont Beuvray
Châteauroux
Le Creusot
Chalon-sur-Saône
16
Allier
Seille
INDRE
Montceau-les-Mines
Le Blanc
Argenton
La Châtre
Cher
Moulins
Butte de Suin
Mont St-Romain
ALLIER
Canal de Roanne a Digoin
Creuse
Montluçon
Mâcon
Mont St-Rigaud
Bourg-en-Bresse
Bellac
Vichy
CREUSE
Villefranche-sur-Saône
Aubusson
LOIRE
Volcán de Lemptégy
Limoges
Clermont-Ferrand
Puy de Dôme
15
Lyon
HAUTE-VIENNE
Parc Naturel Régional de Millevaches en Limousin
Monts du Forez
Parc Naturel Régional Périgord-Limousin
Puy de Sancy
11
Vienne
Vézère
St-Étienne
Lac Pavin
Crêt de l'Œillon
Puy de Montchal
ISÈRE
Crêt de la Perdrix
CORRÈZE
Parc Naturel Régional des Volcans d'Auvergne
Isle
Auvézère
Brive-la-Gaillarde
Puy Violent
CANTAL
Le Puy-en-Velay
Le Testavoyre
DORDOÑA
Dordoña
Puy Mary
Lamastre
Plomb du Cantal
St-Flour
Valence
Valle del Vezère
Gorges de l'Allier
Aurillac
Sarlat-la-Canéda
Gerbier de Jonc
Mont Mézenc
Ródano
Parc Naturel Régional du Vercors
Dordoña
Gorges de la Truyère
10
DRÔME
LOT
La Margeride
ARDÈCHE
Célé
Figeac
Ródano
Montélimar
Mende
PROVENZA
Parc Naturel Régional Causses du Quercy
Lot
AVEYRON
Gorges de l'Ardèche
Aveyron
Mont Lozère
ENCLAVE DES PAPES
Rodez
Tarn
0
50 km
Lac Pareloup
GARD

TUUL & BRUNO MORANDI/GETTY IMAGES ©

Castillo de Lavoûte-Polignac (p. 108).

Centro de Francia

Explorar

Centro de Francia

Esta amplia franja de la zona central de Francia, que abarca desde Borgoña hasta el Loira, Auvernia y Ardèche, permite a los aficionados pedalear a lo largo del Ródano y visitar Lyon, o escaparse al corazón de los montes de Ardèche y Auvernia. A los enófilos les seducirá la famosa región vinícola de Côtes du Bourgogne, mientras que los amantes de las aves no querrán abandonar el Parc Naturel Régional de la Brenne. Con numerosas vías ciclistas seguras y aptas para familias, más una amplia gama de aventuras deportivas, el centro de Francia está abierto a los ciclistas.

Rutas espectaculares

El centro de Francia incluye regiones diferentes, pero que a la vez comparten algunas cosas, como platos y espectaculares rutas ciclistas. Antiguas vías férreas y caminos agrícolas han sido reconvertidos en vías ciclistas, y algunas ciudades, como Lyon, se han embarcado en una transición hacia lo que los franceses llaman *mobilité douce* (movilidad blanda).

La Francia rural

Varias rutas ciclistas ofrecen una oportunidad única de disfrutar del corazón natural de Francia. Los observadores de aves no querrán irse del Brenne, y los aficionados a la fotografía de animales más grandes solo tienen que pedalear por Chambord durante la época de celo de los ciervos. Por su parte, Ardèche, muy popular entre las familias que buscan *campings* asequibles cerca de la naturaleza, alberga la Dolce Via.

Regiones históricas

El centro de Francia es una región con mucha historia, tanto ilustre como natural. P. ej., en el Morvan se puede aprender cómo se usaron los bosques y canales para proporcionar la leña necesaria para calentar París, y en Chambon-sur-Lac, entender cómo los volcanes moldearon la geografía de la región de Auvernia hace miles de años.

Gastronomía

La cocina del centro de Francia refleja siglos de tradición y resiliencia local. Cada especialidad está estrechamente relacionada con los ingredientes disponibles y, a menudo, con

CUÁNDO IR

Estas rutas se disfrutan más en primavera, verano y otoño. En invierno, en el centro del país llueve mucho, y no es extraño que nieve en Auvernia y Ardèche. Vale la pena aguantar el frío en el Brenne para ver la amplia gama de aves que invernan en los pantanos. En verano y otoño, resulta de lo más sugerente pedalear entre los viñedos de Borgoña.

la geografía de la región. Estos matices se reflejan en los sabores de la comida y las bebidas. Lyon tiene más de 20 restaurantes con estrella Michelin, mientras que en Auvernia hay que probar la especialidad local, la *truffade* (patatas, queso y jamón). En el Brenne, se cambiará su opinión sobre la carpa, mientras que Beaune tienta con sus grandes vinos de Borgoña.

Aventuras en familia

A los aficionados al ciclismo les encantará conocer las siguientes propuestas a modo de punto de partida para descubrir otras rutas por la región. Y las familias apreciarán el gran número de vías ciclistas seguras de la región, alejadas del tráfico. Con una amplia variedad de distancias y niveles de dificultad, hay opciones para todos los estados de forma, y las oficinas de turismo locales pueden sugerir acortamientos o ampliaciones para hacer la ruta más fácil o más complicada.

TRANSPORTE

Este capítulo abarca tres regiones administrativas (Borgoña-Franco Condado, Centro-Valle del Loira y Auvernia-Ródano-Alpes), todas bien comunicadas con transporte público. La zona alrededor del Brenne es la única a la que puede costar acceder en transporte público. Borgoña y Lyon disfrutan de muchas conexiones ferroviarias con SNCF, mientras que en Ardèche y Auvernia quizá sea mejor recurrir a los autobuses.

Algunas de estas rutas ya son muy populares, pero muchas siguen estando relativamente poco concurridas y atraviesan zonas donde los vecinos aún no están hartos de los turistas.

EVENTOS

En el centro de Francia hay celebraciones para todos los gustos. En invierno se puede visitar Lyon para asistir a la famosa Fête des Lumières. En noviembre se celebra en Beaune la subasta benéfica anual de vinos. Ardèche acoge el gran festival de música pop francesa Aluna a finales de junio. En el Morvan se celebra anualmente el Festival des Foins, y el Tour de Francia suele pasar por Auvernia.

Recursos

Vélo'v Grand Lyon (velov.grandlyon.com) Ideas para pedalear por Lyon.

Dolce Via (dolce-via.com) Guía completa de la Dolce Via.

Parc Naturel Régional de la Brenne (parc-naturel-brenne.fr) Para planificar un viaje por el Brenne.

Warmshowers (warmshowers.org) Consejos locales y alojamiento comunitario.

DÓNDE ALOJARSE

Se recomienda reservar alojamientos típicos en cada región. En Borgoña, es posible alojarse en B&B con tejado de tejas vidriadas. En Ardèche, lo suyo son pequeñas casas de campo de piedra. En Auvernia, se puede estar más cerca de la naturaleza instalándose en alguno de sus numerosos *campings*.

Los apartamentos de Lyon son famosos por sus techos altos de madera y grandes ventanas, y en el Brenne hay numerosos *gîtes d'étape*. En la Francia rural los códigos arquitectónicos son más flexibles que en las ciudades, y hay desde casas-árbol y ripio hasta cabañas ultramodernas.

10

Ideal para

NATURALEZA

Dolce Via

DURACIÓN	DIFICULTAD	DISTANCIA	INICIO/FINAL
4-5 h	Alta	45 km	St-Agrève/ Lamastre

TERRENO	Vía ciclista segura asfaltada y de ripio

HEMIS/ALAMY STOCK PHOTO ©

Viaducto de Chapignac.

Discurriendo sobre antiguas vías férreas, la Dolce Via es una de las vías ciclistas más agrestes y bonitas de Francia. A través del centro de Francia y la región de Ardèche, la vía acompaña a ríos, pasa por el borde de acantilados y atraviesa túneles y puentes. Quienes solo puedan dedicarle un día a la Dolce Via deberían hacer este tramo de St-Agrève a Lamastre, en su mayor parte cuesta abajo y por los bucólicos paisajes rurales de los montes de Ardèche. Apta para familias, novatos y experimentados, la Dolce Via representa la buena vida sobre dos ruedas.

Alquiler

Soubeyrand Sport (Intersport en Google Maps), en St-Agrève, alquila bicis convencionales y eléctricas, remolques, tándems y alforjas desde 19 €/día, y ofrece transporte de vuelta a St-Agrève.

Punto de partida

Se empieza en el centro de St-Agrève. Por todo el pueblo hay carteles para llegar a la Dolce Via: hay que seguir la Rte du Stade para salir del pueblo.

01 En la línea invisible que marca la transformación de la meseta en onduladas colinas, St-Agrève (a 1050 m de altitud) es el corazón de Ardèche. A la sombra del monte Chiniac, este pequeño pueblo de piedra es una encantadora parada en la Dolce Via, una vía ciclista poco concurrida pero muy bien mantenida. Una vez equipado con la bici y las alforjas, ya se puede dar una pequeña vuelta por el pueblo. Antes de irse, quizá se quiera comprar provisiones para un pícnic en la céntrica charcutería Salaison Teyssier o en la panadería Bar- de Jean-Phillippe, al otro lado de la plaza. Aunque

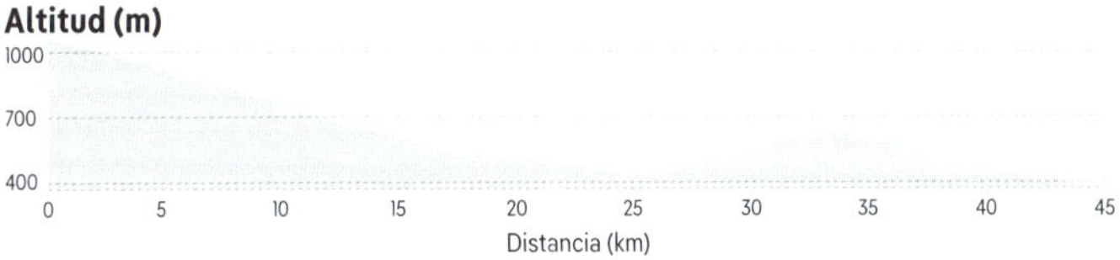

hay carteles de la Dolce Via por todo el pueblo, hay que tomar la Rte du Stade hasta la D120A y seguir esta hasta el punto de entrada a la vía ciclista.

02 Al salir de St-Agrève, el frondoso bosque y el serpenteante sendero cuesta abajo facilitan la inmersión en la ruta clásica. La Dolce Via, una mezcla de caminos de grava y tierra, con algunas secciones asfaltadas, atrae a ciclistas de todo el mundo. Es una de las rutas más diversas y naturales de Europa y puede hacerse en cualquier estación, excepto en pleno invierno, cuando la nieve podría cubrirla. A lo largo de la ruta ha florecido una pequeña economía local. Antes de llegar al primer pueblo, un *buvette* (bar de tentempiés) de color rosa permite hacer una pausa para disfrutar de las vistas y tomar un helado.

03 Una curva más y ya se divisa el pueblo de St-Julien-d'Intres. No es necesario salir de la ruta para visitar el pueblo, pero sí deleitarse con las vistas desde el viaducto de Chapignac. Hay unas cuantas mesas de pícnic para hacer una pausa y tomar un tentempié. El pueblo tiene calles tranquilas, una arquitectura industrial del s. xx y, en el puente, acceso al río para quienes quieran darse un chapuzón.

04 Más allá de St-Julien-d'Intres, el Eyrieux empieza a aparecer cada vez más a la vista de los ciclistas. Este pequeño río desemboca en el

CONSEJO:

Reservar

Importante si se va a hacer esta ruta. La Dolce Via no está masificada, pero tampoco vacía. Mientras la economía local se recupera, en verano hay que asegurarse de reservar con antelación la bici, el hotel, el transporte e incluso las comidas.

La Dolce Via

En el s. xix, la empresa ferroviaria de Ardèche construyó una línea ferroviaria de vía única para dar servicio a la zona de Boutières.

La vía, un increíble hito de la ingeniería, seguía las curvas y el contorno del terreno. Con muchos puentes y túneles, las vistas eran impresionantes. Así pues, no sorprende que esta vía férrea se haya convertido en la ciclista Dolce Via.

La ruta completa tiene 90 km, pero, si se quiere seguir explorando la zona en bici, cada semana un tren turístico de vapor circula de St-Agrève a Raucoules, donde otra vía ciclista, la Via Fluvia, continúa con el recorrido.

Ródano, pero solo después de haber cruzado la meseta de Ardèche, que se extiende hasta Le Cheylard. La intervención humana en forma de presas y embalses hace que su cauce no se seque en verano, garantizando el riego a los huertos que hay más abajo.

05 La rural Ardèche rebosa de creatividad si se sabe dónde buscar. En St-Martin-de-Valamas, el centro de arte contemporáneo La Nouvelle Manufacture, en un antiguo taller de joyería, acoge exposiciones, conciertos y talleres (p. ej., de arte urbano o de escritura de poesía) durante todo el año. Se puede consultar el calendario en línea.

06 Esta parte de la ruta discurre por un encantador acantilado con vistas al río rodeado de frondosos árboles. En la otra orilla se puede ver el pueblo de Jaunac; si se tiene la posibilidad de visitarlo más tarde en coche, se recomienda parar en la Ferme Boulon Ardèche, donde producen quesos de cabra tradicionales, como caillé doux, fourmette, tomme fresco y picodon con DOC, que casan de maravilla con un poco de pan recién horneado y miel local. También se puede pernoctar en un B&B; hay que cruzar el río en Le Cheylard y pedalear cuesta arriba por la carretera hasta el pueblo.

07 De haberse sentido tentado por las aguas del Eyrieux mientras se descendía por la montaña, antes de entrar en Le Cheylard, a la izquierda, se puede parar a bañarse en el Plan d'Eau de Chambaud. La playa es más ancha y más accesible desde la otra orilla, pero aun así es posible acercarse con cuidado.

08 Le Cheylard marca el final del primer descenso largo. Este pueblo con tejados naranjas no está en el itinerario de la Dolce Via, pero es fácil de visitar a través de un pequeño desvío. Otra pequeña desviación a considerar es una visita a La Maison Bleue, una pequeña tienda llena de productos, artesanías y obras de arte locales, situada a mano izquierda al salir de Le Cheylard en dirección a Nonières. En Le Cheylard, se puede llamar a la tienda de alquiler de bicicletas de St-Agrève para que pasen a recoger al ciclista, o seguir pedaleando 20 km más hasta Lamastre.

Una pausa

Con castañas, embutidos, frutas y verduras, Ardèche provee bien a la creativa y sofisticada gastronomía local. El distintivo "Goutez l'Ardèche" distingue a los restaurantes que emplean ingredientes locales y de temporada. En **La Mère Tranquille,** en Lamastre, los ciclistas pueden disfrutar de una carta reducida, de temporada y asequible. Sus propietarios, Elodie y Julien, colaboran con productores de la zona para crear platos que rinden homenaje a la región, como *veloutée* de castañas con queso de cabra o pescado con costra de albahaca.

HEMIS/ALAMY STOCK PHOTO ©

Vía ciclista, St-Martin-de-Valamas.

Desde aquí todo es cuesta abajo

A quienes les guste más pedalear cuesta abajo que en largas ascensiones, Soubeyrand Sport les ofrece una opción menos extenuante.

Se puede alquilar la bici en su tienda, bajar el largo tramo hasta Le Cheylard y allí ser recogido y transportado hasta St-Agrève.

Para un poco más de ejercicio, se puede pedalear hasta Lamastre, lo que incluye una ascensión de 420 m, antes de ser recogido.

Si no se quiere ser recogido, se puede volver por una carretera regional (que no forma parte de la Dolce Via) desde Lamastre hasta St-Agrève.

MARTIN PHILPOTT/ALAMY STOCK PHOTO ©

Mercado del martes, Lamastre.

09 Los siguientes 8 km son una subida gradual hasta el pueblo de Nonières. Al principio, se pedalea cerca del río Eyrieux, pero luego se siguen las propias curvas de las montañas atravesando unos cuantos pequeños puentes y túneles. La ruta discurre por encima de la carretera, aunque los ciclistas quedan protegidos del ruido del tráfico por los frondosos bosques. Cerca del km 31, la vía cruza la carretera, pero el cruce está bien señalizado y es seguro.

10 El último tramo por la Dolce Via hasta Nonières es empinado, y no pocos se apean de la bici y la empujan durante unos 100 m. Pero, una vez que se llega a este pequeño pueblo-cruce de caminos, el resto del trayecto es cuesta abajo. En el centro del pueblo hay un encantador *auberge* (hostal), restaurante y café llamado L'Art des Chemins, donde se puede parar a tomar un chocolate caliente casero o una refrescante limonada. También es un sitio adorable y asequible para pernoctar.

11 Hasta Lamastre hay un suave descenso y el paisaje cambia ligeramente mientras se pedalea. En los bosques ahora hay más árboles caducifolios que coníferas y, en lugar de altos acantilados, van apareciendo más campos. Si se sigue cuesta abajo, la región finalmente da paso al valle del Ródano y sus extensas planicies.

12 Al llegar a Lamastre, se está a menos de 400 m de altitud. No hay que sorprenderse si también hace más calor: por cada 100 m de pérdida de altitud, la temperatura suele aumentar 1°C, por lo que puede que al menos haya 6°C de diferencia entre St-Agrève y Lamastre. De llegar un martes a las calles de piedra de Lamastre, se coincidirá con el mercado semanal, que se celebra aquí desde hace más de 400 años; y, si es sábado, Place Seignobos acoge un mercado local. Además, si se hace esta ruta en agosto, se podría asistir al Equiblues, un festival con rodeos y música *country*.

Si se necesita un sitio para descansar tras el pedaleo, hay muchos B&B por toda la Dolce Via. El bien conservado pueblo de piedra de St-Agrève, donde empieza la ruta, cuenta con numerosas opciones, algunas de ellas en el mismo pueblo y otras en pequeñas casas en los bosques a las afueras. Se puede consultar el listado de Accueil Vélo para encontrar algo que guste y para volver el próximo año, ya que en Ardèche siempre quedan lugares que explorar.

Una pausa

El **río Eyrieux** a veces se desborda, sobre todo corriente abajo desde Le Cheylard, pero hay muchos sitios para bañarse marcados como "Plan d'Eau", concebidos para el disfrute seguro de los bañistas.

En La Teyre hay uno, separado del río, con una playa de arena y zonas con sombra, y en Le Cheylard, otro, este con la zona de baño situada en el propio río. En los días calurosos, es buena idea parar en alguno para refrescarse.

11

Ideal para

REGIÓN VINÍCOLA DE BORGOÑA

Chambon-sur-Lac

DURACIÓN	DIFICULTAD	DISTANCIA	INICIO/FINAL
1-2 h	Baja	12 km	Lado norte del lago

TERRENO	Caminos de tierra, puentes de madera, carreteras compartidas y vías ciclistas asfaltadas

TANJA MIDGARDSON/SHUTTERSTOCK ©

Lago Chambon.

Chambon-sur-Lac y Murol conforman un pequeño paraíso en medio de las montañas de una tierra de volcanes dormidos. Se puede descubrir la flora, fauna, historia y cultura de esta parte de Auvernia en bicicleta. Ya sea por vías ciclistas o por otras, pedalear por aquí implica cierta dosis de aventura. La zona, apta para familias, es muy popular entre campistas y excursionistas, por lo que esta ruta casa bien con una tranquila estancia de varios días. Además, pedalear un poco ayuda a abrir el apetito y a digerir la *truffade*.

Alquiler

En Vélolive (velolive.fr), en Chambon-sur-Lac, o en La Roue du Château, en Murol, alquilan muchos tipos de bicis, incluidas eléctricas todoterreno e infantiles para niños de hasta 1,30 m de altura.

Punto de partida

En el extremo norte del lago hay que tomar el sendero que los rodea cerca de la orilla. En el aparcamiento hay carteles que dirigen a los ciclistas hacia Murol.

01 Desde el lado norte del lago Chambon se sigue por la orilla hasta llegar a un aparcamiento a la izquierda. El camino de tierra, a la sombra de los árboles, es genial para sumergirse en la exuberante naturaleza de Auvernia. En la rotonda, se sigue recto y luego se gira a la izquierda por una pequeña carretera rural que conduce al castillo de Murol sin cruzarse con muchos vehículos.

02 Si no se lleva una bicicleta eléctrica, se puede usar el plato más pequeño para subir al castillo. Estratégicamente construi-

Altitud (m)

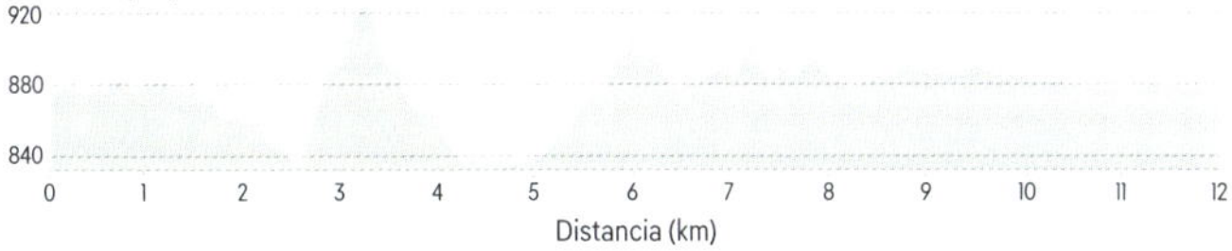

FOODPICTURES/SHUTTERSTOCK ©

'Truffade'.

do en lo alto de un rocoso pitón volcánico, este imponente fortín medieval conserva el mismo aspecto que debió tener en el s. XV. Se puede aparcar la bici y visitarlo. En el lugar se ofrecen visitas guiadas conducidas por guías ataviados a la moda del s. XV y, en días especiales, hasta recreaciones de justas. Aunque no se entre en el castillo, vale la pena subir, aunque solo sea para contemplar las vistas de los volcanes de la región invadidos por la fronda.

03 Luego, se baja hasta el pueblo de Murol y se da una vuelta por su pequeño centro. Allí se puede tomar un tentempié (p. ej., una crep) o, si se tiene hambre de verdad, aprovechar para pedir una *truffade,* típica de la región. Es un plato bastante pesado, por lo que después puede que cueste retomar el pedaleo.

04 Se vuelve a la vía ciclista en el lado sur del pueblo (Rue de Jassat) y se gira a la derecha por Rue Charreton. Al cabo de menos de 1 km por esta última calle se puede optar por hacer un desvío y subir a pie hasta el volcán del Tartaret. Su última erupción se produjo hace más de 7000 años, pero según los vulcanólogos el lago Chambon no existiría sin él. La excursión serpentea a través de hayas y pinos y recompensa a los visitantes con las mejores vistas del lago.

05 De nuevo sobre la bici, se sigue la vía verde por el lado sur del lago.

Hora de la 'truffade'

Hay que olvidarse de la *raclette* o la *fondue* (platos de los Alpes franceses): Auvernia tiene su propia receta de queso y patata: la *truffade.*

Como tantos otros platos con queso y patata franceses, este también era comida de campo. Elaborada con queso cantal, patatas, jamón, ajo y hierbas frescas, es una receta pesada.

Hay muchas versiones locales, y una por la que vale la pena hacer un desvío (en coche) desde el lago Chambon es la que sirve el restaurante Buron du Col de la Croix Morand. Su *truffade* combina queso cantal joven con queso saint-nectaire, lo que le aporta un toque afrutado.

Asfaltada en su mayor parte, esta vía discurre a la sombra de los frondosos árboles. Hay muchos sitios para detenerse a contemplar las vistas, y aquellos que quieran refrescarse pueden hacerlo en sus arboladas orillas. Unas decenas de metros colina arriba, en el lado sur del lago, hay un sendero fuera de pista, accesible al salir de la zona de playa del lago.

06 No se permiten las bicis en los muelles sobre la zona pantanosa del lago, pero vale la pena aparcarla y visitar a pie la orilla oeste. En un corto desvío de 5 min se puede pasear por los muelles sobre la zona pantanosa. Las aves se muestran muy activas al alba y al anochecer, y se puede ver una amplia gama de aves acuáticas, pequeñas y medianas. Desde el lado oeste del lago, hay que seguir la vía verde hasta el pueblo de Chambon-sur-Lac.

07 Aunque aletargado en temporada baja, Chambon-sur-Lac está muy animado en verano. Vale la pena echar un vistazo a la pequeña iglesia de St-Etienne. Construida en el s. XII, presenta muchos e interesantes elementos arquitectónicos, como tres ventanas en saledizo en la nave y una *chevet* (cabecera redonda) que entusiasmará a los amantes de la arquitectura eclesiástica. En la panadería, en la carretera por la que se sale del pueblo, venden productos locales, como cervezas, galletas, patés y mermeladas.

08 Tras una parada en el pueblo, se puede volver al lago por la vía verde o permanecer a la izquierda en la carretera principal durante 100 m antes de girar a la derecha por una tranquila carretera rural secundaria de vuelta al lago. Como muchas familias visitan el lago, los conductores suelen estar atentos.

Una pausa

En la orilla este del lago Chambon hay una playa pública de arena flanqueada por pinos. Mientras se hace la ruta o tras finalizarla, la playa es un lugar agradable para relajarse y disfrutar de las vistas o para tomar un tentempié.

En los días despejados se puede ver el Mont-Dore, una de las montañas más famosas de la zona. En comparación con otros lagos de origen volcánico de la región, el Chambon es relativamente poco profundo y los niños pueden alejarse sin miedo bastante de la orilla.

LAURENT RENAULT/SHUTTERSTOCK ©

Puy-de-Sancy.

Tierra de volcanes

Los picos, cráteres y lagos de Auvernia tienen un pasado volcánico: la región alberga la cadena de los Puys, formada por más de 80 volcanes dormidos.

Los volcanes, inactivos desde hace mucho, crearon los lagos de la región. Los más famosos son el Puy de Dôme, el Puy de Sancy y el Banne d'Ordanche.

Esta región atrae a multitud de amantes de la naturaleza. Patrimonio Mundial, la administración local hace mucho que se dio cuenta del potencial turístico del Parque Natural Regional de los Volcanes de Auvernia, por lo que cada año se amplían las formas de descubrir este fascinante paisaje.

12

Ideal para

REGIÓN VINÍCOLA DE BORGOÑA

Voie des Vignes

DURACIÓN	DIFICULTAD	DISTANCIA	INICIO/FINAL
3 h	Media	23 km	Beaune / Santenay

TERRENO	Vías ciclistas asfaltadas y alguna carretera rural

ANTHONY SHAW PHOTOGRAPHY/SHUTTERSTOCK ©

Viñedos de Borgoña.

En el corazón de Borgoña, la Voie des Vignes, o "vía ciclista de los viñedos", permite conocer los vinos de la región explorando dónde se cultivan las vides. Se sale de Beaune a media mañana, se pedalea, se catan vinos, se hace un pícnic y se visitan encantadores pueblos antes de hacer un corto trayecto en tren de vuelta a Beaune. Cada pueblo por el que se pasa tiene su propia denominación de origen: Beaune, Pommard, Volnay y Meursault. Los ciclistas comparten el acceso a esta ruta con los viticultores, que la usan para visitar y cuidar sus vides.

Alquiler

En Bourgogne Évasion, 15 min a pie de la estación de Beaune, alquilan bicis convencionales y eléctricas (20-45 €/día), así como muchos remolques y sillas infantiles. Hay un aparcamiento cerca.

Punto de partida

Se empieza a las afueras de la medieval Beaune y se va hacia el sur. Si se ha alquilado la bici en Bourgogne Évasion, el punto de partida queda a solo 100 m de la tienda.

01 Antes de alquilar la bici se da un paseo por Beaune, la joya de la región vinícola de Borgoña. Su pequeño casco antiguo medieval es muy representativo de la región. Lo primero que llama la atención es sus tejados de tejas vidriadas. Inicialmente usadas en las iglesias en el s. XIII, la burguesía borgoñona empezó a instalar tejas policromadas en el s. XV. Si se tiene tiempo, hay que visitar el Hospices de Beaune, un antiguo hospicio reconvertido en museo y que, cada tercer domingo de noviembre, acoge una de las subastas benéficas de vino más famosas de Francia.

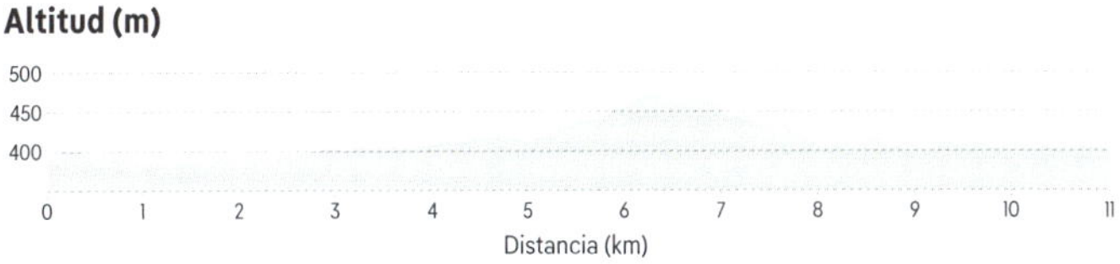

02 Junto al Parc de la Bouzaize hay una tienda de alquiler de bicis con aparcamiento cerca. Se siguen los carteles ciclistas durante 200 m por la carretera antes de girar a la izquierda y entrar en la Voie des Vignes. Es difícil no verla: hay una entrada de piedra que conduce a los ciclistas a través de un laberinto de vides.

Pronto se llega al primer pueblo: Pommard. Por todos sus rincones se verán grandes casas con la palabra "Domaine" escrita antes del nombre de la familia: esto son bodegas. Si hay que elegir una, el Château de Pommard es la más importante del lugar. Aunque algunas partes del *château* estaban en fase de renovación, previa reserva se ofrecen catas guiadas.

03 Tras las primeras pedaladas se entra en Côte de Beaune, la pequeña microrregión de la que procede el vino de Borgoña homónimo.

04 En temporada alta, Pommard puede llegar a abarrotarse, por lo que quizá se prefiera seguir pedaleando unos kilómetros más hasta Volnay

LEONARD ZHUKOVSKY/SHUTTERSTOCK ©

Barrica de vino, Château de Pommard.

'Terroirs' de Borgoña

La región de Borgoña aportó a los vinos franceses su sistema de clasificación introduciendo el concepto de *terroir* ("terruño"), por el que a cada región se le atribuye un vino exclusivo, por eso, p. ej., únicamente se puede llamar *champagne* al champán producido en Champaña.

Aunque esta ruta solo abarca 23 km, se pasa por las zonas geográficas de siete denominaciones vinícolas, todas ellas parte del *terroir* de Borgoña.

Los vinos de Borgoña no suelen mezclar diferentes variedades de uva. Así, los caldos con denominación Beaune usan solo pinot noir para los tintos y chardonnay para los blancos.

antes de realizar la primera parada. Frente a las bodegas que están abiertas suele haber un barril con el letrero de "Cave Ouvert".

05 Si se para a tomar una copa de vino en Pommard o Volnay, no hay que preocuparse mucho: el siguiente tramo de la ruta es principalmente llano. Entre Volnay y Meursault, el ciclista empezará a sentirse inmerso en la cultura del vino mientras pasa por un viñedo tras otro. Hay que fijarse en la diferencia del terreno, la textura del suelo y la exposición al sol de una parcela a otra: estos factores resultan en caldos distintos. Las parcelas contiguas están delimitadas por placas de piedra con el nombre del viñedo, pero los misterios y matices del sabor de cada vino solo pueden descubrirse en los pueblos.

06 Se pedalea hasta Meursault para catar algunos de los caldos más prestigiosos de la región. Ya el antiguo presidente de EE UU Thomas Jefferson era un amante del blanco de Meursault, así de famosos eran ya estos vinos. A los cinéfilos quizá les suene el ayuntamiento, pues aparecía en el taquillazo francés *La gran juerga*. Aquí, las vides parecen no tener fin.

07 Si un pedaleo matutino puede resultar transformador, es en este tramo donde los ciclistas se sentirán totalmente aclimatados a un nuevo universo, ese en el que las vides son interminables, el sol siempre brilla y la suave brisa resulta más agradable que nunca. Hasta podría sorprender que ya se haya llegado a Santenay, un pequeño pueblo que parece surgir de la nada en la bajada de una colina. Aquí, si se tiene tiempo, se puede visitar una última *cave* (bodega). La denominación Santenay se aplica principalmente a uvas pinot noir.

08 Si se planea volver en tren, hay que tomarlo aquí y hacer transbordo en Chagny. Los billetes se pueden comprar a través de la aplicación móvil SNCF Connect o en la máquina expendedora de la estación, en el sureste de Santenay. No es necesario reservar para llevar la bici. Una vez en Beaune, el Parc de la Bouzaize queda a 5-10 min de pedaleo desde la estación.

Una pausa

Por toda la Voie des Vignes hay merenderos con sombra, mesas, sillas y aparcabicicletas. Muchos están entre Meursault y Santenay, el tramo más largo de viñedos de la ruta.

Si se llega a Meursault un viernes por la mañana, se podrá visitar el mercado, donde se encontrarán quesos de cabra, pan recién horneado y, en verano, bayas. También es posible llenar de tentempiés las alforjas en Beaune, p. ej., con un *croiss-sandwich* (cruasán-sándwich) o una ensalada en **Le Garden Fabien Berteau,** el restaurante del galardonado pastelero Fabien Berteau.

Tejados tradicionales de Borgoña, Beaune.

Tejas y torrecillas

Sin duda, resultan llamativos los tejados de Borgoña, con sus tejas vidriadas en tonos amarillos, verdes y morados, tan representativas de la región. Pero, a quienes les guste la arquitectura, también apreciarán otros elementos típicos de la zona, como las torrecillas redondas, los arcos góticos y las casas con entramado de madera.

Estas tres características son frecuentes en los *domaines* vinícolas y en las residencias privadas burguesas. No hay que dudar en preguntar sobre la arquitectura durante las catas de vinos.

Además, los especialistas en mantenimiento de los tejados suelen estar encantados de compartir sus conocimientos con los transeúntes curiosos.

13

Ideal para

FAUNA

El Morvan

DURACIÓN	DIFICULTAD	DISTANCIA	INICIO/FINAL
3-4 h	Media	35 km	Ouroux-en-Morvan

TERRENO | Caminos de tierra y algunas carreteras

MARTIN FLORENT/SHUTTERSTOCK ©

Lac des Settons.

Conocido por sus grandes franjas de densos bosques, ondulados campos de cultivo y fuerte acervo rural, el Morvan es un paraíso para quienes quieren conocer el lado más auténtico de Borgoña. A los ciclistas de montaña les encantan los numerosos senderos de la región, pero los ciclistas de carretera y de *gravel* no deberían dejar que solo se diviertan ellos. En el Morvan hay muchas opciones aptas para toda la familia, incluida esta. Serpenteando entre campos, estanques, lagos y bosques, es una delicia pedalear por el Morvan.

Alquiler

Oh Mon Vélo entrega y recoge bicis en el *gîte* La Loutière en Ouroux-en-Morvan. Solo las tiene eléctricas (todoterreno o de montaña), desde 30 €/medio día, además de remolques para niños.

Punto de partida

Se empieza en Ouroux-en-Morvan, en el corazón del Parc Naturel Régional du Morvan. Se recoge la bicicleta reservada, se toma un café en la Brasserie de l'Église y se sale del pueblo.

01 El aletargado pueblo de Ouroux-en-Morvan es el punto de partida de esta ruta por los relajantes bosques y campos del Parc Naturel Régional du Morvan. Las bicis de alquiler pueden recogerse en el *gîte* del centro del pueblo. Con menos de 700 habitantes permanentes, no es de extrañar que haya pocos bares, pero es posible parar en Le Lion d'Or para tomarse un buen café antes de salir.

02 Se toma la D12 y luego se sigue por el Chemin du Plessis. Pronto se vuelve a cruzar la D12 para permanecer en el camino sim-

Martín pescador común.

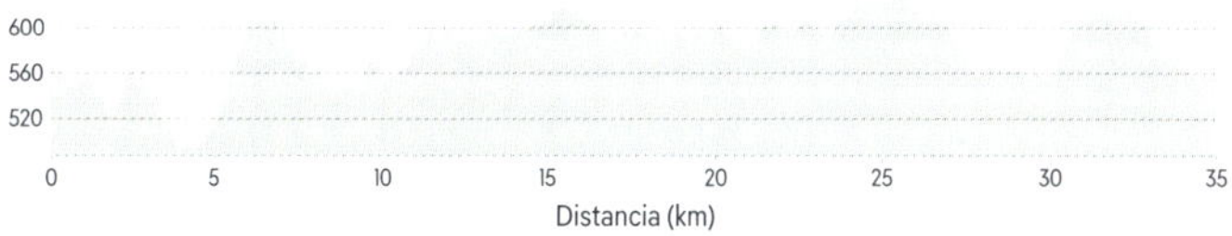

plemente llamado Le Plessis. Al cabo de poco hay que fiarse del GPS para seguir el sendero de vía única y los caminos de tierra subsiguientes. Serpenteando entre campos de heno, trigales y pastos de vacas, también se pasará junto a retazos de bosque mientras el ciclista se adentra en el corazón del Parc Naturel Régional du Morvan. Se cruza el estrecho río Chalaux antes de girar al norte hacia el pueblo de Savelot. Desde allí, la ruta sigue por caminos de tierra y lleva hasta la granja bovina de Legrain. El siguiente pueblo agrícola que localizar es Montelesme.

03 Desde Montelesme se sigue un camino por un bosque maduro hasta llegar a la carretera principal. Se cruza la D520A y luego se gira a la derecha por la D193. Allí aguarda el Lac des Settons. En verano, este lago es el destino más popular del Morvan. En su extremo sur hay un puente peatonal llamado Passerelle du Chemin du Pélerin. Si se llevan unos prismáticos, este sitio es ideal para ver aves: en los cercanos pantanos y matorrales hay martines pescadores, bisbitas pratenses, mirlos acuáticos, currucas y carboneros.

04 El Auberge de la Queue du Lac es un pilar de la gastronomía del Morvan: se puede parar en él para almorzar, pero en temporada alta hay que reservar. La gastronomía del Morvan se caracteriza por sencillas recetas rústicas. El *râpée morvandelle,* un sustancioso plato de patatas, servirá para llenar el estómago de los más ham-

La Resistencia francesa

Los fantasmas deambulan por los bosques del Morvan. Y es que estas arboledas fueron el centro de operaciones de la Resistencia francesa en Borgoña durante la II Guerra Mundial. En el Morvan, los *maquisards* (miembros de la Resistencia francesa) recibieron armas y suministros lanzados en paracaídas por los aliados a partir de 1942. En 1944, ocho hombres de la región fueron ejecutados por los alemanes en Lormes y los pueblos de Montsauche fueron quemados.

En el bosque, 500 m al sur de la ruta en torno al km 2, hay un pequeño cementerio que recuerda a los que lucharon por la Francia libre.

VIKTOR SERGEEVICH/SHUTTERSTOCK ©

Rebozuelos.

brientos. En cuanto a postres, la *tartouillat,* elaborada con fruta de temporada, está entre un *clafoutis* y un flan.

05 Desde el lago, se sigue por la D290 y se gira a la izquierda en una curva cerrada para tomar la D520. Esta baja serpenteando por bosques y campos hacia el pueblo de La Gutteleau. El verde de estos bosques es ideal para disfrutar del tranquilo entorno de la región. Antes de llegar al pueblo se gira a la derecha hacia L'Haut de Chaux.

06 Junto a la D17, en los bosques a las afueras de L'Haut de Chaux, los aficionados a las setas pueden pasar un día en el campo. Si se dan las condiciones, es posible recolectar setas silvestres de forma responsable. El rey de los hongos del Morvan es el codiciado rebozuelo. Solo hay que coger, como mucho, una pequeña cesta por persona. Las mejores épocas de las setas son primavera y otoño.

07 Si se mira a través de los árboles se distinguirán decenas de estanques no demasiado lejos de la carretera. Estos son usados por los ganaderos para abrevar el ganado, pero también los hay que se usan para la pesca recreativa. Algunos puede que estén vallados, pero si el acceso no está restringido, es posible sentarse junto a estas tranquilas aguas a la sombra. En torno al km 33, la D17 se convierte en la D12. Todo lo que hay que hacer es seguir pedaleando hasta llegar a La Croix de la Mission.

08 Allí, se gira a la izquierda y, 300 m más allá, a la derecha. De esta forma se vuelve a Ouroux-en-Morvan por una carretera secundaria, unas agradables últimas pedaladas antes de terminar la aventura.

Una pausa

Bordeadas de bosques, las aguas del Lac des Settons incitan al baño. En su orilla norte y noreste hay restaurantes que sirven sencilla comida y embutidos del Morvan o establecimientos de comida rápida con patatas fritas, crepes dulces y saladas, y helados.

Entre las actividades acuáticas se incluyen la navegación a vela, el kayak y el surf de remo, y se puede adquirir un permiso de pesca diario y alquilar el equipo. El lago se drenó en el 2022 para reforzar la presa.

SHOCKY/SHUTTERSTOCK ©

Árboles talados, bosque del Morvan.

Leña para París

En el s. XVI, los parisinos, tras agotar la leña de los bosques cercanos para calentar su ciudad, empezaron a buscarla más lejos. Durante los cuatro siglos siguientes, los bosques del Morvan suministraron a la capital buena parte de la leña que necesitaba.

Los propietarios de los bosques locales llenaban los ríos, como el Cure, de troncos y, luego, abrían las presas que retenían los embalses del Morvan.

El agua liberada arrastraba los troncos hasta Clamecy, donde eran acondicionados y se agrupaban en "trenes" formados por unos 200 estéreos de madera atada. Luego, la madera se llevaba flotando por ríos y canales hasta París.

14

Ideal para

CASTILLOS

Región de Chambord

DURACIÓN	DIFICULTAD	DISTANCIA	INICIO/FINAL
3 h	Media	30 km	Crouy-sur-Cosson

TERRENO	Caminos de tierra y ripio, y algunas carreteras

Castillo de Chambord.

De todos los maravillosos castillos del Loira, el de Chambord es, de lejos, el más imponente. Se puede complementar su visita con un paseo en bici por los terrenos, bosques y carreteras circundantes. El terreno llano, el paisaje y los viñedos lo convierten en un destino ideal para pedalear en familia. Los amantes de la naturaleza desentrañarán rápidamente el auténtico propósito del castillo: un pabellón de caza y un lugar para agasajar a invitados. Los que recorran la Loire à Vélo pueden reservar un día solo para aquí.

Alquiler

En Muides-sur-Loire, a 1 km de la vía ciclista, 100% Bike alquila una amplia gama de bicis desde 16 €/día. Es posible organizar la entrega o recogida en lugares cercanos.

Punto de partida

Desde la tienda de alquiler de bicis en Muides-sur-Loire, se toma la D112 hacia Chambord o la D104 hacia Crouy-sur-Cosson. También resulta agradable empezar y terminar en Chambord.

01 El moderno Crouy-sur-Cosson es un pequeño pueblo a pocos kilómetros del Loira, con un excelente *camping* municipal con mucha sombra para resguardarse de las altas temperaturas estivales. Se toma la Rte Cordellerie/Les Poulardières para salir del pueblo y, tras pasar la Ferme des Poulardières, se usa el GPS para seguir un camino forestal en lugar de la carretera principal. En algunos mapas el camino aparece como “Les Sapins”.

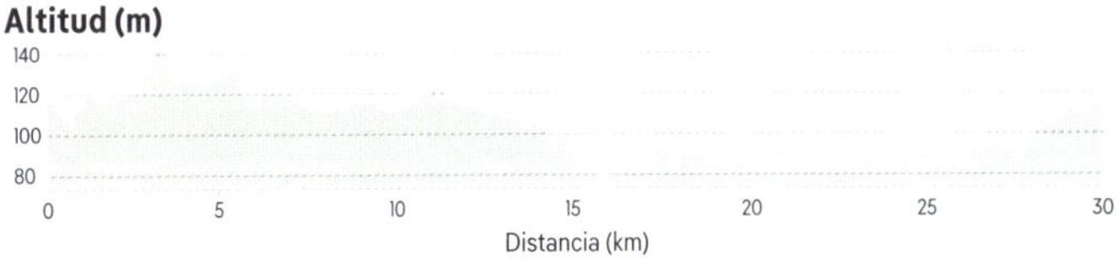

Escalera de doble hélice, castillo de Chambord.

02 Tras unos pocos kilómetros, se gira a la derecha por un camino sin nombre y, al cabo de 500 m, tras pasar por algunos campos, a la izquierda por el camino de Les Grands Coudrais. Al cabo de poco, el camino vira a la derecha y, al llegar a una bifurcación, se toma el camino que hay a las 2 en punto: en algunos mapas aparece como "Allée des Coudrais". Se sigue recto por esta vía hasta el estanque de Montperché. Por estos campos pueden verse cervatillos y faisanes. En la región también anidan águilas pescadoras, ya que los lagos cercanos rebosan de peces y las suaves temperaturas son ideales para criar a sus polluelos.

03 Mientras se pedalea hacia el estanque de Montperché, el viajero se adentra en el bosque. A primera hora de la mañana o última hora de la tarde se pueden ver muchos animales en el Parc de Chambord, incluidos ciervos, zorros, jabalíes, tejones y decenas de especies de aves, además de

La construcción de Chambord

Con sus elegantes escalinatas, torres y patios, el castillo de Chambord, del s. XVI, es un magnífico ejemplo de arquitectura renacentista francesa.

El castillo, que sigue siendo un símbolo del poder y la grandeza de la monarquía francesa, presenta un gran número de impresionantes detalles, como paredes y techos decorados, intrincada cantería y fuentes danzantes.

Esta obra maestra de la arquitectura es también un testimonio de la ambición y el talento de sus creadores y constructores. Uno de sus elementos más famosos es la escalera de doble hélice, cuyo diseño se atribuye al mismísimo Leonardo da Vinci.

fauna rara como el lagarto ágil. Ubicados en un oasis natural, con robles, alisos, pinos silvestres y muchos estanques de diferentes tamaños, los bosques de esta ruta son un romántico lugar al que escaparse.

04 Al llegar al estanque de Montperché, es buena idea parar a hacer un pícnic y ver aves. Una interesante obra de arte semiacuática llamada *L'Entaille* sobresale del agua, con dos grandes muros hechos de *bremaille* (un tipo de brezo que solo crece en Sologne) que rodean al visitante y hacen que el estanque solo sea visible mirando al frente.

05 Desde el estanque se sigue el GPS para llegar a Allée du Roi de Pologne antes de girar a la derecha por Allée de la Héronnière y, luego, a la izquierda por un camino sin nombre que conduce a la Porte de Bracieux, un punto de entrada a los terrenos del castillo. Se sigue recto y se aparca la bici para visitar el castillo, encargado en el s. XVI por el rey Francisco I. La fauna tampoco abandona durante la visita al castillo, donde los vencejos hacen sus nidos en primavera, para, en invierno, emigrar a las tierras más cálidas de África.

06 Tras la visita al castillo, se abandonan sus terrenos por la D33 (Rte de la Commission), que sale del Parc de Chambord por la Porte de Thoury. Pero, antes de partir, hay que parar en la plataforma de observación de fauna que hay a la derecha. En otoño, al anochecer, este es un punto fácilmente accesible para ver a los ciervos en celo. Estos bosques y refugios de fauna existen hoy en día gracias a su pasado como coto de caza. En el s. XVII, la caza de ciervos en las regiones de Chambord y el Loira era un popular pasatiempo entre la nobleza francesa, y a menudo hasta participaba Luis XIV. Las partidas de caza se adentraban en los bosques con perros para perseguir a ciervos y jabalíes, y la captura de un ciervo era considerada un gran honor.

07 Al llegar al pueblo de Thoury ya solo quedan unos kilómetros para estar de vuelta en Crouy-sur-Cosson. Se saca una foto de la Manoir de la Blondellerie con los bonitos campos que tiene enfrente, y se pedalea de vuelta a Crouy-sur-Cosson.

Una pausa

Sería una pena pedalear por los senderos alrededor de Chambord y no visitar el castillo. Hay que reservar al menos 2 h para ver su interior y jardines *à la française*. En los terrenos hay varias opciones para comer. Se puede almorzar en **Les Armes du Château,** un clásico bistró francés con las mejores vistas del castillo, o en plan más económico en el puesto de sándwiches **Autour du Puits.**

Ciervo.

La berrea del ciervo

Septiembre y octubre coinciden con la época de la berrea, cuando los ciervos machos entran en celo y marcan su territorio.

Es entonces cuando el bosque de Chambord retumba al amanecer y al anochecer. Una cosa es escuchar sus roncos berridos por internet, pero hacerlo en directo, y más si es la primera vez, estremece.

Unos cuantos consejos para presenciar la berrea: no hacer ruido, llevar ropa de colores neutros y, si se ve un ciervo, permanecer quieto. Hay que preguntar por los pueblos, ayuntamientos o cafés para saber dónde en el bosque hay más ciervos.

15

Paseo por los ríos de Lyon

DURACIÓN	DIFICULTAD	DISTANCIA	INICIO/FINAL
1 h	Baja	14,5 km	Parc de la Tête d'Or

TERRENO | Caminos de tierra y carriles bici asfaltados

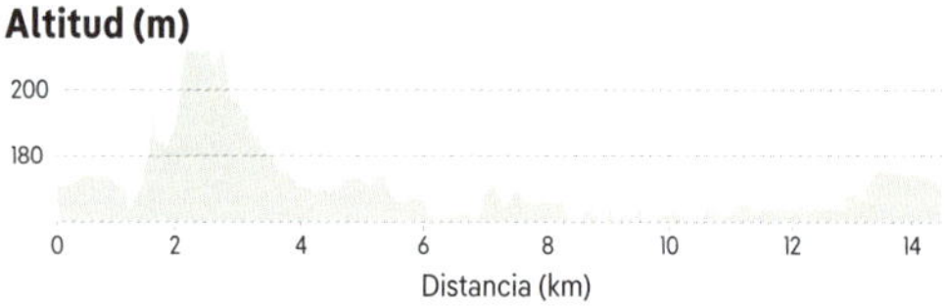

No hay mejor manera de ir desde el Parc de la Tête d'Or, en el norte de Lyon, hasta la punta de la Presqu'île, en el sur, que en bicicleta. Durante más de 2000 años, esta ciudad desempeñó un importante papel en la historia de Europa. Antaño capital de las Galias, Lyon alcanzó su apogeo durante el Renacimiento. En la confluencia de dos ríos estratégicos, el Saona y el Ródano, sus parques, riberas y arquitectura ponen el fondo perfecto para un paseo en bici.

Alquiler

Vélo'V Lyon (velov.grandlyon.com) es un sistema de bicicletas compartidas. Por 3 h se paga unos 15 €. Hay que comprobar los frenos, los neumáticos y los sillines antes de coger una.

Punto de partida

Se empieza en el bonito Parc de la Tête d'Or, en el lado norte de Lyon. En la calle cerca de la entrada al parque hay tres estaciones de Vélo'V.

01 Este paseo empieza y termina en el gran Parc de la Tête d'Or, en el norte de Lyon. Se desbloquea una bici de Vélo'V y se empieza a pedalear por la pequeña Rue du Lieutenant Colonel Prévost, de sentido único. Al final de la calle se va a la izquierda por Rue Malesherbes para llegar a la gran Rue Duquesne. Allí se cruza por primera vez el ancho Ródano por el Pont de Lattre de Tassigny.

02 De esta forma se entra en el barrio de la Croix-Rousse de Lyon, famoso por sus colinas y escaleras. El paseo sigue por las colinas

Parc de la Tête d'Or, Lyon.

Ideal para

RÍOS
Y PARQUES

Musée des Confluences

En un extremo de Lyon, el Musée des Confluences está en el lugar donde confluyen el Saona y el Ródano.

Su arquitectura es deconstructivista. El museo, formado por dos estructuras, el cristal y la nube, alberga cuatro exposiciones permanentes, cada una dedicada a un tema diferente.

La exposición *Orígenes* incluye el esqueleto de un raro mosasaurio y un camarasaurio. En *Especies* se pueden ver mamíferos momificados del antiguo Egipto o un dodo disecado. *Sociedades* ilustra la evolución del ser humano y sus civilizaciones, mientras que *Eternidades* invita a reflexionar sobre la muerte.

de la Croix-Rousse pero evita cualquier ascensión complicada. Los mercadillos del fin de semana y tomar un refresco o un café en sus plazas son costumbres típicas de pasar un rato. Se rodea Place Croix-Paquet por el sur para seguir por Rue Imbert Colomès durante unos cientos de metros antes de que se bifurque. Se sigue por Rue des Tables Claudiennes en dirección al Jardin des Plantes.

03 Junto al Jardin des Plantes hay un mirador. Desde allí se puede ver el Amphithéâtre des Trois Gaules (del año 19 d.C.), con típicos edificios lioneses elevándose por detrás; las vistas se extienden hasta la colina de Fourvière, con su gran basílica de Notre-Dame de Fourvière.

04 Desde el Jardin des Plantes, se baja en zigzag hasta el río Saona por Rue Hippolyte-Flandrin, y luego se toma a la derecha por Rue d'Algérie. Se cruza el Saona por el Pont de la Feuillée y se gira hacia el sur por la orilla del río. Los siguientes kilómetros discurren por un carril bici muy socorrido tanto para residentes como para visitantes, ya que al norte de Lyon está la EuroVelo 6, y, al sur, la ViaRhôna.

05 Tras llegar al Pont Kitchener-Marchand, hay que seguir el GPS para pasar por debajo de la carretera e ir al sur por Quai Rambaud, en la otra orilla. Poco después de entrar en el sendero junto al río se llega al Jardin Aquatique Ouagadougou, donde se hace una pequeña pausa.

06 El barrio de la Confluence está menos congestionado y menos urbanizado, además de ser más verde. Se pedalea por la vía ciclista hacia la punta de la Presqu'île. A pesar de estar algo más apartado del centro, el barrio de la Confluence alberga algunos de los excelentes restaurantes por los que Lyon es famosa, como el Selcius o La Brasserie des Confluences. Antes de volver a cruzar el río (en este caso el Ródano), se para en el Musée des Confluences y se da un paseo por el Jardin du Musée des Confluences.

07 Se cruza el Ródano por el Pont Raymond Barre, un puente de arco atirantado sin coches. Si se mira a la derecha se verá un único río saliendo de Lyon: el Ródano ha absorbido el Saona en su fluir hacia el Mediterráneo.

08 De vuelta junto al río, se toma Quai du Canada hacia el norte pasando por el Parc des Berges Nord. Hay que seguir 5 km y aprovechar para contemplar la arquitectura y la vida urbana de Lyon desde otro ángulo.

Una pausa

Aunque sin el encanto histórico del Vieux Lyon o de los modernos cafés de la Croix-Rousse, el **barrio de la Confluence** está a la altura de los estándares gastronómicos de la ciudad. Una opción saludable es La Menara Confluence, un marroquí cerca del Jardin d'Erevan que también ofrece comida para llevar. Otra gran idea son las modernas creaciones de té y café del tan de moda Kiwa Café mientras se disfruta de la brisa en su terraza.

En plan más clásico, **La Brasserie des Confluences,** en el complejo del Musée des Confluences, sirve excelentes platos de bistró francés. Imprescindible reservar.

CHRISTINA BALDWIN/GETTY IMAGES ©

Ensalada lionesa.

09 Si se tiene tiempo, vale la pena parar en el Centre d'Histoire de la Résistance et de la Déportation - Musée de Lyon, un museo dedicado a la Resistencia francesa y la deportación de judíos en Francia durante la II Guerra Mundial. Hay una estación de Vélo'V cerca.

Capital gastronómica

En el 2022, Lyon sufrió un duro revés después de que dos de sus restaurantes perdieran sus estrellas Michelin. ¿Acaso la ciudad se había dormido en los laureles por ser "la capital mundial de la gastronomía"?

No: la ciudad sigue albergando una veintena de restaurantes con estrella Michelin. Con dos estrellas, Le Neuvième Art transporta al universo de la narración gastronómica. Si no, se pueden probar los delicados e innovadores bocados de Le Temps Passe, del chef Younghoon Lee, que estudió en el Institut Paul Bocuse.

Y para comer en un restaurante con estrella Michelin de forma más económica, resérvese para almorzar.

10 Con el Pont de Tassigny a la vista, se gira a la derecha por Rue Sully, a la izquierda por Rue Duguesclin y, luego, a la derecha por Rue Montgolfier. Se gira a la izquierda por Rue Tête d'Or y se devuelve la bici a su estación original, aunque se puede dejar en cualquier estación de Vélo'V por el camino.

16

Ideal para

ESTANQUES Y BOSQUES

Grand Brenne

DURACIÓN	DIFICULTAD	DISTANCIA	INICIO/FINAL
4-5 h	Alta	45 km	Mézières-en-Brenne

TERRENO	Carreteras secundarias llanas y caminos de tierra

KURT DE MEULEMEESTER / 500PX/GETTY IMAGES ©

Parc Naturel Régional de la Brenne.

Este es un recorrido de un día al corazón de los estanques del Grand Brenne. A unos 45 min de la ciudad de Châteauroux, el Parc Naturel Régional de la Brenne es un ejemplo excepcional de los miles de estanques y bosques de la región, excelente para hacerse una idea de todo lo que ofrece el Brenne, desde prados, bosques, brezales y estanques hasta singulares atracciones, como observatorios, la Maison du Parc y la Maison de la Nature. Solo hay que hacerse con una bici y comprobar cuántas especies de aves se pueden ver en un día.

Alquiler

El *gîte* Le Moulin Mézières-en-Brenne, en el centro del pueblo, es un pequeño albergue para grupos que también funciona como centro de recepción de visitantes. Alquila bicis desde 15 €/día.

Punto de partida

Se empieza en Mézières-en-Brenne y se sale del pueblo por una carretera secundaria hacia el este. La ruta está señalizada con carteles ciclistas; hay que seguir el itinerario n° 5.

01 Toda la ruta está señalizada con carteles ciclistas. Hay que seguir las indicaciones del itinerario nº 5, con un desvío hasta la Maison du Parc. Se alquila una bici eléctrica o de carretera en Mézières-en-Brenne. Si se necesita agua o tentempiés, hay que comprarlos también allí, aunque lo ideal sería planificar un pícnic o comer en el restaurante de la Maison du Parc.

02 Se sale del pueblo por el sur y se siguen los carteles ciclistas. El primer pueblo por el que se pasa es La Roche Marteau. Tras unos

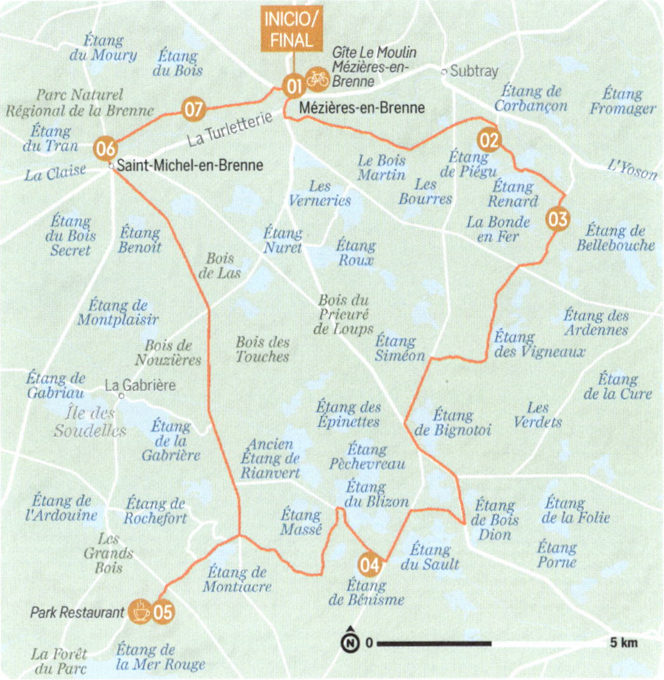

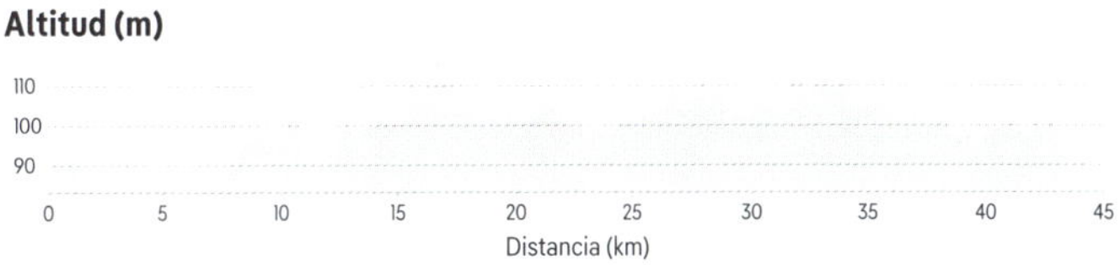

pocos kilómetros por delante de campos, la ruta serpentea hacia el estanque de Piégu. Hay que parar y observar sus aguas para ver anfibios y pequeños peces. En algunos de estos miradores hay muelles de madera que se adentran en el agua. Se recomienda caminar por uno de ellos y contar los tipos de aves que se vean en el agua o anidando entre los juncos. El Parc Naturel Régional de la Brenne también alberga muchos grandes mamíferos (incluidas 27 de las 68 especies protegidas de Francia), como ciervos, corzos y jabalíes.

03 La carretera se transforma en un camino de ripio durante unos kilómetros. Se pasa por el pueblo de Ste-Clotilde y se disfruta de las vistas ininterrumpidas de los campos de cultivo y de algunos pequeños estanques. Al cabo de poco, el camino cruza la D21 y va hacia el sur, con un largo tramo a la sombra. En la D14B, se gira a la izquierda y se sigue la carretera hasta donde converge con la D46. Se toma a la derecha por la D46 para adentrarse en los densos bosques más allá del Étang des Charbonnières. Entre las aves del

GERGOSZ/SHUTTERSTOCK ©

Zampullín cuellinegro.

Un paraíso para las aves

Famosos internacionalmente por las aves, estos estanques son un lugar de anidación invernal.

Se estima que más de 900 zampullines, 3000 fochas y 300 garzas blancas pasan el invierno aquí, al igual que unas 35 000 avefrías y chorlitos. Especies como el zampullín cuellinegro, el avetoro común, la garza imperial, el fumarel común y cariblanco, e incluso el pigargo europeo, crían a sus polluelos en estas aguas poco profundas.

También hay muchas aves terrestres. Hay que poner a prueba las habilidades propias intentando avistar un faisán o un chotacabras europeo.

bosque que podrían verse están el picamaderos negro, el pico mediano, el mosquitero silbador y el mosquitero papialbo.

04 Al cabo de menos de 1 km por la D46, se toma la segunda salida a la derecha para llegar a la D15. Se gira a la izquierda y, poco después, a la derecha por la D17A. En esta parte del parque va bien bajarse de la bici y seguir a pie hasta uno de los observatorios o "escondites" para la observación de aves, conectados por senderos que forman un triángulo: se pueden encontrar estas pequeñas cabañas en los estanques de Foucault, Massé, Ricot, Essarts y Sous, perfectas para admirar la increíble fauna aviar de la zona. Aunque cualquier hora del día es buena, la aves se muestran más activas por la mañana y al anochecer. En el parque también hay 22 especies de murciélago y hasta algún ciervo.

05 Se continúa adelante siguiendo los carteles ciclistas hasta llegar al desvío a la izquierda a la Maison du Parc. Este pequeño complejo de edificios típicos restaurados es un centro de información del parque. Durante todo el año se ofrecen actividades y visitas guiadas para todas las edades. Un pequeño restaurante junto a la tienda sirve dos recetas regionales de carpa. En la tienda contigua, se pueden comprar productos locales y hacerse con mapas de la región.

06 Tras llenar el estómago, el itinerario de vuelta a Mézières-en-Brenne sigue la D14 hasta St-Michel-en-Brenne. Al salir de este pueblo, a la derecha, hay una pequeña abadía y una capilla recién renovada. Las monjas son muy amables con los visitantes que deseen visitar la iglesia o asistir a una misa.

07 Se vuelve a Mézières-en-Brenne directamente por una pequeña carretera secundaria que atraviesa algunos campos de heno. Hay que estar atento a una de las últimas aves que se verán en la zona, ya que a los faisanes les chiflan estos campos. La región del Brenne, uno de esos buenos secretos que esconde Francia, deja huella en el recuerdo de los que la visitan.

Una pausa

En verano, hay que reservar con antelación para comer en el restaurante de la **Maison du Parc.** La carta es escueta, pero hay dos platos que realmente merece la pena probar. Ambos se elaboran con las carpas criadas localmente y por las que el Brenne es famoso. Uno es la *tartine avec rillettes de carpe,* una tostada con paté de carpa. Y, para una opción más tradicional (y apta para niños), pruébese las tiras de carpa frita.

ED BUZIAK/ALAMY STOCK PHOTO ©

Estanques piscícolas, Brenne.

Carne y pescado en el Brenne

Tras ojear el mapa, quizá resulte sorprendente que el pescado sea una especialidad en el Brenne.

La región es llana e interior. Sin embargo, desde la Edad Media es famosa por sus actividades piscícolas. Usando unos métodos de retención de agua e inundación bastante sencillos, al llegar la época de la cosecha, los piscicultores de carpas solo tienen que recoger sus capturas.

Otras sospechosas habituales de la región son vacas para carne. Así pues, se pueden encontrar platos con carne, pescado y verduras locales. Y también abundan la miel y los zumos caseros.

Otras propuestas

Barrancos de Corboeuf.

LUC OLIVIER/GETTY IMAGES ©

Mont-Dore

DURACIÓN	DIFICULTAD	DISTANCIA
2 h	Alta	90 km

Ya que se está en la región de Chambon-sur-Lac, el ciclista experimentado podría subir de Murol a Mont-Dore. Esta ascensión, con unas vistas desde la cima que hacen que merezca la pena, es en zigzag por curvas muy cerradas hasta llegar al pueblo cimero.

A partir de aquí el ciclista estará en pleno Parque Natural Regional de los Volcanes de Auvernia pedaleando a través del macizo de Sancy. Aparte de disfrutar de las vistas, los que quieran aliviar sus piernas al final de la ascensión pueden reservar para los baños termales del pueblo. Hay que venir en primavera, verano u otoño; en invierno puede haber mucha nieve, y la carretera no suele limpiarse.

Via Fluvia

DURACIÓN	DIFICULTAD	DISTANCIA
2 días	Media	88 km

La Via Fluvia, concebida para conectar las populares Loire à Vélo y ViaRhôna, es una vía ciclista de 88 km que atraviesa el centro de Francia.

Si se hace en dos días, pernoctando en un *camping*, cabaña, B&B, o con un anfitrión de Warmshowers (warmshowers.org), la Via Fluvia es apta para familias. Al igual que la Dolce Via, esta ruta sigue antiguas vías férreas por boscosos caminos. Se sale de Puy-du-Dome y se pedalea a lo largo del pequeño Loira. Cerca de su nacimiento, el Loira, imponente más adelante, es un río estrecho y delicado. Dos días más tarde se llega a Ardèche tras haber visitado sitios como el castillo de Lavoûte-Polignac o los barrancos de Corboeuf. Varias tiendas de alquiler ofrecen entrega y recogida de bicis previa reserva.

BORISB17/SHUTTERSTOCK ©

Iglesia de Saint-Valérien, Tournus.

El Saona

DURACIÓN	DIFICULTAD	DISTANCIA
3 h	Media	33 km

En Francia, las vías ciclistas suelen llamarse *voies vertes* (vías verdes), pero esta ruta sigue la *voie bleu* (vía azul) a lo largo del Saona por una parte más tranquila de Borgoña.

La *voie bleu* conecta Chalon-sur-Sâone con Mâcon. Al salir de la animada y compacta ciudad de Chalon-sur-Saône, se toma la Voie Bressane hasta Ouroux-sur-Saône. A partir de aquí se sigue el Saona mientras el río atraviesa una zona protegida y muestra su lado más salvaje. Esta vía es segura y accesible para familias. Hasta Ouroux-sur-Sâone es una vía solo para ciclistas y, desde Ouroux-sur-Sâone hasta Tournus, zigzaguea a través de carreteras secundarias. Se para en Gigny-sur-Saône para disfrutar del bonito entorno. Se termina en la encantadora Tournus, famosa por su abadía y restaurantes.

De Sancerre a Beaulieu-sur-Loire

DURACIÓN	DIFICULTAD	DISTANCIA
2hr	Media	30km

Combinar el vino con el Loira es una posibilidad pedaleando desde Sancerre hasta Beaulieu-sur-Loire, cerca de la región de Berry.

Sancerre, cuna del famoso vino blanco homónimo, es el punto de partida, con el camino bien señalizado hasta llegar al río, donde se puede observar el funcionamiento de las esclusas del canal en Bannay. Se cruza el río para visitar el bonito centro histórico de Cosne-sur-Loire. La ruta sigue de forma alternativa el curso del Loira y un canal cercano, casi toda por vías ciclistas seguras. Esta es una ruta de dificultad media para los no habituados a la bicicleta o para aquellos que quieren combinar el ciclismo con otra actividad..., como una visita a un viñedo.

BORGOÑA
Parc Naturel Régional du Haut-Jura
Oyonnax
Lago Lemán
Ginebra
Annemasse
FRANCIA
SUIZA
ALTA SABOYA
Les Gets
Ródano
Arve
Bellegarde-sur-Valserine
AIN
Bonneville
Vallorcine
Allonzier-la-Caille
Arve
Chamonix-Mont-Blanc
Seyssei
La Clusaz
21
St-Gervais-les-Bains
Mont Blanc
Annecy
Lago de Annecy
Artemare
Flumet
Ródano
18
Parc Naturel Régional du Massif des Bauges
Mer de Glace
ITALIA
Belley
Lac du Bourget
Faverges
Ugine
VALLE DE AOSTA
Le Châtelard
Roc du Vent
Aix-les-Bains
Albertville
Lac de Roselend
Bourg St-Maurice
Tarentaise
St-Pierre d'Albigny
Valle de Tarentaise
19
Avressieux
Chambéry
Val d'Isère
Moûtiers
Arc
SABOYA
Grande Casse
Parc Naturel Régional de Chartreuse
Parc National de la Vanoise
Valle de Maurienne
Isère
Lanslebourg
DELFINADO
Macizo de la Vanoise
Voreppe
ISÈRE
Défilé de Maupas
St-Michel de Maurienne
Modane
Lac du Mont Cenis
Arc
Grenoble
Autrans
PIAMONTE
Allemont
20
Isère
Drac
Romanche
Alpe d'Huez
Col du Galibier
Villard de Lans
St-Martin de La Cluze
Bourg d'Oisans
Glacier du Mont du Lans
ITALIA
17
Vénosc
Parc Naturel Régional du Vercors
Barre des Écrins
FRANCIA
Briançon
Entraigues
Mont Aiguille
Parc National des Écrins
Parc Naturel Regional du Queyras
ALPES FRANCESES
Durance
Die
HAUTES-ALPES
DRÔME
0
30 km
PROVENZA

ROBERTO MOIOLA / SYSAWORLD/GETTY IMAGES ©

Lac Blanc (p. 135).

Los Alpes

Alpes franceses

Los ciclistas sueñan con los Alpes franceses, un mítico destino con cientos de puertos de montaña, ascensiones y largos descensos. Sin embargo, pedalear por los Alpes franceses no necesariamente significa tener que ponerse equipamiento completo de licra y zapatillas profesionales. Las rutas que se describen en este capítulo son itinerarios básicos y accesibles para sumergirse en la región y descubrir lugares como el Mont Blanc, los Écrins, el Vercors, Tarentaise, Aravis y Bauges sin tener que pasarse el día pedaleando cuesta arriba.

Elegir un macizo

Se pueden descubrir los Alpes franceses mientras se pedalea por valles, mesetas y junto a ríos. Aparte de un destino de esquí en invierno, la zona es un ondulado paraíso para los ciclistas. Solo hay que elegir un macizo, subirse al tren y embelesarse con los picos, cortados, praderas, pastos y bosques de la gran cordillera europea.

Quesos

Para los amantes del queso, esta región es una tentación: bleu del Vercors, beaufort de verano, tomme de los Bauges, reblochon o queso raclette. ¡Sin olvidarse de comer una fondue! También hay que probar el farcement, un plato típico de la Alta Saboya con forma cilíndrica, a base de patata rallada y nata, cubierto de gruesas lonchas de beicon. Entre los licores locales destacan el *génépi*, el Chartreuse y el *sapinette*.

Más allá del Vercors

Si se busca un edén agrícola, hay que visitar la meseta del Vercors. Para más aventuras por la montaña, hay que recorrer la ruta de Bourg-St-Maurice, que permite acceder fácilmente a los pastos de altura de los montes de Vanoise y Beaufortain. Si se busca paz y tranquilidad, un paseo en bici eléctrica a orillas del lago de Annecy es ideal para relajarse entre el agua y la montaña.

Vía verde de Oisans

En el fondo del valle por debajo de Les Deux Alpes y el Alpe d'Huez, una ruta por la vía verde de Oisans ofrece acceso privilegiado al día a día en los Écrins y permite descubrir maravillas artesanales en agradables tiendas.

CUÁNDO IR

En primavera, se pedaleará a través de praderas floridas y bosques que despiertan del sueño invernal. El verano conlleva una naturaleza exuberante y un respiro al calor que hace a menor altitud. El otoño trae el cambio de follaje y los primeros copos en las montañas. A no ser que se tengan cubiertas especiales de nieve, el invierno no es apropiado para la práctica del ciclismo.

Una región agrícola

Los habitantes de esta zona desarrollaron una gran resiliencia derivada de tener que soportar largos y nevados inviernos en zonas remotas de montaña. Unas cuantas preguntas amables y casi todos los vecinos se abrirán al viajero y compartirán con él lugares secretos y divertidas historias. Grandes chalés que ahora se venden por millones de euros antaño eran granjas. Las familias calentaban una estancia, normalmente la cocina, que también funcionaba como sala de estar, y dormían en otra. El ganado lo hacía en una estancia contigua. Arriba estaba el granero, donde se guardaban el heno y los aperos. En las zonas de esquí suele haber importantes poblaciones de residentes extranjeros y en muchos negocios suelen hablar un poco de inglés.

Bicicletas eléctricas

Los incondicionales de la naturaleza se perderán entre los bosques mientras contemplan ensoñadoramente las montañas. Debido a la orografía predominante, las tiendas de alquiler a veces solo ofrecen bicis eléctricas. No hay que pensarlo dos veces: las piernas lo agradecerán.

TRANSPORTE

Las principales poblaciones accesibles en tren son Ginebra, Annecy, Chamonix, Grenoble y Bourg-St-Maurice. En los regionales (TER), llevar la bici es gratis; en los de alta velocidad (TGV) hay que reservar y pagar una pequeña tarifa. Muchos autobuses están equipados para transportarlas. En cualquier caso, lo mejor es consultar con las tiendas de alquiler.

EVENTOS

El Tour

Cada año, varias etapas del mítico Tour de France, en julio, discurren por los Alpes.

Vercors Music Festival

Festival musical en el Vercors a finales de junio/principios de julio.

Ultra Trail du Mont Blanc

La UTMB, una prestigiosa ultramaratón de montaña de 171 km, se celebra en Chamonix en agosto.

Recursos

Warmshowers (warmshowers.com) Red de alojamientos con anfitriones locales en rutas ciclistas.

Auvergne-Rhône-Alpes Tourisme (auvergnerhonealpes-tourisme.com) Planificación y eventos regionales.

Gîtes de France (gites-de-france.com/fr/rhone-alpes) *Gîtes* (B&B) con el sello "Gîtes de France".

La Région Vous Transport (laregionvoustransporte.fr) Información actualizada sobre transporte en la región.

DÓNDE ALOJARSE

Si se buscan alojamientos respetuosos con el medio ambiente, se recomiendan los B&B con el sello "Ecogîte"; pueden encontrarse en la web de Gîtes de France. En el Vercors, es posible instalarse en una granja con los típicos hastiales escalonados. En los Écrins, Chamonix, Oisans o Tarentaise, un chalé alpino es el alojamiento más típico.

Si se prefiere un hotel, hay que saber que muchas poblaciones alpinas tienen aguas termales, por lo que cabe estar atento a los nombres que terminen en "les-Bains" y así saber que tras el pedaleo estarán aguardando unas aguas balsámicas.

17

Bourg-d'Oisans y los Écrins

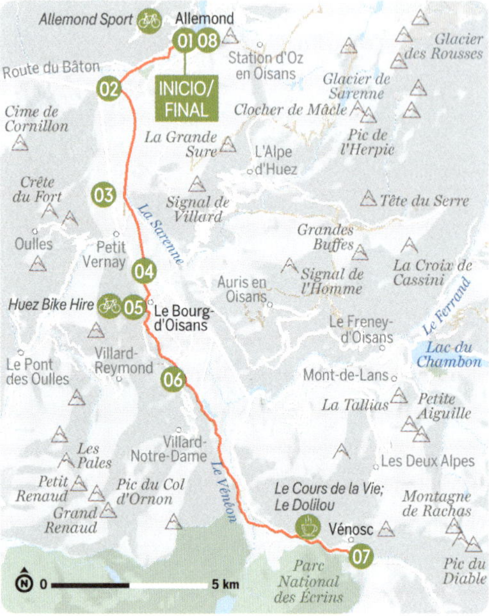

DURACIÓN	DIFICULTAD	DISTANCIA	INICIO/FINAL
3 h	Media	46 km	Allemond

TERRENO	Caminos de tierra, carreteras compartidas y vías ciclistas asfaltadas

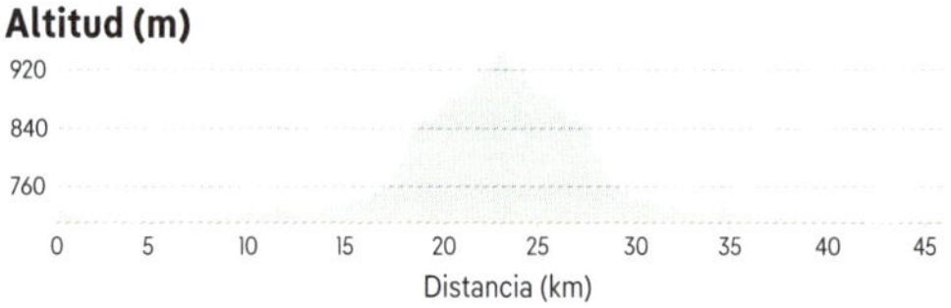

Si la llamada de lo salvaje es la de las montañas, el macizo de los Écrins, en los Alpes franceses, es adonde ir a pedalear. Con decenas de famosas rutas ciclistas, los Écrins ofrecen opciones para todos los gustos y niveles, incluso para aquellos con aversión a las largas cuestas. Extendiéndose 23 km desde Allemond, pasando por Bourg-d'Oisans, hasta el pueblo de postal de Vénosc, la vía verde de Oisans promete una genial escapada.

Alquiler

Allemond Sport (allemond-sport.com), en Allemond, alquila bicis eléctricas desde 55 €/día. Huez Bike Hire (huezbikehire.com), en Bourg-d'Oisans, las tiene convencionales desde 29 €/día.

Punto de partida

En Allemond, la salida está por detrás del telecabina. Si se ha alquilado una bici en Bourg-d'Oisans, se puede tomar la lanzadera hasta Allemond o acortar la ruta a 15 km empezando desde Bourg-d'Oisans.

01 Los primeros rayos de sol llegan al pueblo de Allemond antes que al resto del valle, por lo que la ruta empieza aquí para entrar más rápido en calor. Como en muchos pueblos de montaña, en la tienda de bicis de Allemond las tienen sobre todo eléctricas. Si se prefiere una convencional, se puede alquilar una en Bourg-d'Oisans, pero para volver habrá que tomar la *navette* (autobús lanzadera; 4 diarios en verano; gratis) o pedalear 10 km hasta el pueblo.

Pueblo de Allemond.

Ideal para

ESCAPADAS DE MONTAÑA

Desde artesanos hasta agricultores

En lugar de explotar al máximo una actividad, el gobierno del valle de Oisans ha hecho todo lo posible por reunir lo mejor de las tradiciones, la cultura y los conocimientos locales en lo que ha apodado la "Route des Savoir-Faire de l'Oisans".

Cuando se vea el icono de un *chamois* (rebeco) con un par de alas de libélula es que se está a punto de dar con un artesano, un agricultor o un lugar patrimonial.

Es posible toparse con talleres de carpintería, producción y cata de quesos, elaboración de cerveza, museos que abarcan temas como la antigua geología o hidrología, e incluso visitas a granjas de frutas, verduras o animales.

02 Se toma la vía ciclista por detrás del telecabina en Allemond. Los primeros kilómetros son para calentar, pero, si ya se necesita una pausa, está la Ferme de Châtillon. Hay que desviarse unos cientos de metros al final del pueblo de Le Raffour. En ella, Elisabeth y Jerome crían vacas y cabras lecheras, y elaboran yogures, *faisselle* (requesón), tomme y otros derivados lácteos.

03 Pronto se llega al puente sobre el río Romanche. En el s. XIII se rompió una presa natural del río y Grenoble se inundó de forma catastrófica. En el s. XX, empresas como Clairefontaine Rhodia usaron la fuerza de la corriente para fabricar papel. Actualmente, las presas hidroeléctricas del río ayudan a mantener encendidas las luces del valle.

04 Los frondosos árboles ocultan la carretera departamental, pero las montañas siempre están a la vista. Al llegar en paralelo a Bourg-d'Oisans, se puede dejar este itinerario e intentar recorrer el famoso tramo del Tour de France de 21 curvas y 1100 m de desnivel positivo de la carretera del Alpe d'Huez, lo que no se recomienda si se va con niños pequeños, o girar a la derecha y seguir la vía ciclista hasta el centro de Bourg-d'Oisans.

05 El espíritu del Tour de France no se restringe a este mítico final de etapa. La Bicicletta, una tienda de bicis *vintage* en el centro del pueblo, suscita el mismo entusiasmo. Los amantes de la montaña pueden visitar también la Maison du Parc National des Écrins o el Musée des Minéraux et de la Faune des Alpes. O, mejor aún: volver a la bici y seguir pedaleando para experimentar los Écrins y sus maravillas de primera mano.

06 Aunque hay muchos carteles que indican cómo salir del pueblo para volver a la naturaleza, desde el centro de Bourg-d'Oisans hay que ir al sur manteniendo el río a la izquierda. Hacia el km 15, la vía vuelve a ser solo para bicicletas. Las aguas cerúleas del Lac Bleu resultan tentadoras, pero está prohibido el baño. Si apetece un remojón, se puede hacer, con cuidado, en una poza poco profunda del río Vénéon, un afluente del Romanche que hay que seguir hasta Vénosc. De forma casi imperceptible, el valle empieza a estrecharse, y la ruta, a ascender suavemente.

07 Pronto los acantilados se ciernen sobre los ciclistas, y la amplia libertad de las llanuras se transforma en la íntima cuna de la vía ciclista forestal junto al estruendoso río. Los que hayan alquilado una bici eléctrica disfrutarán de esa ayuda extra del km 15 al 20. Pero ningún reto queda sin recompensa: el pueblo de Vénosc, todo de piedra y con

Una pausa

Cual zanahoria en el extremo de un palo, lo mejor en esta ruta es esperar hasta llegar al destino. En **Vénosc,** un tranquilo pueblo al final de la carretera en la ladera por debajo del ajetreado Alpe d'Huez, hay dos restaurantes encantadores: **Le Cours de la Vie** (lecoursdelavie.fr) y **Le Dolilou** (facebook.com/ledolilou).

La sana competencia entre ellos los ha llevado a la excelencia, con platos locales, helados y una amplia gama de cervezas y quesos de la zona a precios razonables. En el pueblo también viven varios artistas y alfareros.

KARTOUCHKEN/GETTY IMAGES ©

Carretera de Bourg-d'Oisans a Alpe d'Huez.

vistas alpinas, ofrece la sensación de estar pedaleando en un cuento de hadas. Los coches solo pueden subir hasta la entrada del pueblo; luego, todo el mundo debe seguir a pie (o en bici). La recompensa al llegar al pueblo son fabulosas vistas de los Écrins, dos encantadores restaurantes y varios talleres de artistas y artesanos abiertos al público.

08 Se vuelve a Bourg-d'Oisans o Allemond con el autobús de enlace gratis, o en bici, aprovechando el descenso para disfrutar un poco más del paisaje. Hay que asegurarse de confirmar el horario del autobús en la tienda de alquiler de bicis o en la oficina de turismo antes de partir, ya que los horarios varían según la temporada.

Las 21 curvas del Tour de France

A menudo en el itinerario del Tour de France, la carretera de Bourg-d'Oisans a Alpe d'Huez es el mítico y brutal fin de etapa de la famosa carrera.

Con 21 curvas, en su mayoría cerradísimas, y un desnivel positivo de 1121 m en 14 km, es una subida extenuante.

Los que puedan organizar su visita para coincidir con el Tour encontrarán un ambiente electrizante. Primero pasa la caravana publicitaria lanzando regalos a los espectadores y, luego, el pelotón.

Cualquier otro día del año, es posible enfrentarse a la ascensión por libre: ¡seguro que al llegar se ganarán los vítores de los transeúntes!

18

Vuelta al lago de Annecy

DURACIÓN	DIFICULTAD	DISTANCIA	INICIO/FINAL
4 h	Alta	40 km	Casco antiguo de Annecy

TERRENO	Vías ciclistas o carriles bici asfaltados

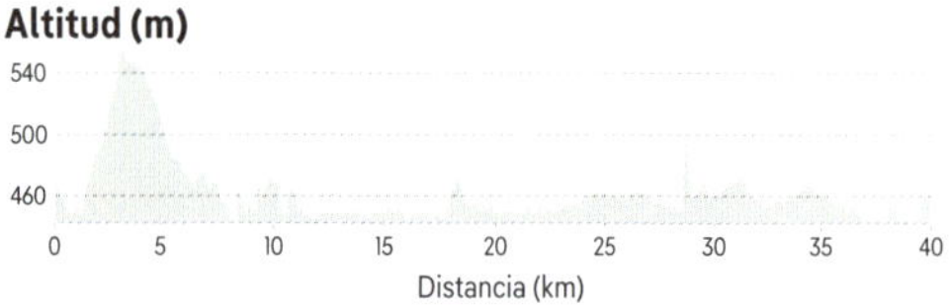

En la entrada a los Alpes franceses, suaves olas rompen en las orillas del lago de Annecy. Desde los pasajes medievales del casco antiguo hasta el agreste extremo opuesto del lago, el Tour du Lac ofrece una completa experiencia de 360° de este paraíso entre las montañas y el agua. Por un carril bici de 40 km que lo rodea, esta ruta es accesible a todo el mundo. La posibilidad de alquilar bicis eléctricas permite incluso a los aficionados completarla en un día.

Alquiler

En el extremo del casco antiguo, a escasos metros de los carriles bici, Cyclable (annecy-bonlieu. cyclable.com) tiene una gran selección de modelos eléctricos, infantiles y de carretera, y remolques.

Punto de partida

Se toma la vía ciclista que sale de la ciudad desde el parque frente a la oficina de turismo. Si se sale desde Cyclable, hay que tomar el carril bici frente a la tienda.

01 Se empieza en el centro de la ciudad. Los vestigios más antiguos de actividad humana en las orillas del lago datan de antes del 3000 a.C. En el 50 a.C. empezó a tomar forma la ciudad que se convertiría en Annecy. La fama del lugar se debe a su casco medieval y canales del centro, a veces de color azul lechoso y otras cristalinos, que en conjunto crean un ambiente de cuento de hadas que se antoja inverosímil cuando se llega a las orillas del gran y refrescante lago de Annecy.

Lago de Annecy.

Ideal para

TRANQUILIDAD JUNTO AL LAGO

La espía de Saboya

Fue en su casa de Annecy donde Françoise-Louise de Warens recibió por primera vez a Jean-Jacques Rousseau en 1728, del sería amante y benefactora durante muchos años.

Casada y separada a muy temprana edad, Françoise-Louise huyó a Évian en 1726, donde se convirtió al catolicismo de una forma peculiar: arrojándose a los pies del rey de Cerdeña, Víctor Amadeo II.

Cuando tenía treinta y pocos años, se cree que ejerció como espía para dicho monarca en Turín y París. La aristócrata tuvo una vida digna de novela, y a menudo se la considera inspiración de algunas partes de las obras de Rousseau.

02 Al salir de la ciudad se sigue el bien señalizado carril bici junto al lago. Los primeros kilómetros reflejan varios estilos de arquitectura y urbanismo, desvelando diferentes décadas de desarrollo urbano. A diferencia del centro medieval, modernos edificios residenciales y casas particulares bordean el lago cerca de la ciudad. Pedaleando por la orilla este se puede ver el macizo de Aravis extendiéndose hacia el norte. En este tramo hay buenas panaderías en pueblos como Chavoire, Pensières y Menthon-St-Bernard.

03 Los más deportistas pueden añadir un desvío a la ruta: la empinada subida al Col de la Forclaz. Es un clásico del ciclismo, con paneles marcando cada kilómetro y el porcentaje de inclinación media. La recompensa: las vistas del lago y el perfecto café irlandés del restaurante Le Balcon du Lac, en el puerto de montaña.

04 Si se elude el desvío, se sigue la ruta junto a la orilla hacia el pueblo de Verthier. Los aficionados a las aves pueden aparcar la bici y visitar a pie la Réserve Naturelle Nationale du Bout du Lac d'Annecy, un buen ejemplo del lado más salvaje del lago. El extremo sur del lago está menos urbanizado y es una zona tranquila para disfrutar de la naturaleza del lugar.

05 Antes del tramo final de vuelta a Annecy se puede hacer otro corto desvío al castillo de Duingt. Construido en la península de Presqu'île de Duingt, este fortín custodia el lago desde hace casi mil años. Actualmente, el lugar acoge conciertos, obras de teatro y exposiciones de arte durante todo el año. En su web (chateaudeduingt.fr) se puede ver la programación.

06 En las orillas del lago cerca de Duingt abundan las playitas y los pantalanes para bañarse. En el centro del pueblo hay un mercado semanal (todos los jueves todo el año, además de los lunes y viernes en verano). Se puede comprar quesos, como un tomme de los Bauges, y embutidos locales para disfrutar de un pícnic a orillas del lago. Los Bauges es un macizo de altura media, con muchas tierras agrícolas, cuyos valles alcanzan las orillas del lago.

07 Antes del largo tramo de vuelta, se visita un último pueblo junto al lago: St-Jorioz, un lugar especialmente acogedor con los ciclistas. En la punta de la orilla del pueblo hay un mirador con vistas del

Una pausa

Las aguas del **lago de Annecy,** con un fondo de arena, no son para nada frías. En verano, su temperatura puede alcanzar los 25°C. En la orilla este, es posible bañarse en la playa d'Angon, apta para familias y con varias opciones para comer.

En la orilla oeste del lago, desde Duingt hasta Sévrier, hay muchas playas y entradas al lago. En la playa de St-Jorioz hay unas cuantas plataformas para que los niños se lancen al agua, además de varias opciones para comer.

Lago de Annecy.

castillo de Duingt. Un poco hacia el interior, ya en pleno pueblo, se puede parar en L'Abri Cyclette para tomar algo. Este café y local de aperitivos está junto a la ruta ciclista. También tiene herramientas, por si se necesita inflar los neumáticos o ajustar las marchas.

Un paraíso para las actividades al aire libre

Annecy, ofrece acceso fácil a las montañas y al lago.

Las mañanas de los fines de semana pasan largas y veloces filas de ciclistas. Dos importantes competiciones para observar o participar son el Triatlón Internacional del Lago de Annecy, celebrado entre mediados y finales de junio, y la MaXi-Race, una carrera de *trail running* con opciones entre 16 y 88 km.

También se puede alquilar un kayak o una tabla de surf de remo, o tomar una clase de vela.

08 Los últimos kilómetros hasta Annecy por la orilla del lago pueden hacerse largos, pero es el momento de observar la ruta circular que se ha recorrido. Al llegar al puerto recreativo del casco antiguo de Annecy, se puede parar un momento junto al agua para disfrutar de la tranquilidad del lugar.

19

Ideal para

VALLES Y PUEBLOS

SANDDEBEAUTHEIL/SHUTTERSTOCK ©

Valle de Tarentaise.

Valle de Tarentaise

DURACIÓN	DIFICULTAD	DISTANCIA	INICIO/FINAL
1-2 h	Baja	15 km	Bourg-St-Maurice / Aime

TERRENO	Vía ciclista asfaltada y de ripio, y cortos tramos de carretera

No se necesitan excusas para disfrutar de los quesos de Saboya tras una jornada de pedaleo por la vía verde desde Bourg-St-Maurice hasta Aime. Salpicada de suaves colinas, picos nevados y atractivos pueblos, esta ruta ofrece un recorrido por la cultura del macizo de la Vanoise, al sur, y de Beaufortain, al norte. Discurre por el fondo del valle de Tarentaise, pero cerca hay muchos puertos de montaña para los más osados.

Alquiler

En Bourg-St-Maurice, la moderna Pause Coffee & Vélo (www.pausespecialtycoffee.com) alquila bicis eléctricas y de carretera, mientras que en Gravitylab (www.gravitylab.fr) también las tienen de tipo *gravel*.

Punto de partida

Desde el centro de Bourg-St-Maurice se va hacia el río Isère, que queda a la izquierda al empezar la ruta, y pronto se llega a la vía verde.

01 Punto de partida de esta escapada ciclista alpina apta para familias, Bourg-St-Maurice es un pueblo de esquí muy ajetreado todo el año gracias al fácil acceso a muchas actividades al aire libre (escalada, excursionismo, *trail running*, kayak y ciclismo incl.), aunque menos abarrotado que Chamonix. Rodeada de los altos picos de los macizos de la Vanoise y Beaufortain, esta ruta es lo máximo que uno puede adentrarse en los Alpes franceses sin subir una montaña. Aquí los ciclistas pasarán más tiempo descendiendo que ascendiendo.

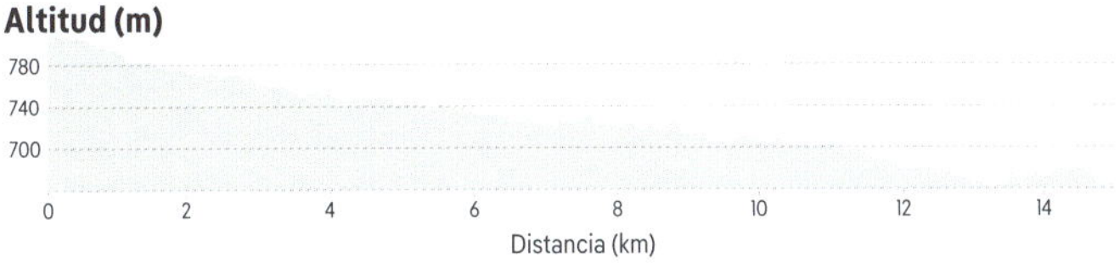

FOODPICTURES/SHUTTERSTOCK ©

Queso beaufort.

02 La vía ciclista discurre paralela al río Isère durante casi toda la ruta. En su nacimiento, las aguas de este importante afluente del Ródano son agitadas, azules y transparentes. Aunque se pedalea a no mucha distancia por debajo de la carretera principal a Bourg-St-Maurice, el sonido que acompañará al ciclista es el del rumor del río. Antes de llegar a la Base Internationale d'Eaux Vives, un centro náutico al borde del pueblo, la ruta cruza el río. Este tramo del río ha albergado tres campeonatos mundiales de piragüismo en eslalon (p. 125).

03 Además, 1 km más allá, a la izquierda, hay un gran campo que, en días despejados, los parapentistas usan para tocar tierra tras un largo vuelo desde las alturas.

04 Luego, se continúa por los caminos forestales que siguen el río aguas abajo. Un pequeño desvío hasta Landry exige una pequeña pero merecida ascensión para ver de cerca el campanario de St-Michel. En un espolón por encima de Landry, esta es una de las iglesias con *clocher à bulbe* más famosas de Saboya. Los campanarios acebollados son típicos del Imperio bizantino, pero gozaron de gran popularidad en algunas regiones montañosas porque su forma facilita que la nieve resbale.

05 Desde Landry hay un largo tramo de vía verde por delante. Una pausa

¿Tomme o beaufort?

No es necesario tener que elegir entre estos dos clásicos quesos de Saboya, pero quizá sí conocer sus diferencias. Hay muchos tipos de tomme, y su nombre puede basarse en su origen (tomme de los Bauges, tomme de los Aravis) o en su sabor (tomme al *génépi*).

Con sello DOP, el queso beaufort procede de vacas que pastan en las praderas alpinas de Beaufort. Un buen sitio para aprovisionarse es la Coopérative Laitière de Haute Tarentaise (www.fromagebeaufort.fr). Mención especial merece el aroma y sabor del beaufort de verano de la cooperativa, elaborado con leche recolectada en tiempo de altos pastos.

GODONGPHOTO/SHUTTERSTOCK ©

Vacas de raza *tarine*, Peisey-Nancroix.

a orillas del río para dejarse hipnotizar por sus aguas no es mala idea. Si no, se pueden admirar las extensas praderas que hay a la izquierda. En primavera y otoño es habitual ver vacas por estas lindes; en verano suelen pastar en prados más altos.

06 Cuando la vía verde pasa por debajo del pueblo de La Plagne-Tarentaise, en diagonal al pueblo de Aime, se puede hacer un desvío para subir hasta él. En el dialecto local, una *plagne* es un lugar llano o meseta, algo muy raro en estas montañas. En La Plagne-Tarentaise hay pocas tiendas, pero su arquitectura es un clásico ejemplo de pueblo alpino que ha ido modelando su propio estilo en las últimas décadas. Casi todos los chalés están decorados con elegantes y elaborados balcones o marcos de puertas de madera.

07 En la soleada ladera sur de la montaña aguarda Aime. Hay una corta subida hasta su casco antiguo, donde el Café du Centre espera con su refrescante cerveza de barril. La calle principal ha sido rehabilitada en los últimos años y vale la pena darse un garbeo por ella. Cafés como L'Alvéole son frecuentados por una clientela experta en infusiones, y hay encantadoras tiendas de artesanía, además de una excelente librería.

08 Para volver a Bourg-St-Maurice, hay frecuentes trenes TER desde la estación de Aime-la-Plagne, en la base del pueblo. Se puede cargar la bicicleta, pero en el vagón marcado con el icono para tal uso, lo que significa que hay espacio designado para colgar las bicis. El viaje permite contemplar las curvas y contornos de las montañas desde el asiento mientras se regresa a Bourg-St-Maurice. Los recuerdos del valle de Tarentaise sin duda no se olvidarán fácilmente.

Una pausa

L'Alvéole, un restaurante, salón de té y *épicerie* (colmado) del centro de Aime, pone en valor los productos locales y franceses. Se podrá probar una cerveza local, un zumo con gas de manzanas ecológicas francesas o el típico licor de montaña: el *génépi*.

Los platos del día de almuerzo incluyen creativas opciones vegetarianas y con carne de origen ético, como remolacha asada, chirivía marinada y cebolla roja encurtida, o tallarines con queso azul, chorizo y nueces. A veces, el local celebra eventos; consúltese su Facebook.

LIESBETH POORTMAN/SHUTTERSTOCK ©

Río Isère, Bourg-St-Maurice.

Fijarse en las rocas

Un tramo del Isère a las afueras de Bourg-St-Maurice ha acogido tres campeonatos mundiales de piragüismo en eslalon. Los ríos para la competición se eligen en función de su anchura, profundidad y caudal (la velocidad y altura de la corriente).

Algunas rocas se colocaron estratégicamente en el centro y los bordes del río para modificar la corriente. Esto crea pozas detrás de las rocas por donde la corriente puede arremolinarse, ideales para las vueltas, giros y piruetas de los piragüistas.

El centro recreativo junto al puente ofrece clases y bautismos de piragüismo a aquellos que buscan algo de acción. Si no, de forma regular durante todo el verano hay demostraciones y competiciones.

20

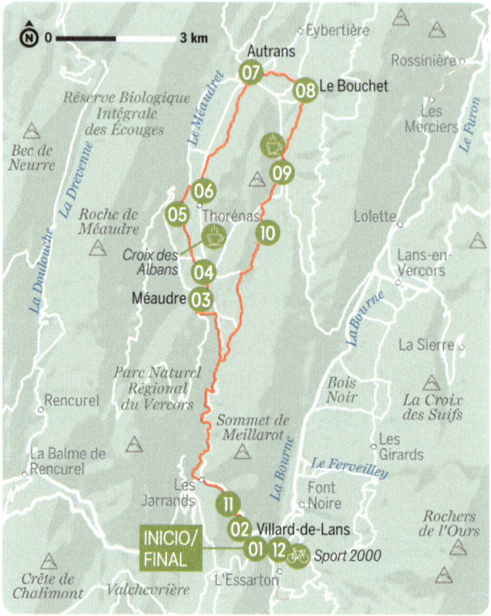

Meseta del Vercors

DURACIÓN	DIFICULTAD	DISTANCIA	INICIO/FINAL
4 h	Media	32 km	Villard-de-Lans

TERRENO	Caminos de tierra, puentes de madera, carreteras compartidas y vías ciclistas asfaltadas

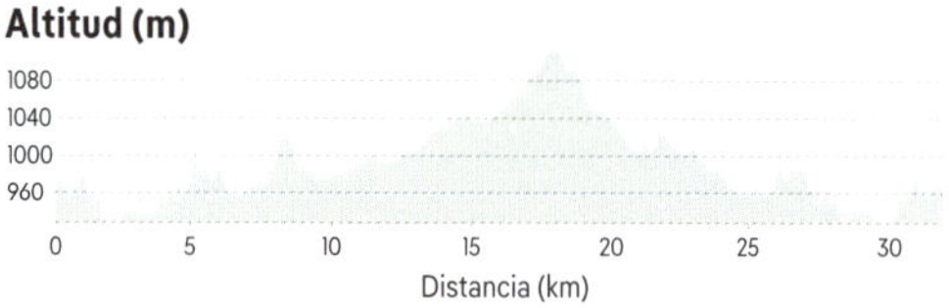

A 40 min al volante de Grenoble, la meseta en forma de cuna del macizo del Vercors aguarda con su decorado de montañas y acantilados calizos, y vastos prados bordeados de bosques. Esta ruta de ida y vuelta por la ViaVercors de Villard-de-Lans a Autrans por Méaudre permite hacerse una idea de la historia de la meseta, desde la prehistoria y época medieval hasta la Resistencia francesa y la actualidad. Se podrá contemplar el río Méaudret desde sus gargantas, disfrutar del queso azul del Vercors y alucinar con sus bucólicos pastos.

Alquiler

En Villard-de-Lans, la tienda de Fred, Sport 2000, tiene una amplia gama de bicis convencionales y eléctricas, así como infantiles. En verano hay que reservar con antelación.

Punto de partida

Se toma la ViaVercors en las afueras de Villard-de-Lans. En la rotonda de la D531 se siguen los carteles de Méaudre. A la izquierda se verá el cartel naranja de la ViaVercors en el Chemin des Verdoux.

01 Se monta en la bici y se sale de Villard-de-Lans. Los carteles naranjas de "ViaVercors" guían a los ciclistas a través de las gargantas, pantanos, llanuras, praderas y bosques del variado paisaje del Vercors. Los acantilados de esta meseta por encima de Grenoble le dan a la región un aire remoto. Aquí se puede retroceder en el tiempo, o vivir el presente con la amplia variedad de fauna que comparte la meseta con los humanos. La ViaVercors es una vía verde diseñada por las autoridades locales que casi siempre discu-

Ideal para

PRADERAS Y ACANTILADOS

Meseta del Vercors.

rre por pistas ciclistas seguras o con poco tráfico.

02 La ruta sigue el Chemin des Verdoux; y hasta el pueblo de Méaudre discurre casi siempre en paralelo a la carretera. Pronto se descubrirá por qué no hay más distancia entre la carretera y la vía ciclista: sencillamente porque no hay más espacio. La ruta atraviesa las gargantas del Méaudret. Plataformas elevadas de madera reducen el impacto de los ciclistas sobre sus delicadas y, a veces, cenagosas orillas. Este es uno de los tramos más complicados, ya que la ruta asciende gradualmente hacia el pueblo de Méaudre.

03 Se hace la primera parada en Méaudre. El restaurante La Bohème ofrece sabores locales en platos de temporada que incluyen clásicos del Vercors como setas silvestres, queso azul y unos pequeños raviolis típicos de aquí; hay que reservar para almorzar en fin de semana. En el compacto centro del pueblo, con la típica arquitectura de piedra del Vercors, hay unas cuantas tiendas, incluida una carnicería donde venden embutidos; pruébese el salchichón con queso azul o avellanas.

04 Tras salir de Méaudre se retoma la ViaVercors. El ciclista notará que ha aparecido otro icono debajo de los carteles de ViaVercors: el de un esquiador de fondo. Y es que esta ruta también funciona como pista de esquí de fondo en invierno. Poco después de recuperar la ViaVercors, se puede hacer un desvío hasta la Croix des Albans: esto solo añade 1 km al recorrido y permite disfrutar de espléndidas vistas de los bosques y campos de heno desde la cruz cimera.

05 Cerca del borde del bosque, vale la pena percatarse del contraste entre las llanuras y los bosques. El Vercors es uno de los muchos ejemplos de las iniciativas de

Una pausa

La Croix des Albans, con vistas panorámicas de tierras de cultivo, densos bosques y las nevadas montañas que hay más allá, es un buen lugar para ir de pícnic, tan idílico como inspirador. Es posible dejar la bici al inicio del sendero, o subir pedaleando o empujando la bici. Esta cruz se erigió aquí en 1935 después de ser acarreada colina arriba por bueyes. El lugar permite contemplar el bucólico paisaje agrícola mientras se disfruta de la brisa bajo la cruz o a la sombra de algún árbol cercano.

reforestación que tuvieron lugar en Francia a partir de finales del s. XIX. Hay sobre todo pinos, abetos y hayas, y las arboledas albergan una gran variedad de fauna forestal. Especialmente adorables son las ardillas rojas locales, con mechones de pelo en las orejas.

06 Lo siguiente sobre lo que se puede reflexionar es sobre el uso agrícola de la meseta. La ruta oficial bordea el pueblo de Thorénas, que acoge un puñado de casas y una gran granja. Aunque las crestas están bordeadas de bosques, las colinas están rodeadas de pastos y campos de heno, con las granjas a los pies del valle. Esto es consecuencia de los duros inviernos y del deseo de mantener a los animales cerca para cuidarlos cuando llega la nieve, pero también de vivir en armonía con la naturaleza y encontrar un equilibrio entre la agricultura y las actividades de preservación.

07 El ambiente en Autrans, quizá por el diseño del centro del pueblo o por su gran exposición al sol, parece un poco más desenfadado que el de Méaudre. Y, si se visita a finales de junio, la música lo impregna todo: cada año el Vercors Music Festival se celebra en Autrans el último fin de semana de junio o el primero de julio. Un pequeño desvío de la ruta permite visitar el centro del pueblo, donde hay una panadería y algunos cafés (se aconseja el Café Restaurant Outrelans), así como pequeños colmados y servicios como bancos y una oficina de turismo.

08 Desde Autrans, la ruta desciende de vuelta a Villard-de-Lans, esta vez por el lado este de una gran colina. Se pasa por el pueblo de Le Bouchet y se pedalea en paralelo a la carretera principal antes de cruzarla y seguir por carreteras secundarias hacia Méaudre. Los tejados del Vercors tienen hastiales escalonados llamados *pas-de-moineau* (escalón de gorrión). El objetivo era proteger los tejados, que por entonces eran de paja, del mal tiempo y el viento en la meseta. Los escalones estaban cubiertos con grandes losas ligeramente inclinadas para facilitar la caída del agua de lluvia, pero tenían el inconveniente de permitir que se acumulara la nieve, lo que podía hacer que se derrumbaran bajo el peso del hielo, por lo que los escalones no están unidos a los muros del hastial, sino integrados en la mampostería permitiendo que el tejado soporte más peso.

Macizo del Vercors.

Los maquis del Vercors

Gracias a su aislamiento, el Vercors acogió a gente perseguida y a la Resistencia a partir de 1942, con Villard-de-Lans como sede de los primeros *maquisards* de la región.

En la meseta, ideal por naturaleza como estratégica fortaleza, se instalaron campos de entrenamiento para convertir a los desertores franceses en *maquisards* o luchadores de la Resistencia.

En julio de 1944, los alemanes, preocupados por la concentración de hombres y armas en la meseta, atacaron con cerca de 10000 hombres y diezmaron a la Resistencia en la región. Se puede visitar el pueblo de Vassieux-en-Vercors para presentar los respetos en el Mémorial y la Nécropole de la Résistance.

LIDANTE/SHUTTERSTOCK ©

Queso azul del Vercors

El queso azul pasteurizado de la región del Vercors no tiene nada que ver con el fuerte y curado queso azul tan socorrido en las ensaladas.

El queso con DOP Bleu du Vercors-Sassenage tiene un sabor suave y cremoso. Solo se puede usar leche de tres tipos de vaca: *villard, abondance* o *montbéliard*, con especial énfasis en la *villard*, una raza menos productiva que las otras, lo que la llevó al borde de la extinción.

Este queso puede degustarse solo, acompañado de un tonificante vino tinto (p. ej., un Cahors o un Madiran de los Pirineos franceses) o en una *raclette*.

Ensalada con queso azul.

09 Los lobos son una fuente de miedo y frustración para los pastores locales; se estima que viven cuatro manadas en la meseta. Unos kilómetros más allá de Le Bouchet hay unos cuantos pueblecitos y no es raro ver rebaños en el campo. Para protegerlos, los granjeros tienen extensos vallados y perros guardianes llamados *patous*. Estos enormes perros pastores pueden ser agresivos, pero no suelen saltar por encima del cercado.

10 En la carretera secundaria llamada La Bourrière se puede visitar la Ferme de la Bourrière, que produce varios tipos de queso, incluido el bleu del Vercors y un sabroso requesón. En el Vercors, el ganado es principalmente ovino y bovino, y su leche se utiliza para elaborar dos especialidades regionales: el queso azul del Vercors y unos pequeños raviolis rellenos de nata y perejil.

11 El trayecto de vuelta de Méaudre a Villard-de-Lans sigue la misma ruta de ida pero a la inversa. Se podría parar en la Coopérative Vercors Lait a comprar unos quesos. Decenas de productores lecheros de la región forman parte de la cooperativa, y su gran tienda es un buen lugar para comprar a buen precio queso azul del Vercors y otros para disfrutar de una buena *raclette* de vuelta a casa. La *raclette,* un popular plato invernal francés, consiste en queso fundido que se sirve sobre patatas y embutidos. El clásico queso raclette es sabroso y delicioso, pero la tendencia actual es a mezclar tres o cuatro quesos diferentes para la *raclette*.

12 Ya en el pueblo de Villard-de-Lans, se devuelve la bici de alquiler y se camina 200 m para celebrar el satisfactorio pedaleo con una cerveza en Le Café Central o un chocolate caliente casero en el Bar La Grassolle, de estilo alpino.

CONSEJO:

Agua y más agua

La piedra caliza del Vercors suele compararse con un queso suizo, ya que está llena de agujeros. El Vercors es una meseta notoriamente seca. Hay que llenar la cantimplora antes de partir e ir rellenándola en los pueblos, ya que es poco probable encontrar manantiales mientras se pedalea.

Una pausa

Después de Autrans, la carretera se dirige hacia la aldea de Le Bouchet. Entre Le Bouchet y Piaillon hay muchas carreteras comarcales y senderos que llevan al bosque. Se puede tomar una cualquiera y luego seguir a pie hasta el borde del bosque.

Es el lugar perfecto para relajarse viendo cómo el sol se pone hacia el oeste y escuchando el canto de los pájaros o el viento. Es probable que se vea a buscadores de setas, ya que estos bosques están llenos de ellas.

21

Ideal para

VISTAS DE MONTAÑA

Valle de Chamonix-Mont-Blanc

DURACIÓN	DIFICULTAD	DISTANCIA	INICIO/FINAL
2-3 h	Alta	28 km	St-Gervais-les-Bains-Le Fayet

TERRENO	Carreteras y vía ciclista

Chamonix-Mont-Blanc.

Ningún otro monte de Francia inspira tanto asombro o curiosidad como el Mont Blanc, el rey de los Alpes, rodeado de multitud de otros altos picos y glaciares que parecen surgir del fondo del valle. A los ciclistas preparados para la aventura les encantará esta bonita y accesible ruta desde St-Gervais-les-Bains-Le Fayet que discurre por el fondo del valle y sube hasta Chamonix-Mont-Blanc (normalmente abreviada como Chamonix). Desde Les Houches hasta Chamonix se va por una vía ciclista segura.

Alquiler

En St-Gervais-les-Bains-Le Fayet, a unos metros de la estación de trenes, pasada la farmacia, Vicky Sports Le Fayet alquila bicis eléctricas, de carretera y *gravel*.

Punto de partida

Se sale de la estación de St-Gervais-les-Bains-Le Fayet o de la tienda de alquiler de bicis. Los primeros kilómetros pueden resultar confusos, por lo que hay que cargar bien las direcciones GPS antes de partir.

01 Antes de salir desde la estación de trenes de St-Gervais-les-Bains-Le Fayet, hay que saber que esta ruta no es apta para los niños, ya que incluye carreteras secundarias y caminos de tierra potencialmente complicados. Para empezar, se sigue la D39 hacia Passy. Se continúa recto hasta llegar al campo de aterrizaje de parapente. Se admiran los campos de heno, cereales y vacas en el fondo del valle mientras se cruza la llanura de Passy. Antes de que el esquí y el alpinismo se volvieran tan populares, se vivía en el fondo del valle, no en los pastos alpinos. Gracias al turismo y los deportes al aire libre, las tornas han cambiado.

FOTO MATEVZ LAVRIC/SHUTTERSTOCK ©

Glacier des Bossons.

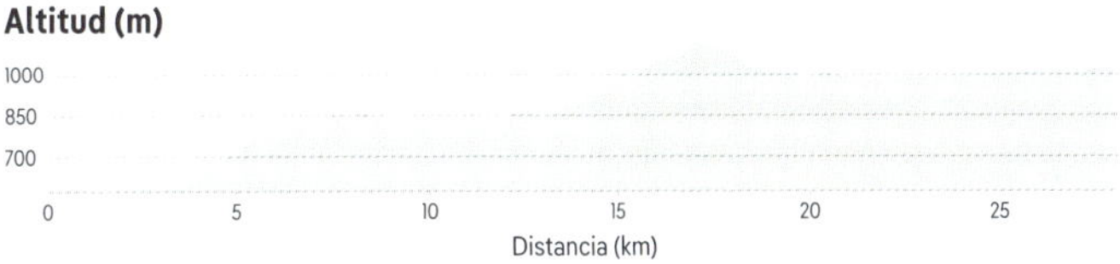

02 En el campo de aterrizaje de parapente, en el lado norte del valle, un pequeño cartel a la izquierda señala la carretera a Servoz. Hay que tomarla y prepararse para pedalear, ya que la ruta empieza a empinarse. Se pasa por delante de típicos chalés alpinos, con plantas superiores y balcones de madera, y huertos al borde de la carretera. Una vez en la Rte de Servoz, el tráfico disminuye y empieza la ascensión a Chamonix. Esta era la ruta principal a Chamonix hasta que se construyó la carretera por un viaducto elevado. Esta vía comparte algunos tramos con el Circuit du Pays du Mont-Blanc (nº 43), pero no hay que seguir a ciegas esos carteles, sobre todo al principio de la ruta. Si no, se acabará subiendo montañas en sentido contrario.

03 En el estrecho valle de Chamonix, rodeado de algunos de los picos más altos de Europa, el pueblo de Servoz es el más insolado durante todo el año, lo que explica que sea tan codiciado para vivir. Al entrar en el pueblo, antes de cruzar el arroyo Souay, se verá el cartel de "Gorges de la Diosaz". Se aparca la bici y se sigue a pie, ya que sus puentes y cascadas merecen la pena.

04 Otra buena visita es la pequeña iglesia cerca de la estación de trenes. Notre Dame du Lac, uno de los muchos templos barrocos de la región, no tiene un campanario bulboso ni otros elementos exteriores que den pistas sobre su bonito interior. Aunque no siempre está abierta, siempre es posible

Glacier des Bossons

Antaño, su lengua llegaba hasta el fondo del valle y aún hoy es uno de los glaciares más accesibles del valle.

A las grietas de hielo azules y blancas se llega tras unas pocas horas de caminata. Situado en el lado del valle que da al Mont Blanc, entre Les Houches y Chamonix, el cambio climático, cada vez más acelerado, hace que se derrita a un ritmo alarmante.

Cada año se refuerzan los sistemas de drenaje para intentar evitar un desastre en caso de que el deshielo liberara un gran trozo del glaciar y, con ello, miles de metros cúbicos de agua sobre el valle que está justo abajo.

Altar, Notre Dame du Lac.

asomarse a echar un vistazo, con sus vivos tonos azules y dorados decorando paredes y techos, motivos en espiral en las paredes y un par de ángeles pintados sobre el altar. Esta capilla se construyó para dar un cálido recibimiento a los fieles y proporcionar refugio del riguroso tiempo alpino.

05 Alrededor de 1 km a las afueras de Servoz, se cruza la carretera por la Rte de Vaudagne y se empieza una ascensión con algunas curvas muy cerradas. Puede que se empiece a sudar, pero a partir de aquí ya se ve el mítico Mont Blanc, que, con 4807 m, es la montaña más alta de Europa occidental y un sueño para los alpinistas. También se pueden ver los picos de Les Drus y, si se tiene buen ojo, la Aiguille du Midi.

06 En Les Houches, la carretera se convierte en una vía verde ciclista, lo que es una buena noticia, ya que se preferirá mirar hacia el cielo y no a la carretera. A la derecha, el Glacier des Bossons se extiende ladera abajo por la montaña. A mayor altitud, más cerca del Mont Blanc, abundan los glaciares, pero este deja sentir su presencia cerca del fondo del valle.

07 Se termina el trayecto de ida en Chamonix, el centro de alpinismo más importante de Europa. No solo está a las puertas del Mont Blanc, sino también de decenas de otros picos que seducen tanto a escaladores como a esquiadores. Durante todo el año, se pueden ver competiciones de escalada, esquí y *trail running,* o participar en ellas. Todas las grandes marcas francesas e internacionales de deportes al aire libre están presentes en la calle principal. También es posible comprar un helado en Chamon'ice y dar una vuelta por el encantador centro, o probar una cerveza en la Micro Brasserie de Chamonix-MBC.

08 Para volver a St-Gervais-les-Bains-Le Fayet, se toma el pequeño tren rojo en la estación central o se vuelve pedaleando sin muchas complicaciones, ya que casi todo el trayecto es en ligera pendiente cuesta abajo.

Una pausa

Al borde del bosque y del pueblo de Servoz se hallan las fascinantes cascadas de la **garganta de la Diosaz.** Hay que aparcar la bici y pagar una pequeña tarifa de entrada (menos de 7 €) para recorrer a pie el desfiladero.

Unos cuantos puentes y escaleras hacen que sea una visita tranquila y segura. Debido a las escaleras, el sitio no es accesible para gente con movilidad reducida, pero sí para niños. A lo largo del paseo hay carteles explicativos sobre la flora y la fauna del lugar.

Glaciar Mer de Glace.

Imprescindibles de Chamonix

Considerada la capital francesa del alpinismo, Chamonix es un encantador y ajetreado centro de montaña.

Incluye unos cuantos clásicos que los primerizos no deberían perderse. Primero, el teleférico, que sube desde el centro urbano hasta la Aiguille du Midi (3500 m). Después, el glaciar Mer de Glace, accesible en verano y otoño a pie (2-3 h ida) o con un corto trayecto en un tren de época.

Por último, si las piernas aguantan, la excursión hasta el Lac Blanc, en cuyas aguas se reflejan las montañas circundantes espectacularmente.

Otras propuestas

Pantano de Roselend.

BURLET FLORENT/SHUTTERSTOCK ©

Etapa 1
De Thonon-les-Bains a Bourg-St-Maurice

DURACIÓN	DIFICULTAD	DISTANCIA
3-4 días	Alta	175 km

Se pueden concatenar casi todas las propuestas de este capítulo embarcándose en una aventura ciclista por la Route des Grandes Alpes.

Entre Thonon-les-Bains y Niza, a 720 km de distancia, la Route des Grandes Alpes atrae a ciclistas de todo el mundo. La primera ciudad después de Thonon-les-Bains es Annecy y su reluciente lago, y el primer gran reto, la larga ascensión hasta el puerto de montaña y la meseta de Semnoz, en el macizo de Bauges. Luego, se penetra en el macizo de Beaufortain. Se pasa por la presa de Roselend y se pedalea hasta el puerto de montaña de Roselend para adentrarse en las tierras altas.

Etapa 2
De Bourg-St-Maurice a Modane

DURACIÓN	DIFICULTAD	DISTANCIA
2-3 días	Alta	104 km

Bourg-St-Maurice es el punto de partida de esta incursión al corazón de los Alpes franceses, quizá con un día de descanso para hacer una ruta por el valle de Tarentaise y disfrutar del soleado pueblo de Aime.

De nuevo en el sillín, se va a Val Cenis. En el centro del valle de Haute Maurienne, es hora de atravesar Val d'Isère y el puerto de montaña del Iseran (2764 m). Muchos de estos puertos no están abiertos todo el año. La Route des Grandes Alpes es accesible de junio a septiembre. Se podría planificar la ruta para coincidir con el día cuando los puertos reabren al tránsito de vehículos y bicis. Es divertido ser uno de los primeros ciclistas de la temporada en una carretera.

'Fondue' con setas silvestres.

Etapa 3
De Modane a Alpe d'Huez

DURACIÓN	DIFICULTAD	DISTANCIA
2-3 días	Alta	109 km

Entre los edificios de piedra gris oscura de Modane, hay partes menos turísticas de los Alpes. Aquí no se está lejos de la frontera, de ahí esa clara influencia italiana.

Lejos de las principales líneas de transporte y al final de una serpenteante carretera, esta es una zona tranquila, apartada de los problemas del mundo. Se pueden probar platos saboyanos como la *fondue* con setas silvestres o un guiso de cordero que es una especialidad de la región de Maurienne. Por estas lindes prosperan la fauna y las carreteras empinadas. Pero, tras una semana pedaleando, los más de 1000 m de ascenso acumulado del día empiezan a parecer algo normal. Esta hermosa ruta abarca los puertos de montaña más venerados de los Alpes.

Etapa 4
De Alpe d'Huez a Briançon

DURACIÓN	DIFICULTAD	DISTANCIA
1-2 días	Alta	73 km

Para esta ruta se pueden contratar guías y reservar el traslado de equipaje y el alquiler de bicis a través de una empresa. Butterfield & Robinson es de gran ayuda para los ciclistas primerizos en viajes largos.

¿Es el cansancio o el deseo de quedarse para siempre en estas montañas lo que ralentiza el avance hasta Briançon? Desde el puerto de montaña de La Croix-de-Fer (2064 m) se puede llegar a Alpe d'Huez vía parte de la ruta del valle de Oisans (p. 114) y las famosas 21 curvas hasta la estación de esquí. Todavía quedan dos puertos más hasta Briançon: Sarenne (1099 m) y Lautaret (2057 m). Desde Briançon, el tren nocturno de época a París pondrá el broche de oro a este viaje sin prisas.

HAUTE-LOIRE
Montagne Protestante
Lamastre
Romans-sur-Isère
Valence
ARDÈCHE
Parc Naturel Régional du Vercors
Mont Aiguille
Drac
Romanche
Alpe d'Huez
Glacier du Mont du Lans
Barre des Écrins
Briançon
ITALIA
ALPES FRANCESES
Parc National des Écrins
Durance
Parc Naturel Régional du Queyras
FRANCIA
HAUTES-ALPES
Ródano
DRÔME
Aubenas
Montélimar
Montmaur
Gap
Lac de Serre-Ponçon
Tête de Siguret
Ubaye
Le Restefond
Gorges de la Ligne
Ardèche
Gorge de l'Ardèche Réserve Naturelle
Serres
Buëch
Vallée de la Blanche
La Tête de la Sestrière
Val d'Allos
Cime de la Bonette
ENCLAVE DES PAPES
Nyons
Gorges de l'Ardèche
Ródano
Gorges du Toulourenc
Mont Ventoux
PROVENZA
Sisteron
Reserve Geologique de Haute Provence
Parc National du Mercantour
Bagnols-sur-Cèze
GARD
Ardèche
Orange
Mont Serein
Sault
22
Prieuré de Ganagobie
Bléone
ALPES DE HAUTE-PROVENCE
St-Andre-les-Alpes
Gorges de Daluis
Carpentras
VAUCLUSE
Gard
Aviñón
Sorgue
Plateau de Vaucluse
Colorado Provençal
Plateau de Valensole
Les Gorges du Gardon
Ródano
Durance
Castellane
Asse
Maubec
25
Lac de Ste-Croix
27
Loup
Nimes
Tarascon
Massif du Luberon
Durance
Verdon
Gorges du Verdon
Artuby
Parc Naturel Régional des Alpilles
St-Gilles
Arles
Canal del Ródano a Sète
Gran Ródano
BOUCHES-DU-RHÔNE
Salon-de-Provence
Mont Sainte-Victoire
St-Paul-lès-Durance
Bois de Frannes
Gorges de Pennafort
Massif de l'Esterel
Pequeño Ródano
Étang de Vaccarès
Pequeña Camarga
Aix-en-Provence
Puyloubier
Argens
Fos-sur-Mer
Étang de Berre
Vitrolles
VAR
Golfo de Fréjus
26
Saintes-Maries-de-la-Mer
Étang de Galbert
Port de Bouc
24
L'Estaque
Massif de la Ste-Baume
St-Maxime
Golfo de Fos
Marsella
La Sauvette
St-Tropez
Parc Naturel Régional de Camargue
Carry-le-Rouet
Aubagne
Cap Camarat
Mont Puget
Cassis
Mont Faron
Le Lavandou
Domaine du Rayol
Cap Croisette
Ollioules
Toulon
Hyères
Île du Levant
Îles des Embiez
Porquerolles
Îles de Porquerolles
23
Mar Mediterráneo
0
50 km

ASTRIDLIKE/SHUTTERSTOCK ©

La Ciotat (p. 169).

Provenza y la Costa Azul

Explorar

Provenza y la Costa Azul

Famosas por sus pueblos, sol, cultura mediterránea y actitud relajada, Provenza y la Costa Azul esconden cientos de aventuras ciclistas. Hay que evitar las grandes ciudades y pedalear por las carreteras secundarias a través de los paisajes llenos de olivos, campos de lavanda, árboles frutales y maquia de color verde intenso que han inspirado a pintores, escritores y románticos a lo largo de los siglos. Cada rincón de Provenza tiene su propia historia y, en cualquier época del año, se puede disfrutar de las orillas de la Camarga, las mesetas de Vaucluse, las gargantas del Verdon y las islas de la internacionalmente concurrida Costa Azul.

Costa Azul

Con sus resplandecientes arenas doradas y aguas azules, la Costa Azul se llena de amantes de la playa en verano. Con el discurrir de los años, los visitantes también se han ido desplazando hacia el interior de Provenza. Así, por los alrededores de Aix-en-Provence, el Luberon y el Verdon, muchos veraneantes visitan los pueblecitos cimeros, campos de lavanda y formaciones rocosas naturales de la región. Pero, en Provenza, aún quedan lugares por descubrir y, a veces, con una buena planificación, hasta se pueden disfrutar los más turísticos pero de otra manera. En bici es una de las formas más divertidas de descubrir la Costa Azul.

Provenza

La historia agrícola del interior de la región, donde los pequeños agricultores necesitaban llegar a sus campos desde los pueblos y ciudades, explica que haya tantas carreteras secundarias. El tráfico de coches suele limitarse a las carreteras departamentales más grandes, haciendo que estas calzadas secundarias estén tranquilas y que muchos itinerarios ciclistas oficiales se aprovechen de ello. Muchas vías verdes por antiguas vías férreas también ofrecen rutas seguras por las que pedalear, como la Voie Verte du Calavon.

Gastronomía

Cada región de Francia tiene sus especialidades gastronómicas. En Provenza destacan las frutas

CUÁNDO IR

La mejor época para visitar Provenza es en temporada baja, con inviernos suaves, primaveras templadas cargadas de cultivos y otoños impregnados de color y actividad agrícola. También se puede ir en verano, pero entonces habrá que ponerse en marcha temprano y llevar mucha agua para combatir el calor (y evitar las hordas de turistas).

y verduras, que se venden en los mercados de productores locales. Un sustancioso plato que hay que probar es la *daube provençale* (estofado de buey y verduras) o su versión camarguesa, la *gardiane de taureau* (con carne de toro). Para picar algo o hacer un pícnic, se pueden comprar *crottins de chèvre* (pequeños quesos de cabra), *tapenade* de aceitunas, *calissons d'Aix* (pastelitos de almendra y fruta confitada) o *nougat* de Sault.

Porquerolles

Los lugareños son amables una vez que se rompe el hielo. Se podrá refrescar el francés, pero si se escucha atentamente se notará el fuerte acento local. Mientras se pedalea por los pueblos del Luberon se verán casas típicas, desde *mas* (masías provenzales) hasta pueblos enteros construidos con piedra seca, como Lacoste. Y la naturaleza nunca queda demasiado lejos: la isla de Porquerolles ofrece preciosas vistas de la costa, mientras que en las gargantas del Verdon se estará rodeado de montañas y matorral. Provenza y la Costa Azul reciben a ciclistas todo el año, principalmente fuera del verano, y pedalear por esta tierra es una de las formas más sencillas de conocerla, por supuesto, desde un ángulo diferente.

TRANSPORTE

Los principales centros de transporte para estas rutas son Hyères (accesible desde Niza), Aix-en-Provence, Aviñón y Arlés (desde Marsella y Lyon). Las líneas de autobús de Zou! son útiles, y con el tren TER de la costa se puede ir donde se necesite. Pero con un coche (o una bici eléctrica) es más fácil visitar pueblos pequeños.

EVENTOS

Jazz à Porquerolles

El festival de *jazz* de julio en la isla de Porquerolles.

El Tour

Muchos años, el Tour de France pasa por el Mont Ventoux.

Fêtes de Village

De finales de primavera a principios de otoño, cada pueblo del Luberon celebra su feria con música, comida y petanca.

Fête des Gitans

Gran fiesta religiosa en mayo en Stes-Maries-de-la-Mer.

DÓNDE ALOJARSE

En Provenza, es posible dormir en una *ecogîte* (B&B ecológico) o en un *camping à la ferme* (*camping* en una granja). Los grupos grandes pueden alquilar un típico *mas* (masía provenzal). En la costa, las opciones de alojamiento suelen ser apartamentos de playa, a menudo con estilos tan demodés que vuelven a estar de moda.

En plan más urbanita, se podría optar por un hotel-*boutique* o un Airbnb en Aviñón, Aix-en-Provence o Toulon. Pueblos como L'Isle-sur-la-Sorgue, Moustiers-Ste-Marie, Puyloubier o Arlés son más tranquilos y están más cerca de las cabeceras de algunas rutas.

Recursos

Provence à Velo (provence-a-velo.fr) Asociación local con sugerencias de itinerarios, alquiler de bicis y puntos de interés.

Vélo Loisir Provence (veloloisirprovence.com) Asociación ciclista con itinerarios por el sur de Francia, con especial hincapié en el Luberon y el Verdon.

22

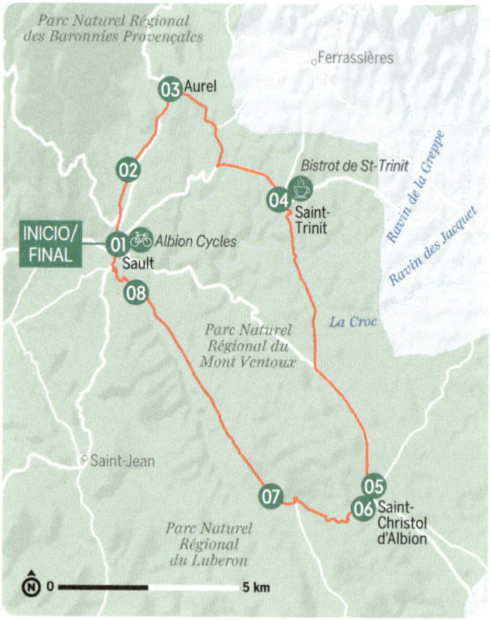

Meseta de Sault

DURACIÓN	DIFICULTAD	DISTANCIA	INICIO/FINAL
2-3 h	Media	33 km	Sault

TERRENO	Carretera asfaltada

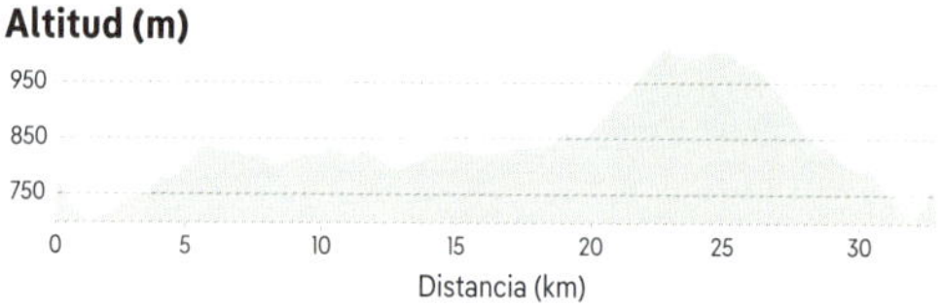

Esos vastos campos morados que tantos viajeros quieren ver en Francia están sobre todo en la meseta de Valensole, ¡pero no solo allí! Para una excursión por aromáticas plantaciones de lavanda, la meseta de Sault es una opción más tranquila y menos abarrotada que Valensole. En esta ruta circular desde el pueblo de Sault aguardan tres pueblos y un sinfín de estimulantes vistas.

Alquiler

Albion Cycles (albioncycles.com), en Sault, tiene una amplia gama de bicis convencionales, eléctricas, infantiles y de carreras, así como remolques. Hay que reservar. En primavera y verano abre a diario.

Punto de partida

En el centro de Sault, excepto en temporada alta, hay mucho aparcamiento gratis. La ruta arranca desde la plaza del pueblo por la D164; hay que seguir los carteles ciclistas con una pegatina del número “23”.

01 El pueblo de Sault se asienta en lo alto de una colina en una meseta al este del Mont Ventoux. Sobre todo en verano, los ciclistas harán bien en salir lo antes posible para evitar el sofocante calor de mediodía. Aun así, se podrá parar en la Confiserie André Boyer, que abre temprano, para tomar un café y un bollo. Famosa por su *nougat* provenzal, *macarons* de almendra y nubes tradicionales *(guimauve),* la confitería también exhibe el sello de “Accueil Vélo”, por lo que los ciclistas pueden entrar a rellenar sus botellas de agua o usar sus instalaciones aunque no compren nada.

Mont Ventoux.

Ideal para

LAVANDA

El mítico Mont Ventoux

Los aficionados al Tour seguramente ya estarán familiarizados con el “gigante de Provenza”, 18 km al oeste de Sault.

El Mont Ventoux (monte ventoso) suele formar parte de la gran carrera ciclista. Es posible culminarlo por tres rutas distintas: desde Malaucène, Bedoin o Sault.

La más sencilla es la que sale de Sault, y la más difícil, con un desnivel medio del 7%, la de Malaucène. Durante más de 200 días al año, el mistral azota sus laderas, manteniéndolas desnudas y rocosas.

02 Este es un itinerario diseñado por Vélo Loisir Provence. Hay que seguir los pequeños iconos de una bici con el número "23". El itinerario prioriza las carreteras secundarias nada más salir de Sault. En lugar de por la D164, se permanece en el sendero ciclista para tomar una pequeña carretera secundaria que en muchos mapas figura como "Lavender Trail". En mayo, junio y julio, estos campos se tiñen de morado. El valle que hay por debajo bulle de actividad agrícola mientras las familias disfrutan de las villas provenzales y los excursionistas pasan el día entre las flores.

03 Pronto la ruta empieza a ascender y el Lavender Trail converge con la D942 en Aurel. En lo alto del pueblo hay una iglesia de estilo románico tardío, de finales del s. XII; no siempre está abierta, pero, si lo estuviera, repárese en la nave sur. Tras el alto y un trago de agua en los jardines de la iglesia, con vistas al valle, se retoma el pedaleo.

04 Rodeado por las curvas de las colinas, descender por la ligera pendiente más allá de Aurel es como sumergirse en un mar de trigo. Tras una suave subida hacia el pueblo de St-Trinit, ya se debería haber entrado en calor. Con menos de 200 habitantes permanentes, es increíble que un lugar como el Bistrot de Saint-Trinit se las apañe para seguir abierto. Su reducida carta, con platos como cerdo local de montaña o *wok* de verduras de temporada, está concebida para que los comensales puedan hacerse una idea de la gastronomía local.

05 Desde el céntrico bistró, se sigue por la D95 y, luego, por la D30 hasta llegar a St-Christol d'Albion. Al cruzar los bosques y el centro de la meseta de Albion, el ciclista se sentirá cerca de la naturaleza y, de pasar por aquí a primera hora de la mañana o al atardecer, quizá se vea algún ciervo.

06 En el cruce de St-Christol, si ya fallan las fuerzas, se puede girar a la derecha en lugar de a la izquierda y regresar a Sault por la D30. Al parecer, el complejo militar que hay a la izquierda albergó armas nucleares durante la Guerra Fría. Actualmente, la presencia militar se deja sentir mediante los enormes radares en el cruce y un puñado de modernas viviendas en el pueblo.

07 Se gira a la derecha y se cruza el pueblo de St-Christol por la pequeña carretera llamada "Le Cours". Al final de esta, se toma a la izquierda e, inmediatamente, a la derecha. En la señal de *stop,* se gira a la derecha y se empieza a pedalear cuesta arriba. Durante los siguientes 3 km puede que el ciclista se pregunte

OLEG ZNAMENSKIY/SHUTTERSTOCK ©

Campo de lavandín, meseta de Sault.

Una pausa

Una encantadora iniciativa del país es la del sello "Bistrot de Pays", que se concede a restaurantes que fomentan el espíritu de la región, conservan las tradiciones y promueven la vida rural. Estos bistrós preparan recetas locales con ingredientes de cercanía. En el pueblo de St-Trinit hay uno de estos lugares, el **Bistrot de St-Trinit,** que además tiene terraza, ideal para disfrutar de un rico menú de almuerzo de temporada (entrante, principal y postre) que entre semana solo cuesta 22 €.

por qué no tomó la D30 de vuelta a Sault, pero al atravesar Brouville y seguir por la D245 aguarda lo mejor de la ruta: fabulosos campos de lavanda que se extienden durante kilómetros y el imponente Mont Ventoux, el "gigante de Provenza", en el horizonte. ¡Volver a toda velocidad cuesta abajo hacia Sault puede ser apasionante!

¿Lavanda o lavandín?

A los provenzales les encanta señalar la diferencia entre lavanda y lavandín.

Las hileras de color morado vivo que se ven en Instagram suelen ser de lavandín, un híbrido natural de dos variedades de lavanda.

El lavandín, que crece mejor a menor altitud, se usa con fines industriales, como en jabones o aceites esenciales. Por su lado, la lavanda es de color morado grisáceo y no morado vivo, y se usa principalmente en perfumería y para aceites esenciales de primera categoría. Ambas variedades tienen propiedades medicinales y una amplia diversidad de usos.

08 Unas cuantas curvas en zigzag y se estará de vuelta en Sault. Y tras completar la ruta toca celebrarlo. De ser miércoles, se podría ir a comprar al mercado semanal. Desde el s. XVI, en la plaza del pueblo se reúnen productores, y compradores, y actualmente todavía acoge un mercado todo el año.

23

Ideal para

PLAYAS

Porquerolles

DURACIÓN	DIFICULTAD	DISTANCIA	INICIO/FINAL
2-3 h	Baja	15,2 km	Pueblo de Porquerolles
TERRENO	Caminos de tierra y ripio		

DAVID C TOMLINSON/GETTY IMAGES ©

Porquerolles.

La isla de Porquerolles, una de las joyas de la Costa Azul, es un pequeño y accesible paraíso de playa. Y, como muchos otros lugares de este famoso litoral, atrae a grandes multitudes en verano. Sin embargo, en primavera, otoño e incluso invierno, la isla esconde muchos secretos y placeres para quien esté dispuesto a pedalear. Una corta ruta de 15 km por ella abre las puertas de calas rocosas, fuertes y faros.

Alquiler

En la isla hay más de una docena de tiendas de alquiler de bicis similares. Lo mejor es reservarla con el billete del ferri, y así se estará seguro de tener una cuando se llegue a Porquerolles.

Punto de partida

Se recoge la bici tras desembarcar del ferri: el nombre de la tienda de alquiler aparecerá en el recibo. Se comprueban los neumáticos y los frenos y se inicia la ruta.

01 El pueblo portuario de Porquerolles, con una docena de restaurantes y otras tantas tiendas de alquiler de bicis, queda enseguida atrás en cuanto se sale por el Chemin du Phare. En el primer cruce, hay que tomar a la izquierda por el Chemin de la Courtade. El primer punto de interés aparece a la izquierda a menos de 1 km: un molino recuperado que, en ocasiones especiales, aún muele trigo. También ofrece vistas panorámicas del puerto y el pueblo.

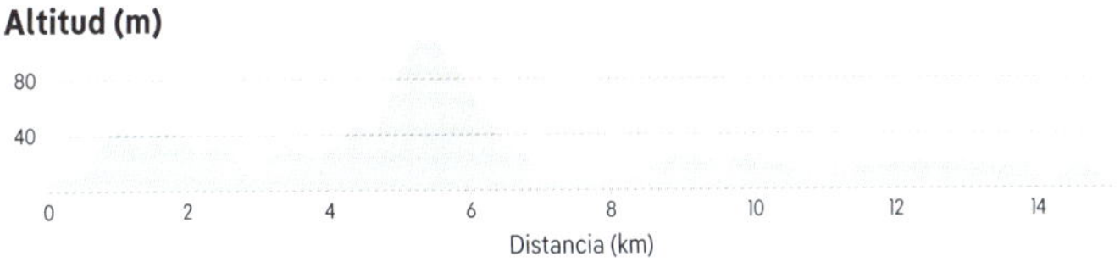

EILEEN KUMPF/SHUTTERSTOCK ©

Molino de viento, Porquerolles.

02 Desde el molino se vuelve al cruce y se toma la Piste de l'Oustaou de Diou, o se siguen los carteles de "Oustaou de Diou". Cuando hay tormenta, el camino se embarra y los primeros 100 m pueden ser complicados. Antes de llegar a la cala de Oustaou de Diou hay una zona para estacionar la bici. Estas zonas señalizadas están gestionadas por el parque para que los ciclistas no apoyen las bicis en frágiles árboles, dunas o arbustos. La cala aguarda a solo 30 m de la vía ciclista. Las paredes de roca hacen que parezca bastante estrecha, pero si el viajero se adentra un poco en el mar verá que las paredes dejan paso a una bonita ensenada.

03 Tras salir de la cala, se cruzan los viñedos de Domaine de la Courtade, una de las tres bodegas de la isla. Se puede parar a catar sus vinos ecológicos en la *cave,* en el lado oeste de los viñedos. La isla es famosa por sus rosados. A diferencia de otros rosados, los de Porquerolles son considerados *rosés de repas* (de calidad suficiente como para acompañar una buena comida).

04 Se vuelve a la bici y se sube hasta el Fort de la Repentance. Construido a mediados del s. XIX, el fuerte actualmente está gestionado por una congregación de monjes y solo el exterior es accesible al público. Funciona como monasterio y es custodiado por un solo religioso, normalmente durante años. Hay que tener esto presente mientras se pasea por fuera y se contemplan las vistas.

Cicloturismo

Porquerolles fue uno de los primeros lugares en adoptar el cicloturismo al darse cuenta de que la bici ofrecía a los visitantes muchas posibilidades en una islita casi sin coches. De hecho, como Porquerolles es un parque natural regional, conseguir un permiso para llevar el coche es complicado y sale caro, incluso para sus habitantes.

Esta restricción del uso del automóvil preserva un ambiente de tranquilidad y cercanía a la naturaleza, sobre todo en comparación con las frenéticas carreteras de la Costa Azul. ¿Se podría seguir el ejemplo de Porquerolles en el continente? Ciertas poblaciones ya están instaurando días solo para ciclistas y, desde Niza hasta Marsella, los días sin coche están ganando popularidad.

MAJONIT/SHUTTERSTOCK ©

Gaviota en Porquerolles.

05 Al salir del fuerte se pedalea cuesta abajo hasta uno de los ejes principales de la isla: la Piste-du-Cap-des-Mèdes. Para llegar a este cabo, el mejor mirador de la ruta, hay que pedalear varios kilómetros junto a la arenosa orilla y las resplandecientes aguas de la popular playa de Notre-Dame.

06 Hay un empinado trayecto cuesta arriba hasta la Batterie des Mèdes. Al llegar se pueden visitar partes del exterior de la batería, que está siendo restaurada. Empezó a construirse a principios del s. XIX, y durante la II Guerra Mundial sirvió para defender el flanco este y sur de la isla, y el "Grand Passe", un pasaje que conduce a la costa. El propio Cap des Mèdes es una joya. Por debajo hay una pequeña playa de arena oscura. En las rocas al borde de los acantilados se pueden ver gaviotas y pardelas cenicientas anidando. También hay vistas de los jardines submarinos de Porquerolles, sitios de submarinismo y buceo con tubo que sumergen a los bañistas en un mundo completamente distinto.

07 En el tramo de vuelta desde el Cap des Mèdes hasta el puerto resulta difícil perderse. Se pasará por segunda vez por la playa de Notre-Dame. Puede que este sea un buen momento para parar y disfrutar durante un rato de sus aguas poco profundas. Estas bahías están orientadas hacia la costa continental, por lo que las aguas suelen estar en calma y son aptas para las familias.

08 Tras dejar Notre-Dame de vuelta al puerto, puede que el rodador se vea tentado a apearse de nuevo de la bici en la playa de la Courtade, ideal para darse otro baño y contemplar los yates en la bahía. Pero hay que asegurarse de estar de vuelta a tiempo para tomar el ferri, aunque, de quedarse atrapado una noche en una isla, Porquerolles bien podría considerarse como el lugar ideal.

Una pausa

Las resplandecientes aguas de la playa de Notre-Dame cautivan con sus tonos azul brillante, oscuro, celeste e incluso verdoso. Situada en la bahía de Alycastre, es una de las más largas de la isla, aunque en verano se llena. Sin embargo, puede estar menos abarrotada que la playa d'Argent, que es la única de la isla con bar, o que la de Courtade, junto al puerto.

WATERFRAME/ALAMY STOCK PHOTO ©

Pecio frente a la isla de Porquerolles.

Esnórquel

Tras una ruta ciclista por la isla, lo que toca es hacer *randonnée palmée* (buceo con tubo).

Solo hay que conseguir aletas, gafas y tubo, y comprobar qué ocurre bajo el agua.

Las tres islas de Hyères, de las cuales Porquerolles es la más grande, albergan una gran actividad submarina.

Cualquier cala es un buen punto de inmersión para una exploración subacuática. Entre los peces más abundantes hay pequeños blénidos, brillantes chuclas y grandes lubinas.

24

Ideal para

CÉZANNE

Ruta de Cézanne

DURACIÓN	DIFICULTAD	DISTANCIA	INICIO/FINAL
3-5 h	Alta	44 km	Aix-en-Provence

TERRENO	Carretera asfaltada

STERLING IMAGES/SHUTTERSTOCK ©

Aix-en-Provence.

Esta ruta permite sumergirse en un lienzo mientras se pedalea desde Aix-en-Provence. Olivos, vides, almendros, plátanos de sombra y la imponente montaña Sainte-Victoire se cuentan entre los temas más recurrentes del gran pintor pre-cubista Paul Cézanne. Visitar pueblos, disfrutar de la cocina local, catar vinos con DOP Côtes de Provence Ste-Victoire y explorar los cañones rojos del parque de Roques Hautes: esta ruta es ideal para quienes buscan inspiración.

Alquiler

En el centro de Aix, Axprit Vélo (aixpritvelo.com) tiene bicis convencionales y eléctricas. En Le Tholonet, Stations Bee's (stationsbees.com) solo las alquila eléctricas. Ambos abren a diario en primavera y verano.

Punto de partida

Hay dos opciones: desde Aix-en-Provence, y de paso se visita su centro histórico antes de adentrarse en el bosque; o desde el pueblo de Le Tholonet, 6 km carretera abajo.

01 Aix-en-Provence es la capital histórica de Provenza, pero en unas cuantas pedaladas el ciclista se encontrará en la naturaleza y a los pies de la montaña Sainte-Victoire. De empezar en Aix-en-Provence, primero hay que cruzar las estrechas calles del casco antiguo. Sus edificios de piedra de color arena y lujosos *hôtels particuliers* le dan un aire distinguido a esta ciudad. Para llegar a la Route de Cézanne, hay que tomar la D17 siguiendo los carteles de Le Tholonet.

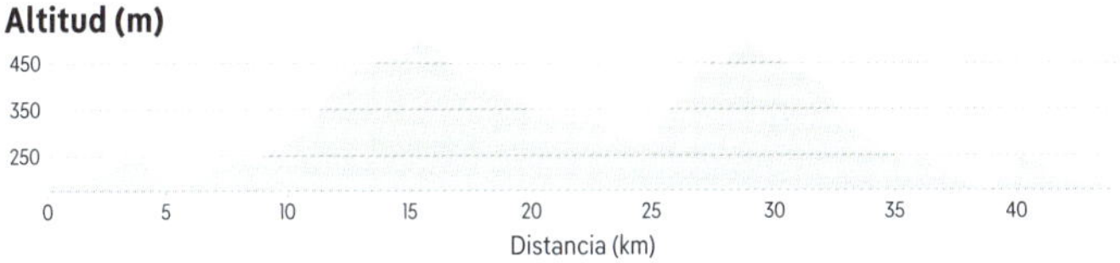

02 Cuando se llega a la Route de Cézanne, la carretera está flanqueada de árboles y serpentea frente a refinadas villas burguesas. Esta ruta es la única carretera de Francia declarada Monumento Histórico.

03 Hasta Le Tholonet, la ruta sube y baja suavemente, como pequeñas olas en el mar. En Le Tholonet, se disfrutará de un corto tramo llano, con campos de lavanda a la derecha. Los que decidan empezar aquí la ruta pueden alquilar la bici en Station Bee's, en el aparcamiento a la derecha de la carretera, poco después de los campos de lavanda.

04 A las afueras de Le Tholonet, a la izquierda, está el Moulin Cézanne, un molino de viento del s. XVII que ahora alberga una pequeña galería de arte con exposiciones que cambian cada pocas semanas. Abierta de 15.00 a 18.00, el lugar suele exponer la obra de artistas locales. La pequeña mesa a la sombra detrás del molino facilita hacer una pausa bajo los árboles.

05 Desde aquí todo es cuesta arriba o, al menos, eso parece. Uno de los colores más prominentes de Provenza en los cuadros de Cézanne aparece de repente a la izquierda: los ocres del parque de Roque Hautes. Estos pequeños cañones y barrancos son famosos por su color rojo óxido, toda una rareza en Francia.

Le Tholonet.

DOP Côtes de Provence Ste-Victoire

Los viñedos de Côtes de Provence Ste-Victoire están ubicados al pie de la montaña Sainte-Victoire. Entre los nueve pueblos incluidos en esta denominación se incluyen Le Tholonet, Puyloubier y Rousset.

El rocoso paisaje de la montaña Sainte-Victoire atenúa la intensidad del mistral, aunque aún sopla con suficiente fuerza como para proteger las vides de enfermedades. Estas ráfagas de viento ayudan a mantener secas las viñas, por lo que necesitan menos tratamientos con pesticidas o fertilizantes.

Los vinos con DOP Côtes de Provence Ste-Victoire tienen fama de ser unos de los más naturales de Francia.

06 Finalmente, el ciclista empieza a obtener la recompensa por su esfuerzo: vistas de la montaña Sainte-Victoire. En contraste con el cielo azul celeste, sus grises peñascos y barrancos resultan tan cautivadores que habrá que esforzarse por no apartar la vista de la carretera.

07 A partir del parque ya no queda mucha subida, al menos hasta el almuerzo. Desde la Maison Sainte-Victoire las vistas de la famosa montaña solo mejoran. De esta pequeña microrregión procede el vino, tinto o rosado, con DOP Côtes de Provence Ste-Victoire.

08 Si se tiene tiempo para hacer una cata, aquí se halla Domaine de Saint-Ser, rehabilitada con pasión por su propietario y convertida en una bodega biodinámica, un gesto respetuoso con la naturaleza en una región llena de colores y fauna.

09 El final del descenso termina en Puyloubier. En un espolón a 400 m de altura, este pequeño pueblo es ideal para almorzar o disfrutar de un pícnic. En el centro del pueblo, el restaurante ecorresponsable La Place ofrece una carta de temporada muy reducida con ingredientes ecológicos y locales.

10 Se sale del pueblo por la D57. En estos últimos kilómetros del tramo circular, la montaña Sainte-Victoire deja de estar a la vista, pero, a cambio, se pedalea junto a viñedos que se extienden hasta el horizonte. Se toma a la derecha la D56 para iniciar una empinada subida que zigzaguea hasta una colina. El mirador del Pas de Magnan ofrece una buena excusa para tomarse un respiro y recrearse con las llanuras.

11 En lo alto de la ascensión regresa la imponente presencia de la montaña Sainte-Victoire, que acompañará al ciclista mientras desciende de vuelta a la Route de Cézanne, esta vez para regresar sobre su rodada hasta Aix-en-Provence. La montaña, los cañones de color rojo ocre y los parduzcos olivos vistos desde otro ángulo casi hacen que parezca una ruta diferente. Y esto es lo que le encantaba a Cézanne de esta región: un cambio de día, tiempo, punto de vista o actitud, y las zonas de Aix-en-Provence y la montaña Sainte-Victoire revelan nuevos secretos.

Una pausa

Cerca del punto más alto de la primera ascensión larga, la **Maison Sainte-Victoire** ofrece fabulosas vistas de la montaña Sainte-Victoire. Un museo gratis sobre la historia, fauna y naturaleza de la zona recibe al visitante. Suele haber una exposición temporal, ya sea de un artista local, de importantes especies del parque o de algún juego interactivo.

Los fines de semana se ofrecen visitas guiadas gratis a diferentes zonas del parque; a veces salen desde la Maison y otras desde algún punto de encuentro cercano. El restaurante está bien para tomar un tentempié, aunque es mejor reservarse para Puyloubier.

Montaña Sainte-Victoire.

Los colores de Cézanne

Más de 80 cuadros de Paul Cézanne incluyen Sainte-Victoire. Como en esta ruta, las vistas de la montaña en sus cuadros siempre son desde el lado oeste.

Reconocido por su habilidad para capturar el verde grisáceo de los olivos, el rojo intenso de las cerezas y todos los tonos intermedios que definen la personalidad de Provenza, Cézanne le dio cierta fama a la región.

El hecho de que, más de un siglo después de su muerte, miles de admiradores sigan visitando Provenza para ver en persona los temas que inspiraron sus cuadros da testimonio de la grandeza de Cézanne como artista.

25

Ideal para

PUEBLOS

Le Petit Café, Oppède-le-Vieux.

Pueblos del Luberon

DURACIÓN	DIFICULTAD	DISTANCIA	INICIO/FINAL
4-5 h	Alta	48,5 km	Coustellet
TERRENO	Carretera asfaltada		

El Luberon, una tierra de "pueblos colgados", fuerte mistral, increíbles atardeceres y riqueza agrícola, representa una parte más tranquila de Provenza. Si se busca una mezcla de pueblos acogedores y naturaleza, esta región es ideal. Las llanuras y laderas del Luberon albergan más carreteras secundarias que las que se podrán recorrer con la bici, idealmente convencional o eléctrica. Ya solo queda organizarlo todo con la familia y empezar a descubrir las numerosas joyas de esta región.

Alquiler

Absolut' Bike Provence (absolutbikeprovence.com) tiene bicis convencionales y eléctricas de alta gama, parecido a Roue Libre (facebook.com/enrouelibreluberon). Ambas están en Coustellet; reservas anticipadas.

Punto de partida

Más un centro comercial en un importante cruce de caminos que un pueblo, Coustellet ofrece mucho aparcamiento y acceso directo a la Véloroute du Calavon, uno de los principales ejes de esta ruta.

01 Desde Coustellet, se toma la Véloroute du Calavon para salir del pueblo en dirección a Cavaillon. La ruta empieza entre viñedos y puede parecer que se vaya en la dirección equivocada, ya que el Luberon queda a espaldas del ciclista. Pero, tras 3,5 km, se dobla a la izquierda por Avenue Albert Camus para entrar en el primer pueblo de montaña de la ruta: Robion. Esta pequeña y tranquila localidad, con casas de piedra, está al pie del Petit Luberon, habitualmente a salvo de las hordas de turistas. El Café de la Poste, bajo plátanos de sombra, es muy popular entre los vecinos.

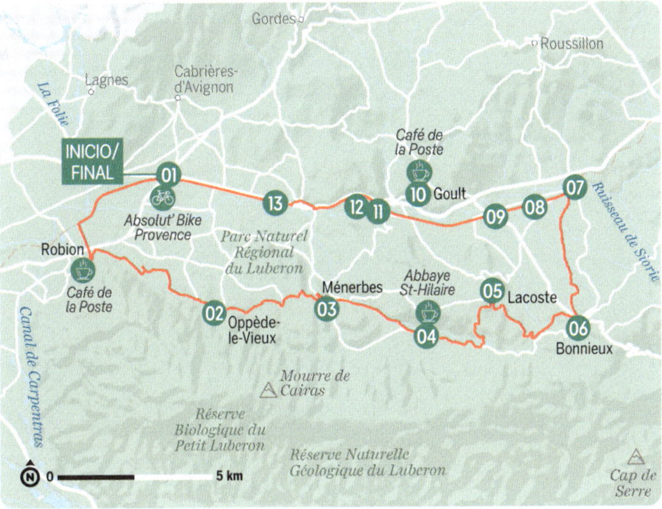

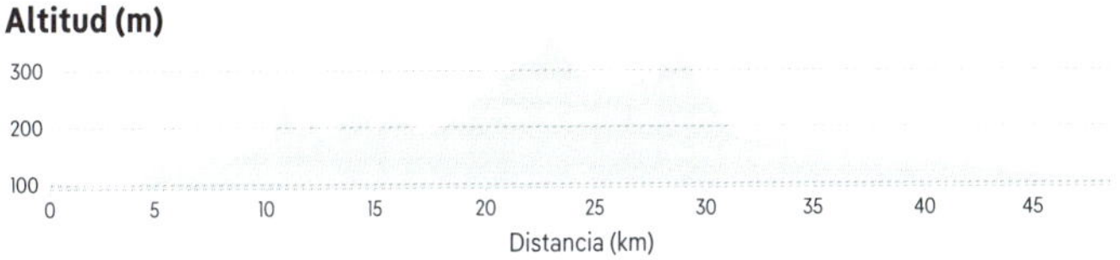

02 Se sale del pueblo siguiendo los carteles de "Luberon à Vélo" y se toma el Chemin de Maubec, en la base de la montaña. Lentamente, la ruta empieza a ascender y pasa por el extremo sur de Maubec. En su mayor parte a la sombra de robles, pinos y esporádicos cedros que crecen en esta parte de Provenza, la ruta resulta agradable hasta que de repente se empina hacia Oppède-le-Vieux. Detrás de Le Petit Café está el taller de cerámica y escultura de Olivia Tregaut y Denis Bouniard. Olivia está especializada en esculturas de animales. Se puede entrar a charlar con ella sobre su proceso artístico y admirar las obras de la pareja. Si no, se puede aparcar la bici y cubrir a pie las últimas curvas hasta las ruinas del castillo.

03 La región agrícola de Vaucluse es famosa en Francia por tener el mayor número de carreteras secundarias y caminos del país, todo un regalo para quienes quieran pedalear por carreteras asfaltadas sin preocuparse demasiado por el tráfico. El siguiente tramo de la ruta discurre en dirección a Ménerbes y sigue sobre todo estrechas carreteras secundarias, siempre señalizadas con los carteles de "Luberon à Vélo". Hasta Ménerbes hay una serie de onduladas ascensiones. Si se tiene hambre, allí está el Bistrot le 5, una tranquila opción para almorzar con una carta mediterránea. Antaño un aletargado pueblo del Luberon, el libro *Un año en Provenza,* de Peter Mayle, lo hizo internacionalmente famoso.

CONSEJO:

Cinco cosas que hay que probar

Vinos locales con DOP Luberon y Ventoux.
Fruta confitada de la ciudad de Apt.
Melón de Cavaillon.
'Tapenade' de aceitunas.
'Soupe au pistou' (sopa de verduras y pesto).

Las estaciones en el Luberon

Verano es la temporada alta en Provenza, pero el Luberon ofrece tantos placeres fuera de temporada que cada vez más viajeros lo visitan entonces.

Invierno En un ventoso día de mistral, los ciclistas harán bien en quedarse en casa, pero el mismo viento despeja los cielos y da paso a resplandecientes atardeceres de tonos morados y rosas.

Primavera Almendros y cerezos en flor, mucha actividad agrícola y apertura de los mercados de productores locales.

Otoño Los viñedos se tiñen de vivos tonos rojos y naranjas, que contrastan fuertemente con el verde de la maquia.

Una pausa

Muchos restaurantes del Luberon se llaman Café de la Poste. En los pueblos franceses, correos está siempre en el centro. De ahí que los restaurantes del centro suelan adoptar tal nombre para denotar su céntrica ubicación. Tanto **Robion** como **Goult** tienen un excelente Café de la Poste, con una carta cambiante, precios razonables y platos como tartar de ternera o atún, *daube* provenzal, tarta de endibias, *panna cotta* de espárragos, brandada de bacalao o *clafoutis* de cerezas.

04 El bosque y la maquia van disminuyendo durante los siguientes 5 km mientras se pedalea hacia Lacoste. En pleno verano, aquí puede hacer mucho calor, pero las vistas de los olivos, cerezos, almendros y algún que otro esporádico campo de lavanda son el precio justo a pagar. Antes de llegar a Lacoste, se hace un desvío hasta la antigua abadía de St-Hilaire. Más tranquila que la popular abadía de la Senanque cerca de Gordes, al otro lado de la llanura, St-Hilaire, del s. XIII y muy bien restaurada, está en plena naturaleza. Hay que consultar en línea las fechas de apertura.

05 En la ladera norte del Luberon está Lacoste. En la década del 2000, gran parte del pueblo estaba en ruinas, incluido el castillo utilizado en los ss. XVIII y XIX por el marqués de Sade. En medio de no poca polémica, un empresario francés compró y restauró más de 40 propiedades, pero no las alquiló. Aun así, el pueblo emana un tranquilo encanto. Sus estrechas y empinadas calles ofrecen sorpresas a la vuelta de cada esquina: ya sea a través de las delicadas curvas de una enredadera o de un pasaje abovedado medieval, este pueblo de piedra tiene muchas historias que contar.

06 Para un poco más de actividad, se desciende por la D109 siguiendo los carteles de "Luberon à Vélo" y se asciende hasta Bonnieux, una de las joyas de los "pueblos colgados" del Luberon, cuyas calles se llenan de visitantes cada verano. Los viernes por la mañana, el mercado se llena de agricultores y artesanos locales que venden sus productos. También hay media docena de restaurantes, pequeñas tiendas y un impresionante mirador con vistas de la llanura. Como en un caleidoscopio, las vistas de las montañas de Vaucluse, al otro lado de la llanura, van cambiando según el pueblo que se visite.

07 Se cruza el río Calavon por el romano puente Julien, del año 3 d.C. Sus grandes arcos permiten que las crecidas repentinas fluyan a través de ellos sin dañar la integridad de la estructura. De hecho, estos arcos son uno de los motivos por los que el puente ha logrado superar la prueba del tiempo.

08 Tras cruzar el puente se inicia el regreso a Coustellet. A partir de aquí se sigue el río Calavon. Aunque el nivel del agua pueda parecer bajo, antaño la nieve derretida de los Alpes o las tormentas podían

GORDON BELL/SHUTTERSTOCK ©

Viñedo del Luberon.

DOP Luberon vs. DOP Ventoux

El norte del Luberon cuenta con dos denominaciones: DOP Luberon y DOP Ventoux.

En la primera, son suelos arenosos y arcillosos alrededor del río Durance. Los vinos blancos de esta denominación suelen tener un sabor fresco y mineral. En la segunda, se trata de pedregosos suelos ricos en calcio por debajo del Mont Ventoux, que se benefician del cálido clima mediterráneo y producen unos vinos afrutados, ligeros y flexibles, en su mayoría tintos garnacha y syrah.

Se puede parar a hacer una cata en la Cave de Bonnieux (llanura de Bonnieux) o en la Cave du Luberon (Coustellet).

PASCALE GUERET/SHUTTERSTOCK ©

Goult, el Luberon.

hacer que su curso se desbordara e inundara los campos de la llanura. Actualmente, un sistema de canales y presas mantiene constante el nivel del agua.

09 Si aún no se ha puesto el sol, se para en Cave de Bonnieux para hacer una cata de vinos. Desde hace más de un siglo, esta cooperativa vinícola compra las uvas de los viticultores locales para producir excelentes caldos. La región cuenta con dos DOP: Luberon y Ventoux. Una cata es la mejor manera de apreciar las diferencias entre ambas.

10 Desde este lado de la llanura, el Luberon ofrece un aspecto totalmente diferente. Mientras se pedalea hacia Lumières y Goult, el Luberon aparece a la izquierda como telón de fondo de espléndidos campos de trigo y lavanda. Al otro lado de la carretera departamental es posible echar un vistazo a las antiguas casas trogloditas excavadas en el acantilado. Algunas han sido restauradas como viviendas particulares. Si aún se busca un sitio para almorzar, se puede subir hasta el Café de la Poste, en el centro de Goult. Este pequeño desvío también ofrece vistas del valle desde una posición más elevada. Si ya ha pasado la hora del almuerzo, se puede reservar para cenar, que en verano habría que hacer al menos con un día de antelación.

11 Antes de volver a cruzar el Calavon, se para en el dolmen de l'Ubac. Esta tumba megalítica, construida entre el 3300 y el 2900 a.C., antaño contenía los restos de unas 50 personas de sexo y edades diferentes. En 1994, el desbordamiento del Calavon la dejó al descubierto. El dolmen estaba en grave peligro debido a la erosión y su historia podía ser borrada por la siguiente inundación. Un enorme proyecto arqueológico permitió desmontarlo y volver a ensamblarlo a 500 m de la orilla del río siguiendo el mismo diseño y usando los mismos métodos ancestrales.

12 Se dan unas cuantas pedaladas más y se hace una pausa bajo los árboles en la antigua estación de trenes de Goult. Mesas de pícnic a la sombra, un aseo y la estación encantadoramente restaurada hacen de este un lugar genial para una última pausa antes del tramo final de la ruta.

13 Tras 40 km pedaleando, los últimos 7 km podrían parecer un reto, pero lo que queda discurre ligeramente cuesta abajo hasta Coustellet.

Una pausa

No muchos sitios pueden presumir de pasar de ser sede religiosa a granja y, luego, a elegante monumento, pero eso es lo que le ha sucedido a la **abadía de St-Hilaire.** Se puede hacer una pausa en esta antigua abadía, magníficamente restaurada, un tranquilo rincón en el que resulta fácil imaginar la vida rural provenzal a través de los siglos. Regularmente se organizan visitas guiadas, aunque también es posible apreciar por libre su gran terraza, el jardín de vides, el jardín de los monjes, el patio interior y la capilla troglodita.

26

Ideal para

TIERRA Y MAR

KAVRAM/SHUTTERSTOCK ©

Saintes-Maries-de-la-Mer.

La Camarga

DURACIÓN	DIFICULTAD	DISTANCIA	INICIO/FINAL
2-3 h	Baja	28 km	Les Stes-Maries-de-la-Mer

TERRENO	Camino de tierra, a veces arenoso

Más tranquila que los clubes de playa de la Costa Azul, la región de la Camarga ofrece una mezcla equilibrada de *terre et mer* (tierra y mar). Uno puede escapar de las aglomeraciones de los pueblos y hacer un safari costero a pedales cerca de Saintes-Maries-de-la-Mer. Flamencos, caballos blancos camargueses y el Mediterráneo esperan ser admirados desde el manillar.

Alquiler

En Stes-Maries-de-la-Mer, Le Velociste (levelociste.fr), en Place Mireille, y Vélo Saintois (levelosaintois.com), en Avenue de la République, alquilan bicis.

Punto de partida

Las tiendas de alquiler están al otro lado de la calle del punto de partida, al este del pueblo. La ruta pasa por la playa de Stes-Maries-de-la-Mer y por el aparcamiento de Les Amphores.

01 El viajero se encontrará con mucha gente de paseo por las aceras y las vías ciclistas al salir de Stes-Maries-de-la-Mer. Cerca de Arlés y Montpellier, la Camarga es un destino de playa apto para las familias que durante todo el año atrae a mucha gente cuando luce el sol. Playas, humedales, flamencos rosas, toros negros y caballos blancos caracterizan esta singular región costera.

02 Tras los primeros kilómetros, el número de gente disminuye y hasta podría desaparecer por completo, con marismas a la izquierda

Altitud (m)

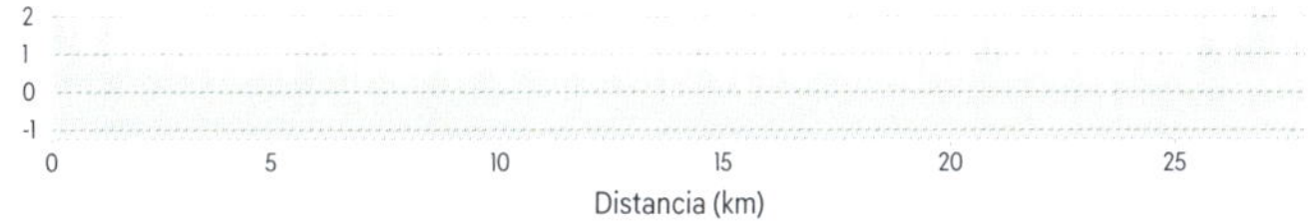

y el Mediterráneo a la derecha. Los circuitos guiados a caballo son uno de los nuevos usos de este animal camargués. Tradicionalmente se usaban para conducir las manadas de los famosos toros negros de la región. Esta cultura todavía perdura, y los *gardians* (vaqueros) de la Camarga son respetados en todo el mundo. Es probable cruzarse con grupos de visitantes a caballo. Aunque los caballos están acostumbrados a conducir ganado, las bicis podrían asustarlos, por lo que hay que respetar las distancias.

03 Esta ruta es sobre todo en línea recta y fuera de pista por la arena. No hay que sorprenderse si se ve salir de entre la maleza a observadores de aves con grandes prismáticos al cuello. Las lagunas más cercanas al mar albergan decenas de especies de aves. No es mala idea, pues, llevar unos prismáticos y, tras algún arbusto, observar aves que quizás nunca se hayan visto. Sin embargo, no siempre se necesitan prismáticos. El ave más famosa de la Camarga es una que puede que no se esperara encontrar en Francia: el flamenco. Rebuscando pequeños moluscos, algas e invertebrados entre el cieno, los flamencos de la Camarga son migrantes parciales: algunas bandadas emigran al norte de África en invierno y otras no. Se puede reflexionar sobre esto mientras se pedalea: ¿algunas bandadas o son perezosas o acaso saben algo que las bandadas migratorias ignoran?

Flamenco común.

La Fête des Gitans

Cada mayo, Stes-Maries-de-la-Mer se pone hasta la bandera de peregrinos gitanos.

Las calles y playas bullen de actividad para venerar a tres santas: santa Sara la Negra, patrona de los gitanos y la más famosa de las tres, santa María Jacobé y santa María Salomé.

El primer día de celebraciones, la procesión de santa Sara llega hasta la costa. El tañido de campanas y los instrumentos musicales resuenan por todos los rincones del pueblo y llegan hasta el mar hasta que la santa vuelve a su cripta en la iglesia.

HUANG ZHENG/SHUTTERSTOCK ©

Faro de la Gacholle.

04 Cuidadosamente estudiados y gestionados, los parques regionales franceses muestran y preservan el patrimonio y el entorno natural de una región. El Parc Naturel Régional de Camargue abarca más de 13000 Ha. Cada pocos kilómetros hay carteles explicativos en francés e inglés. Son una buena excusa para hacer una pausa, hidratarse y aprender algo nuevo.

05 El faro de la Gacholle marca el punto intermedio de la ruta. Al lado hay unas pocas mesas de pícnic resguardadas del viento, perfectas para dar buena cuenta del almuerzo; también se puede visitar el pequeño centro de bienvenida (cerrado en invierno).

06 En el viaje de vuelta no hay que desconectarse, porque las cosas parecen diferentes vistas en sentido contrario. Lo rápido que se vuelva a Stes-Maries-de-la-Mer dependerá del viento. En la práctica, si este sopla en contra, el avance puede ser lento, mientras que, si sopla a favor, puede empujar al ciclista. El viento también determina dónde encontrar a los windsurfistas, ya que la cercana playa de Beauduc es muy popular para practicar este deporte, aunque a veces se desplazan hasta la playa que hay al oeste del faro. Se puede llevar la bici a pie hasta la orilla, normalmente unos 300 m, y tumbarse al sol para ver a estos acróbatas del viento y el agua.

07 Al volver a Stes-Maries-de-la-Mer, se devuelve la bici de alquiler o se pedalea un poco más hasta la Plage Ouest para broncearse un poco más. Para llevar la experiencia de playa a otro nivel, esta soleada ruta por la costa y las marismas de la Camarga es ideal, y apta para las familias.

Una pausa

El **faro de la Gacholle** se construyó a finales del s. XIX para ayudar a que los barcos no encallaran en las aguas poco profundas cercanas y guiarlos hasta el puerto. Situado entre los estanques de la Dame, Tampan y Galabert, el faro actualmente funciona con energía solar y está automatizado.

Un fortín construido durante la II Guerra Mundial acoge exposiciones comisariadas por el Parc Naturel Régional de Camargue. Resguardado del viento, en los días que sopla el mistral, es el mejor lugar para hacer un pícnic.

VADIM PETRAKOV/SHUTTERSTOCK ©

Caballos camargueses.

Los 'gardians' de la Camarga

Las marismas poco profundas que se extienden hasta la costa y las llanuras del interior son los dominios de los guardianes de la Camarga.

Estos vaqueros tradicionalmente conducían el ganado (caballos blancos y toros negros) por este territorio. Sus caballos camargueses, una raza parecida a los pequeños y robustos caballos españoles, tienen la morfología y los reflejos necesarios para reaccionar ante los impredecibles movimientos de los toros.

Con techos de junco, las cabañas tradicionales que salpican las tierras bajas eran usadas por los vaqueros en los ss. XIX y XX. Demostraciones de manejo del ganado, juegos ecuestres y grandes festivales aún ponen de relieve esta vieja cultura.

27

Ideal para

VISTAS Y ASCENSIONES

RUDIERNST/SHUTTERSTOCK ©

Gargantas del Verdon.

Gargantas del Verdon

DURACIÓN	DIFICULTAD	DISTANCIA	INICIO/FINAL
2-3 h	Media	24 km	La Palud-sur-Verdon

TERRENO	Carretera asfaltada

Esta ruta, una excursión imprescindible por las gargantas del Verdon en la región de los Alpes de Alta Provenza, es un recorrido circular por el Parc Naturel Régional du Verdon que deja sin aliento por dos motivos: las vistas y las empinadas ascensiones. Se aconseja una bici eléctrica. En verano hace mucho calor y hay mucha gente; la primavera y el otoño son épocas ideales para visitar los cañones y acantilados de esta zona prealpina.

Alquiler

Verdon E-Bike (verdonebike.com), en La Palud-sur-Verdon, alquila bicis eléctricas o de montaña a mayores de 12 años desde 28 €. Moustiers Bike Services (moustiers.fr), a 18 km, tiene más opciones desde 24 €.

Punto de partida

Se sale del pequeño pueblo de La Palud-sur-Verdon, en el corazón del parque del Verdon. Si se planea hacer un pícnic, hay que aprovisionarse en Moustiers o en La Palud-sur-Verdon.

01 Se sale de La Palud-sur-Verdon con las botellas de agua bien llenas y la tarjeta de memoria de la cámara vacía. Por delante aguardan las vistas más impresionantes de todo un tesoro natural francés: las gargantas del Verdon.

02 A las afueras del pueblo se pedalea por un corto tramo por la D23 y luego se siguen los carteles hacia la Route des Crêtes. Señalizada por la asociación local Vélo Loisir Provence, la ruta está bien señalizada. Además, en su mayor parte, hay que permanecer en el asfalto; la

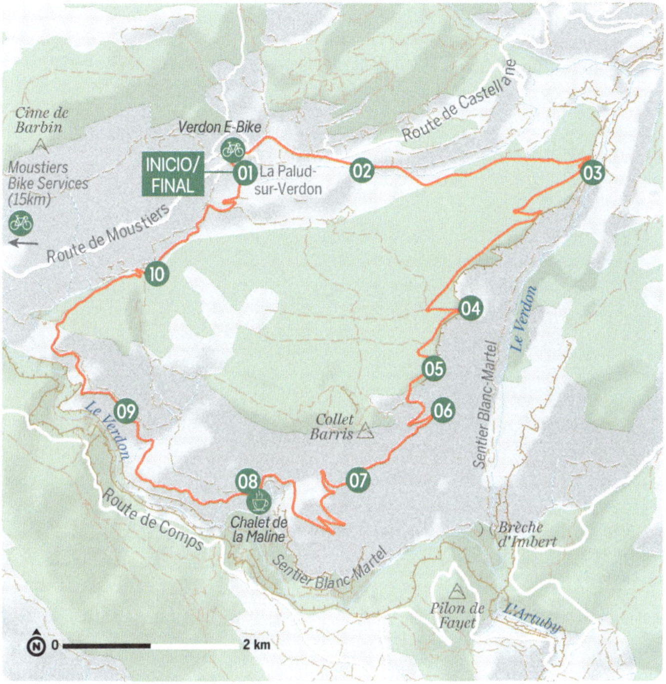

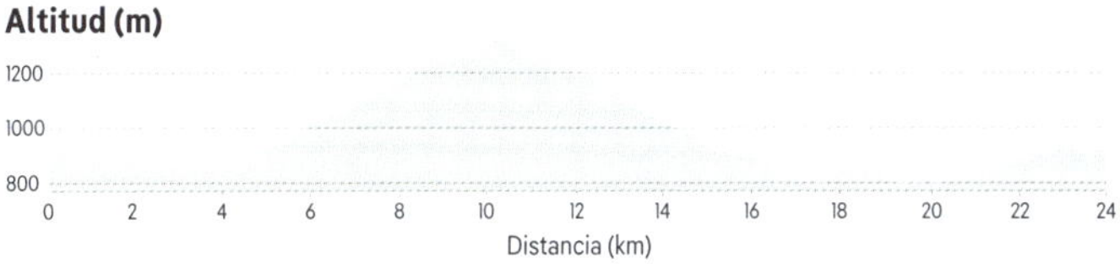

alternativa es el peligroso borde del acantilado.

03 Tras unos kilómetros de calentamiento, la primera mitad de la ruta es exigente. Los que no hayan optado por una bici eléctrica empezarán a notarlo. Algunos tramos tienen una pendiente del 10%, por lo que es probable que haya que levantar el culo para pedalear. Hay 14 *belvédères* (miradores) a lo largo de la ruta. Uno de los primeros, el Belvédère de Trescaïre Haut, ofrece las primeras vistas de los cañones, las gargantas y, en la distancia, los Alpes.

04 Se sigue pedaleando para subir las curvas en zigzag. El pequeño Belvédère de la Dent d'Aire es ideal para hacer otra pausa. Aquí podría verse una de las principales atracciones aéreas del parque: bandadas de buitres planeando sobre las corrientes de aire del cañón por debajo del mirador. En los acantilados anidan buitre leonado, negro y alimoche.

CALLEN VERDON/SHUTTERSTOCK ©

Buitre leonado.

Quedarse unos cuantos días

Las gargantas del Verdon son mucho más que una de las rutas ciclistas más bonitas de Francia.

En el lecho del río, los amantes de la aventura pueden probar el *aqua-rando* o senderismo acuático. Menos peligroso que el barranquismo, es una forma nueva de mantenerse fresco mientras se disfruta de la naturaleza y se ven las gargantas de cerca. Se puede ir solo o con un guía.

También se puede escalar en el lago de Ste-Croix, un auténtico centro de aventuras al aire libre, practicar kayak y surf de remo, o simplemente disfrutar de la playa.

05 Se acercan dos sorpresas: al aproximarse al km 10, los excursionistas sin bici eléctrica empezaran a celebrar que ha llegado el momento de descender, y la carretera pasa a ser de un solo carril, reduciéndose el tráfico y aumentando la seguridad de los ciclistas. La carretera vuelve a ser de doble sentido tras el km 15. Cada vez con más frecuencia, el servicio del parque cierra la carretera a los coches.

06 ¡Empieza el descenso! El Belvédère du Tilleul es el primer mirador donde se tendrá que apretar el freno para admirar las vistas. Si resulta familiar la palabra *tilleul* (tila) es por la infusión, que a veces se combina con la manzanilla. Se baja por la pequeña escalera para disfrutar de unas vistas aún mejores. Aquí hay suficiente espacio para que una o dos personas merienden.

07 Se atraviesan unos cuantos túneles: hay que mantenerse a un lado y encender la luz trasera de la bici. Durante las primeras curvas en zigzag del descenso, se puede echar un vistazo a las verdes y ondulantes mesetas que hay al otro lado de las gargantas. Hay que estar atento a los acantilados: a las gamuzas les gusta estar en este lado de la carretera para protegerse del viento. En los empinados acantilados también podrían verse escaladores en roca saltando de presa en presa.

08 En torno al km 15 se halla el Chalet de la Maline, de la FFCAM. Abarrotado en verano, es un lugar de ensueño para detenerse a comer.

09 Más allá del Chalet de la Maline, la carretera vuelve a ensancharse a dos carriles. A medida que la carretera desciende, los miradores cada vez están más cerca de las azules aguas del río. Es aquí donde los ciclistas empiezan a sentir un poco el frescor que emana del cauce.

10 Los últimos kilómetros de vuelta a La Palud-sur-Verdon serpentean por un bosque y campos de cultivo. Cerca de la granja de alpacas puede haber perros sueltos, pero, aunque ladran mucho, no muerden. Tras devolver las bicis de alquiler, se para en el bar local para tomar una Bière des Gorges, elaborada en St-Martin-de-Brômes.

Una pausa

Los **refugios de la FFCAM** son una institución entre escaladores, alpinistas y excursionistas. Estos chalés y cabañas, gestionados por la Federación Francesa de Clubes Alpinos y de Montaña, ofrecen alojamiento y otros servicios. En las gargantas del Verdon, el Chalet de la Maline, hacia el km 15, también tiene un restaurante con terraza y vistas a los cañones y las mesetas. Hay cerveza local e infusiones (calientes o con hielo) de hierbas locales como *verveine* (verbena), a degustar con el sonido del río allá abajo.

Moustiers-Ste-Marie.

En lo alto de Moustiers-Ste-Marie

Una parada en la cercana Moustiers-Ste-Marie resulta imprescindible para aquellos a los que les gustan los pueblos en acantilados.

Este idílico pueblo es como de cuento: un pequeño río aterrazado discurre por el centro de Moustiers desde los acantilados que hay por encima, y en tiendas de todo el pueblo se vende loza pintada tradicional llamada fayenza.

Los que aún tengan fuerzas pueden subir a pie hasta la pequeña capilla de Notre-Dame de Beauvoir, del s. XII, famosa por numerosos milagros, como resucitar a niños nacidos muertos durante el tiempo suficiente para ser bautizados y, así, poder entrar en el cielo.

Otras propuestas

Promenade des Anglais, Niza.

SABINO PARENTE/SHUTTERSTOCK ©

Mont Ventoux

DURACIÓN	DIFICULTAD	DISTANCIA
2-3 h	Alta	21,3 km

El Mont Ventoux, el ventoso gigante que se alza por encima de Provenza, es el último coletazo alpino antes de que las montañas den paso a las llanuras y el mar.

Con casi 2000 m y una pendiente endiablada, el Mont Ventoux es todo un reto para los ciclistas que intentan coronarlo. Pero es una ruta mítica para cualquier amante de este deporte; no en vano, ha figurado muchas veces en el itinerario del Tour. Cada año, más de 150000 ciclistas llegan para subir esta montaña de piedra azotada por el mistral. Hay que alquilar una bici eléctrica o de carretera y ver si se puede lograr la proeza de alcanzar la cima sin parar ni poner un pie en el asfalto.

Promenade des Anglais

DURACIÓN	DIFICULTAD	DISTANCIA
1 h	Baja	7 km

Construido en el s. XVII a petición de los residentes invernales de origen británico, el paseo de los Ingleses, en Niza, se extiende 7 km junto al flamante Mediterráneo.

Esta es una ruta apta para familias, con carriles bici seguros y fáciles de recorrer a lo largo de todo el Promenade des Anglais. Es fácil alquilar bicis para niños o adultos a lo largo de todo el paseo o cerca de él. Algunos domingos, las autoridades cierran el paso de coches a la carretera junto al paseo, cuando los peatones la invaden. A cualquier hora del día se puede disfrutar de la brisa marina mientras se pedalea por aquí. Para hacer un poco más de deporte, se puede alargar el recorrido por el carril bici hacia Villefranche o hacia Antibes.

Parc National des Calanques, Marsella.

ALEXANDRE G. ROSA/SHUTTERSTOCK ©

Montaña Sainte-Victoire

DURACIÓN	DIFICULTAD	DISTANCIA
4-5 h	Alta	60 km

Se puede añadir unos cuantos kilómetros a la ruta desde Aix-en-Provence y completar todo el circuito de la montaña Sainte-Victoire. Los que no estén seguros de tener fuerzas suficientes, harán bien en alquilar una bici eléctrica en el centro de Aix.

La prolongación de esta ruta ofrece vistas de la ladera norte de la montaña. En su mayor parte cubierta de arbustos y bosque, ofrece un ambiente diferente al de la rocosa ladera sur. La montaña no solo era muy querida por Cézanne: Pablo Picasso está enterrado en los terrenos del Château de Vauvenargues (cerrado al público). Se puede parar en el pueblo de Vauvenargues para echar un vistazo a través de la verja del *château* antes de volver a Aix-en-Provence.

De Cassis a La Ciotat

DURACIÓN	DIFICULTAD	DISTANCIA
3 h	Media	30 km

Los rocosos acantilados y *calanques* (calas entre paredes escarpadas) entre Marsella y Toulon regalan una bonita pero exigente pedalada por la Route des Crêtes.

Esta ruta es perfecta para los que quieran ejercitarse un poco antes de tumbarse en la playa: solo hay que alquilar una bici de carretera y empezar a pedalear. Se empieza en Cassis o La Ciotat y se recorre la carretera de la costa. Una subida en zigzag hará que se empiece a sudar, pero el largo descenso hasta el pueblo (La Ciotat si se empieza en Cassis, o Cassis si se empieza en La Ciotat) vale la pena. En verano hay que salir temprano: algunos tramos discurren a la sombra de los pinos, pero otros no.

BRETAÑA
Blois
LOIR-ET-CHER
Angers
Tours
St-Nazaire
Nantes
Saumur
Sauldre
Vierzon
Cure
Yonne
Chalaux
Cholet
Montreuil-Bellay
Forêt de Chinon
Bourges
Nevers
Challans
VENDÉE
Châtellerault
Châteauroux
BORGOÑA
St-Gilles-Croix-de-Vie
La Roche-sur-Yon
Poitiers
INDRE
Moulins
Les Sables-d'Olonne
Niort
28
VIENNE
Montluçon
Isla de Ré
29
Océano Atlántico
Parc Naturel Régional du Marais Poitevin
La Rochelle
Vienne
Creuse
Vichy
Rochefort
Aubusson
Volcán de Lemptégy
LOIRE
Saintes
Limoges
Puy de Dôme
Clermont-Ferrand
Monts du Forez
Royan
Cognac
Angoulême
HAUTE-VIENNE
Puy de Sancy
Côte d'Argent
Vézère
Corrèze
Dordoña
Puy de Montchal
Périgueux
Isle
Mussidan
Brive-la-Gaillarde
Puy Violent
Puy Mary
Plomb du Cantal
Golfo de Vizcaya
Sarlat-la-Canéda
Libourne
31
Burdeos
Aurillac
Bergerac
Arcachon
GIRONDA
Aquitania
LOT
Cascade d'Autoire
Truyère
ARDÈCHE
Figeac
Mende
Marmande
AVEYRON
Lot
Parc Naturel Régional des Landes de Gascogne
Parc Naturel Régional et Géoparc des Causses du Quercy
Rodez
Mont Lozère
30
Agen
Tarn
Aveyron
Millau
Jonte
Mont Aigoual
LANDAS
Mont-de-Marsan
Montauban
Albi
Dourbie
Pic St Loup
Adour
Dax
GERS
TARN
Bayona
Arros
Adour
Auch
Montpellier
Biarritz
32
Toulouse
Castres
San Juan de Luz
Midi Pyrénées
Vallée de l'Orb
Pau
Pau
Montagne Noire
St-Palais
Tarbes
FRANCIA
Béziers
33
Narbona
Lannemezan
Carcasona
34
St-Girons
Roc Fourcat
Mar Mediterráneo
Vignemale
Vallée d'Orlu
Andorra la Vella
Gran Bachimala
Pico Perdiguero
Têt
Perpiñán
Valle de Têt
ESPAÑA
ANDORRA
Macizo del Canigó
0
100 km

ANTON PETRUS/GETTY IMAGES ©

Barbaste (p. 203).

Suroeste de Francia

Explorar

Suroeste de Francia

Nueva Aquitania es la región francesa más extensa, que combinada con el resto del suroeste del país constituye una zona tan vasta como variada. Con más de 1000 km de costa y una cordillera que se extiende por su frontera meridional, la zona abarca un inmenso paraíso de cambiantes paisajes que la colocan en lo alto de la lista de deseos de cualquier ciclista aventurero. Entre las playas del Atlántico y el litoral del Mediterráneo se despliega una rica mezcla de increíbles entornos, pueblos medievales y animadas ciudades que explorar, así como una antigua historia y múltiples cocinas y culturas por descubrir.

El triángulo

Aunque el suroeste de Francia no tiene unos límites claramente definidos, suele identificarse como la esquina triangular del país. Dos de sus lados son fáciles de definir: al oeste, el arenoso litoral desde Bayona hasta el estuario del Gironda y, al sur, los majestuosos Pirineos, que pueden contemplarse de manera ideal en una ruta ciclista con inicio en Pau. El tercer lado del triángulo está abierto a debate, aunque en líneas generales sigue la misma trayectoria que el Canal des Deux Mers, una larga ruta ciclista a través de valles y viñedos.

Olas y marisco

El suroeste evoca imágenes de olas rompiendo en interminables tramos de playas doradas donde se combinan emocionantes deportes con un tranquilo ritmo de vida. Aquí hay oportunidades para relajarse mientras se pedalea, empezando por una ruta a orillas del mar por la isla de Ré, en Nueva Aquitania, donde sentir la arena entre los dedos mientras se disfruta de unas ostras y un vino blanco. Y, he aquí dos cosas más que definen el suroeste de Francia: el vino y la gastronomía. Un viaje por esta región no estaría del todo completo sin catar los vinos de Burdeos, y se tendrán muchas oportunidades para hacerlo mientras se da una corta vuelta en bici por la ciudad. Por toda esta zona abundan también las oportunidades para los amantes de la buena mesa, especialmente en la ruta por el País Vasco francés, cargada de especiali-

CUÁNDO IR

Para poder disfrutar del buen tiempo y esquivar a las multitudes, de septiembre a finales de octubre es un momento ideal para experimentar la vida al aire libre en camiseta. En esa época, los días aún son agradables y largos, y sin esas cada vez más frecuentes olas de calor que hacen que pedalear en pleno verano sea todo un reto.

dades locales e ingredientes de gran calidad. Sin embargo, lo descrito en esta guía es tan solo la punta del iceberg. Por toda la región hay mercados llenos de frutas y verduras, maravillosos panes y pasteles, carnicerías y pescaderías comprometidas con la trazabilidad de sus productos y, por supuesto, montones de quesos locales.

La Venecia verde

El suroeste quizá sea, por encima de todo, una región de impresionante belleza natural. Menos poblado que gran parte de Francia, esta zona destaca por su abundante biodiversidad. Los mejores ejemplos de estos entornos variados quizá sean el Marais Poitevin (apodado la Venecia verde) y las lagunas cerca de Narbona; estas dos reservas naturales pueden explorarse en un transporte respetuoso con el medio ambiente y que ayuda a su conservación, como es la bici.

TRANSPORTE

En Francia hay diferentes tipos de trenes, cada cual con su normativa respecto a las bicis. En los regionales TER se pueden llevar gratis a bordo sin desmontar, aunque el espacio es limitado; hay que llegar pronto y evitar las horas punta. En Nueva Aquitania hay una extensa red de trenes TER y los billetes se pueden reservar en línea (ter.sncf.com/nouvelle-aquitaine).

De paseos sin prisas a rutas más exigentes, el suroeste, con su impresionante entramado de vías ciclistas, es el destino perfecto para explorar a fuerza de pedal.

EVENTOS

Fiestas del vino y del río

Durante todo el año abundan los festivales temáticos por toda la región: solo hay que establecer preferencias y hacer coincidir la visita con las fechas señaladas. Burdeos acoge una gran fiesta del vino cada dos años, alternándola con su fiesta del río; ambas culminan con espectaculares fuegos artificiales y espectáculos de luz. Además, a principios de otoño se celebran la Fête du Gâteau Basque en Cambo-Les-Bains y la Fête du Piment en Espelette.

Recursos

France Vélo Tourisme (francevelotourisme.com/accueil-velo) Web muy útil con tiendas de alquiler, restaurantes y alojamientos aptos para ciclistas.

Musette Bordeaux (musettebordeaux.com) Café ciclista independiente, propiedad de residentes extranjeros, con mucha información útil.

DÓNDE ALOJARSE

Gestionado por una organización sin ánimo de lucro con el objetivo de desarrollar el sector del cicloturismo en Francia, el sello "Accueil Vélo" garantiza una cálida acogida a los ciclistas. Para recibir esta distinción, los establecimientos deben estar a menos de 5 km de una ruta ciclista y ofrecer servicios específicos para los ciclistas. Esto resulta especialmente práctico si se viaja con la bici propia. Su web incluye un listado de alojamientos, incluidos *campings*, hoteles y B&B, así como una función para buscar alojamientos poco corrientes, como una cabaña de pescadores cerca de la isla de Ré.

28

Ideal para

NATURALEZA

Niort

DURACIÓN	DIFICULTAD	DISTANCIA	INICIO/FINAL
4 h	Media	39 km	Port Boinot / Niort

TERRENO	Mucho ripio compacto; se recomienda llevar una bici todoterreno

KATEAFTER/SHUTTERSTOCK ©

Niort.

Al salir de Niort por las orillas del Sèvre Niortaise, el ciclista se ve transportado a un paraíso de fauna nada más entrar en los segundos mayores humedales de Francia. Esta ruta es algo así como una exhaustiva introducción a los canales, diques y acequias que caracterizan este paisaje. Recorriendo apartados senderos, se experimentará de cerca este húmedo mundo natural, además de quedar impresionado por la biodiversidad de la zona.

Alquiler

Frente al Port Boinot se halla Le Beau Vélo de Robigo (lebeauvelode robigo.com), donde alquilan bicis de cicloturismo clásicas o eléctricas.

Punto de partida

La antigua zona industrial del Port Boinot, antaño fábrica de guantes, ha sido transformada en un parque urbano que incluye un espacio de exposición sobre el rico patrimonio de la región.

01 Se cruza el puente de piedra saliendo del Port Boinot y se sigue por la calle que pasa frente a la tienda de bicis Le Beau Vélo de Robigo. La tranquilidad y el arrullo de las palomas torcaces hacen difícil de creer que aún se esté en el centro urbano.

02 Tras pasar bajo un puente vial, se sigue por Quai Maurice Métayer admirando las impresionantes mansiones al borde del agua. El río traza una curva, se ensancha y se vuelve cristalino; se verá una cancha de kayak polo. Al cabo de poco,

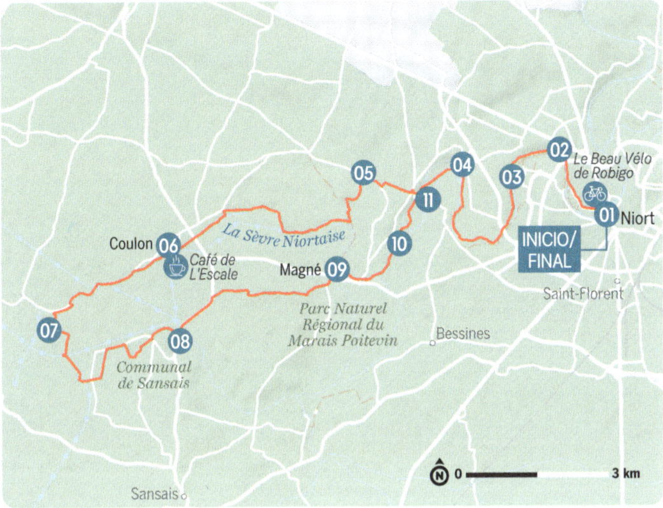

Cormorán.

Altitud (m)

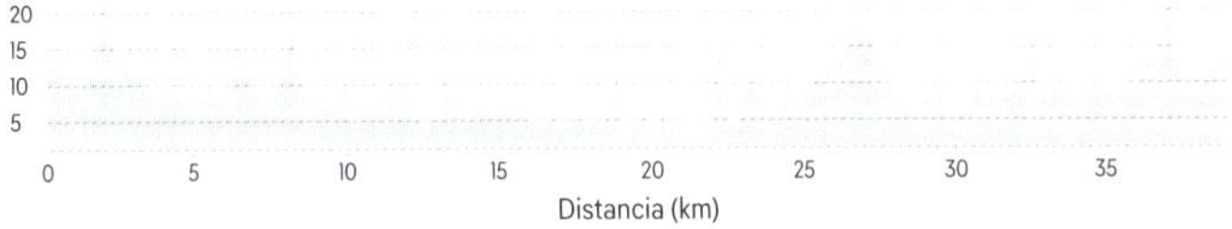

la calle termina y se convierte en una pista de ripio junto al río.

03 Se continúa por esta pista rural que sigue el Sèvre Niortaise aguas abajo a través de los campos alrededor de St-Liguaire. Un leve aroma a barbacoa emana de una de las grandes propiedades en la otra orilla del río, mientras las libélulas revolotean y los cormoranes se zambullen en el agua.

04 Al llegar a La Roussille, se cruza el puente peatonal con barandilla azul observando la pequeña cascada que hay a un lado. Se da la vuelta por la parte de atrás del restaurante gastronómico Auberge y se sigue el sendero señalizado con un cartel de excursionismo.

05 Se toma el primer desvío a la derecha por una pequeña calle. Una corta y empinada ascensión conduce a Rue de la Chaume, que se extiende a través de un prado. Luego, se gira a la derecha tras cruzar un pequeño túnel y, al llegar a un cruce, se va a la izquierda por el Chemin des Marais de Peigland. Al cabo de 1 km se cruza el canal de la izquierda por un pequeño puente. El camino de ripio conduce a los humedales. Se gira a la derecha en el primer cruce en forma de T para retomar la orilla del río. Barcas tiradas por cable transportan a familias a uno y otro lado del río, y también hay pequeñas islas accesibles a través de las puertas de las esclusas, pero hay que permanecer en esta orilla hasta llegar a Coulon.

Festival International de Peinture de Magné

Artistas de todo el mundo coinciden en Magné para dejarse inspirar por la belleza natural de la región y participar en su festival de pintura.

Cada tercer fin de semana de julio, cuando las flores estivales están en todo su esplendor, cientos de artistas montan sus caballetes y se sientan a orillas de los canales y del río a pintar.

Según las normas del concurso el tema debe tratar sobre el territorio circundante y que cada participante solo puede presentar una obra. Luego, las obras se exponen al público antes de que el jurado entregue los premios.

06 La orilla del río está repleta de bateas en Coulon, un pintoresco pueblo lleno de galerías de arte y tiendas de curiosidades que es la capital de la Venecia verde. En la Maison du Marais Poitevin se aprenderá más sobre cómo se creó este sistema de canales.

07 Se sigue por la orilla del río y se sale de Coulon por la Rte des Bords de Sèvre. En La Sotterie se cruzan todos los puentes. El camino conduce hacia el laberinto de canales entrecruzados; hay que seguir los carteles ciclistas turquesa para no perderse. Al llegar allí, se cruza un puente peatonal curvado de aspecto rústico y se sigue por el camino de un solo carril. Cuando vuelvan a aparecer carteles, hay que seguir los de La Garette atravesando pantanos y árboles sumergidos.

08 Se llega al encantador pueblo con paredes de piedra de La Garette y a la única carretera que lo atraviesa. Se cruza el puente a la izquierda para salir del pueblo y se sigue la carretera durante 1 km antes de seguir el cartel ciclista turquesa hacia Magné por una carretera rural.

09 El pueblo de Magné antaño estaba en una isla hasta que se drenaron las aguas que lo rodeaban. Al llegar a su centro se siguen los carteles de Le Four Pontet: antaño un horno de cerámica, este edificio ahora alberga exposiciones de arte gratis. Luego se cruza el Pont Levis, un puente metálico de color menta, y se sigue recto por la carretera. Al cabo de poco se toma la vía ciclista de la derecha.

10 Los carteles ciclistas turquesa ahora señalan el camino hacia Niort a medida que el día se acerca a su fin. Martines pescadores vuelan a toda velocidad sobre las lentas y serpenteantes aguas del río, y sobre los pontones se puede ver a gente retozando.

11 Tras pasar bajo dos puentes de piedra, el ciclista se reincorpora a la ruta que usó para salir de Niort, que ahora se sigue aguas arriba para volver a la ciudad. Tras volver a pasar bajo el puente vial y el restaurante La Belle Étoile, se cruzan las puertas de la esclusa de la derecha para llegar a Quai de Belle Île, que conduce hasta el punto de partida.

Una pausa

Le Café de l'Escale (cafe-escale.fr) lleva haciendo crepes desde finales de la década de 1980. Las tiene dulces y saladas, además de gofres belgas, ensaladas y quiches, y helados artesanales. Su selección de bebidas también es impresionante, desde cervezas locales hasta elaborados cócteles y chocolate caliente casero.

Con un bonito patio junto al canal, decorado con guirnaldas de lucecitas, disfruta de una ubicación ideal para descansar al sol. Y el servicio es amable y atento todo el día, aunque solo se desee un refresco o un tentempié.

Circuito guiado en 'batai'.

Circuito guiado en batea

Quizá apetezca cambiar la bici por una batea y dar un paseo por los pasillos verdes entre los pequeños canales, que aquí llaman *conches*.

Resérvese un circuito guiado para que un barquero lleve con su pértiga cual góndola por Venecia. Estas pequeñas barcas de fondo plano se llaman *batai*, y son ideales para explorar las zonas más recónditas de los humedales.

Mientras se recorre el laberinto de canales, el barquero explicará los mitos de los pantanos e ilustrará sobre las abundantes plantas y animales de la zona. Los circuitos salen desde los embarcaderos de Coulon y La Garette.

29

Ideal para

FAMILIAS Y PLAYAS

Isla de Ré.

Isla de Ré

DURACIÓN	DIFICULTAD	DISTANCIA	INICIO/FINAL
3 h	Baja	30 km	Bois-Plage-en-Ré

TERRENO	Vías ciclistas llanas

La isla de Ré es lo más parecido que puede haber a un paraíso insular para los ciclistas. Playas de arena dorada, pequeños y evocadores puertos y pintorescos pueblos están conectados por más de 100 km de vías ciclistas que atraviesan bosques, marismas y viñedos. Esta ruta en forma de ocho explora lo mejor de la isla, con muchas sugerencias de cosas para ver y hacer de por medio. La ruta, al ser prácticamente llana y sin tráfico, es ideal para hacerla con niños.

Alquiler

En la isla de Ré (lesvelosdeliledere.com) hay muchas opciones. Solo en el pueblo de Le Bois-Plage-en-Ré hay cinco sitios que alquilan bicis. Para un paseo tranquilo, se puede alquilar una de playa.

Punto de partida

En Le Bois-Plage-en-Ré, Place de l'Église es una plaza de pueblo y el inicio de la calle principal, llena de boutiques de moda, sitios para comer y tiendas de alquiler de bicis.

01 Se empieza bajando por Rue Aristide Briand y se sale del pueblo por bonitos callejones llenos de malvarrosas que trepan por las paredes encaladas. Al salir del pueblo el visitante se topará con la vía ciclista, aunque en este punto parece una pequeña carretera. Un cartel verde señala la dirección a La Couarde y se atraviesan campos y viñedos.

02 Al llegar al laberinto de calles floridas de La Couarde-sur-Mer, se descubrirá toda la autenticidad de la isla. Hay que ir hacia

Isla de Ré.

la iglesia, donde el templete contiguo suele acoger conciertos en verano.

03 Se sale del pueblo por Rue des Tuileries. En una pequeña rotonda hay que reincorporarse a la vía ciclista para seguir los carteles verdes hacia Loix. Pronto se llega al pequeño puerto de La Couarde, donde se toma el ramal izquierdo de la vía ciclista. Las gaviotas graznan mientras se zambullen en picado, y el paisaje se transforma en un mosaico de pozas marinas y marismas.

04 Pronto se verá una caseta de ostras, la primera de las muchas por las que pasará. Esta está semioculta en las marismas. A continuación, se pasa por delante de varios productores independientes de sal marina.

05 La vía asfaltada se convierte en un camino de grava blanca flanqueado por el mar abierto. Tarros blancos se graznan entre sí mientras las garzas blancas caminan por las pozas de piedra. Se empuja la bicicleta a través de un puente de madera en el puerto, dedicado al comercio de sal y solo accesible a embarcaciones ligeras. Aquí se puede ver un antiguo molino mareal.

06 Siguiendo el rompeolas, el suave batir del mar recuerda que no hay prisa. Pronto se llega a la Plage du Grouin y a otra caseta de marisco. Esta playa es excelente para tumbarse y, cuando sube la marea, bañarse.

Fortificaciones de St-Martin-de-Ré

Declaradas Patrimonio Mundial, las fortificaciones que rodean St-Martin-de-Ré fueron construidas por el famoso ingeniero militar Sébastien Le Prestre de Vauban por orden de Luis XIV, el Rey Sol.

La idea original era que todos los habitantes de la isla, incluidos los soldados, pudieran refugiarse aquí en caso de ataque y resistir un asedio de hasta dos meses.

Las murallas tienen 14 km de largo y forman una fortaleza semicircular en forma de estrella que rodea la ciudad y protege el puerto mediante una serie de elementos arquitectónicos defensivos. Todavía en pie, las fortificaciones están muy bien conservadas.

07 Se toma la vía ciclista hasta el centro del pueblo de Loix, con su pintoresca plaza e iglesia, casas dignas de postal con contraventanas en varios tonos de verde y serpenteantes calles enjalbegadas llenas de malvarrosas. Empieza a identificarse un tema común en todos los pueblos costeros de la isla.

08 Se sigue la Piste du Sel hasta llegar al Écomusée du Marais Salant, donde a través de exposiciones y visitas guiadas se puede aprender más sobre las salinas y su fauna y flora.

09 En la siguiente intersección de la vía ciclista se va hacia La Couarde. Más adelante se verá una tercera caseta de marisco, más grande y más parecida a un auténtico restaurante, que parece como perdida en las marismas. Se coge velocidad en un tramo recto de 3 km a través de viñedos. Al final se va a la izquierda para volver al puerto de La Couarde. Esta vez se toma la bifurcación de la derecha, pasada la escuela de vela, en dirección a St-Martin.

10 Una pista de ripio elevada discurre junto al litoral de guijarros al aproximarse a la capital de la isla. Tras pasar por delante de más casetas de ostras se verán las murallas fortificadas de la ciudadela. Se va hacia el puerto y se da una vuelta por el Parc de la Babette para ver los burros en pijama. No hay que perderse La Martinière, una heladería artesanal junto al puerto famosa por la calidad de sus ingredientes locales e increíbles sabores, como el sorbete de ostras o el helado de algas.

11 Se sale de las murallas de la ciudadela y se toma la vía ciclista que va a la izquierda hacia Le Bois-Plage. Seguro que entrará sed pedaleando entre los viñedos, por lo que antes de llegar al pueblo se hace un último desvío hacia Le Pont a través del bosque. Al cabo de poco, los carteles de vuelta a Le Bois-Plage llevan a hasta la bodegas de la Coopérative des Vignerons de l'Île de Ré, que se puede visitar, y catar sus coñacs, vinos espumosos y vinos fortificados Pineau des Charentes.

12 Desde allí solo hay 1 km por la vía ciclista hasta el pueblo de Le Bois-Plage.

Una pausa

En esta ruta, se pasará por numerosas *cabanes à huîtres* (casetas de ostras); pueden variar de tamaño, pero todas tienen un encanto rústico, y marisco local variado y fresquísimo.

Las ostras son la estrella de la oferta, servidas crudas con una rodaja de limón y una copa fría de vino blanco o, a veces, cocinadas. También suelen tener mariscadas, mejillones, ensaladas y sopas. Para disfrutar de una experiencia típica de la isla de Ré, hay que parar en una de estas cabañas de marisco.

STEPHEN FARHALL/SHUTTERSTOCK ©

Burros de raza Baudet du Poitou.

Burros en pijama

Los burros Baudet du Poitou típicos de la región se han convertido en un símbolo de Ré desde que empezaron a fotografiarlos en pijama.

Punto de interés por sí mismos, estos peculiares borricos pertenecen a una de las razas más grandes de su especie y su largo pelaje crea como rastas.

Usados por los salineros de la isla, los pobres animales eran molestados constantemente por los insectos hasta que, según cuenta la leyenda, la esposa de un salinero tuvo la idea de protegerlos deslizando por sus patas los viejos calzoncillos largos de su marido.

30

Ideal para

PASEO TRANQUILO

Canal des Deux Mers

DURACIÓN	DIFICULTAD	DISTANCIA	INICIO/FINAL
4 h	Media	35 km	Musée des Beaux-Arts d'Agen / Damazan

TERRENO	Vía ciclista asfaltada

THIERRY/SHUTTERSTOCK ©

Pont-Canal d'Agen.

Tramos aparentemente interminables de una soleada vía ciclista siguen las resplandecientes aguas del canal, con plátanos a intervalos regulares que ofrecen sombra. Hay tanto por descubrir mientras se pedalea por el canal de los Dos Mares que se recomienda hacer toda la ruta. El tramo entre Agen y Damazan es especialmente popular, ya que abarca increíbles puntos de interés, como el acueducto de Agen, e incluye idílicos lugares de parada.

Alquiler

Cycles Southwest (cyclessudouest.com) ofrece práctico alquiler de bicis a lo largo del canal: se puede entregar, y luego recoger, en cualquier punto entre Burdeos y Toulouse.

Punto de partida

Se empieza en el Musée des Beaux-Arts d'Agen, muy recomendable si se tiene tiempo. Las cuatro mansiones renacentistas que albergan la colección son impresionantes en sí mismas.

01 Se serpentea hacia el río por estrechas calles que esconden talleres de arte y estudios de tatuaje. Se pasará por la antigua iglesia jacobina, que ahora forma parte del Museo de Bellas Artes, antes de cruzar una carretera por el paso de peatones hasta el parque Péristyle du Gravier, donde empieza la vía ciclista.

02 Los carteles a seguir indican la Voie Verte du Canal, pero hay que tomarse un momento para admirar el acueducto de Agen desde esta perspectiva. Con sus 23 arcos de piedra, el acue-

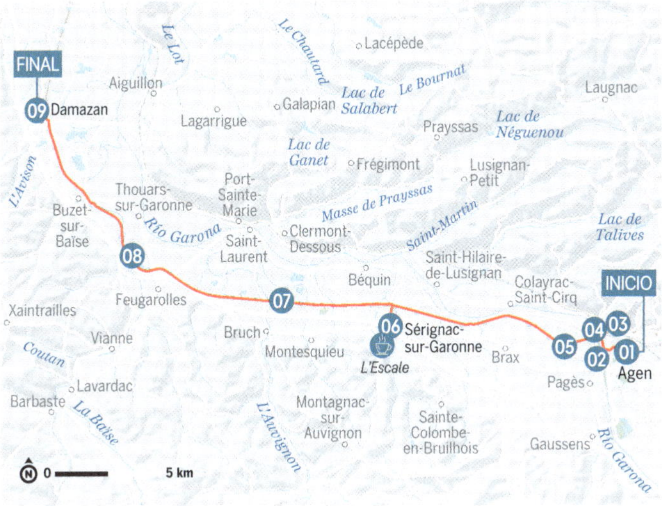

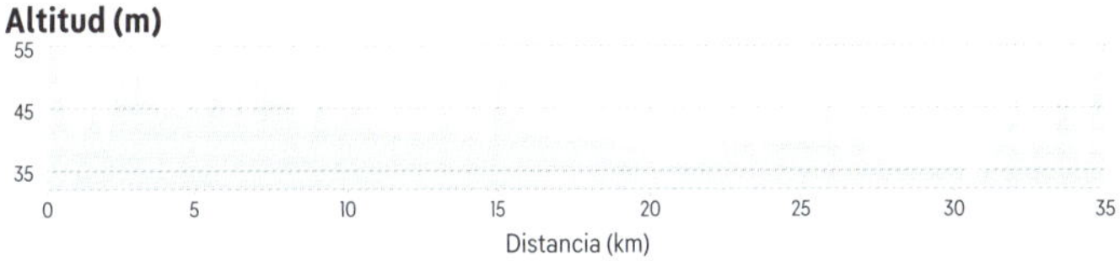

ducto permite que el canal de Garonne cruce el río Garona. El canal, a su paso por el puente, tiene 5 m de profundidad y 8,5 m de ancho. Con 580 m de longitud, es una obra maestra de ingeniería de la era industrial.

03 Se para a tomar un expreso en el Café Vélo. Emplazado en el antiguo edificio de la planta depuradora, el lugar, además de bebidas calientes, ofrece reparación de bicis y un albergue para ciclistas.

04 Se da la vuelta por la parte de atrás del Café Vélo y se sigue el canal para cruzar el acueducto. Es obligatorio bajarse de la bici para cruzarlo, ya que suele haber mucha gente, sobre todo en verano; cuando se contemplen las vistas se entenderá por qué. El punto medio del acueducto es perfecto para sacar una foto, con las torres y agujas de Agen al fondo mientras los barcos surcan el estrecho canal que cruza por encima del río Garona.

05 Tras pasar por amplias pozas y esclusas, se sigue el camino de sirga bordeado de abedules. Entonces, el canal se hunde y gira a la derecha, y el camino converge momentáneamente con una pequeña carretera antes de volver a convertirse en una vía ciclista. Se pedalea a ritmo constante mientras la llana vía atraviesa los campos de Lot-et-Garonne, con establos de caballos y huertos de ciruelos en la periferia. La zona alrededor de Agen es famosa por sus ciruelas pasas *(pruneaux*

Musée des Beaux-Arts d'Agen.

Canal des Deux Mers

En el s. XVII, Pierre-Paul Riquet propuso conectar el Atlántico y el Mediterráneo a modo de paso seguro para el transporte de mercancías.

En esa época, el estrecho de Gibraltar estaba plagado de piratas, por lo que su proyecto se aprobó. La primera fase se ejecutó entre 1667 y 1694, y actualmente es conocida como el Canal du Midi, un lugar de Patrimonio Mundial.

Para construir esta red de canales navegables entre Toulouse y Sète hicieron falta más de 12 000 trabajadores a pico y pala, pero la zanja no fue el único reto: también se construyeron esclusas, acueductos, puentes, túneles y una presa. La segunda fase, desde Toulouse hasta Castets-en-Dorthe no se completó hasta 1856.

d'Agen), de ciruelas de Ente, un tentempié muy nutritivo y energético, ideal para los ciclistas.

06 Desde lejos se ve la inusual aguja del retorcido campanario de Sérignac-sur-Garonne. La estructura en espiral sobre una base octogonal fue meticulosamente reconstruida en 1988 para que fuera idéntica a la original del s. XVI. Se gira a la izquierda por el puente metálico hacia el pueblo, que data de la época medieval. Place de l'Église es una bonita plaza porticada de una *bastide* (pueblo fortificado) formada por casas de madera y ladrillo, y decorada con guirnaldas de luces.

07 Se sale del pueblo por donde se entró antes de bajar por la Rte de Madone hasta Avenue du Canal. Al cabo de poco se llega al puente de Frèche, que debe atravesarse para continuar por un pequeño camino de sirga junto al agua. Hay que tomarse un tiempo para disfrutar de este tramo lineal a través del valle del Garona con vistas en todas direcciones. Se pasará por debajo de algún que otro puente. En estos tramos sin distracciones, pedalear puede convertirse en una forma de meditación.

08 Tras 10 km de pedaleo meditativo se llega al segundo acueducto de la ruta: esta vez el canal cruza el río Baïse antes de llegar al puerto fluvial de Buzet. Entre las coloridas barcas atracadas hay útiles instalaciones orientadas a los ciclistas, como bancos de pícnic a la sombra, y en la Capitainerie venden bebidas frías, helados y productos locales, incluidos los famosos vinos de Buzet. Para saber más sobre estos vinos, se puede hacer un corto desvío hasta Les Vignerons de Buzet, con una amplia selección de botellas y catas gratis.

09 Ya se está en el tramo final, donde se atraviesa un pasillo tipo arcos de catedral formado por el ramaje de árboles, acompañado por el sonido de un coro de aves cantoras. Se termina subiendo la colina hasta Damazan, otra encantadora bastida con vistas panorámicas del canal, un lago para bañarse y un velódromo al aire libre.

Una pausa

En el pueblo de Sérignac-sur-Garonne, frente a su fabulosa iglesia, se halla el bien valorado restaurante **L'Escale** (restaurant-escale.business.site), cuyo nombre resulta de lo más apropiado, ya que, a 12 km del inicio de la ruta, este sitio rural y de ambiente familiar es un acogedor lugar de parada.

El económico *menu du jour*, que incluye entrante, principal y postre, es todo lo que se necesita para recobrar fuerzas. Por su parte, la carta se mantiene fiel a sus raíces rurales, y su soleada terraza en la plaza del pueblo es ideal para un largo almuerzo sin prisas.

Canal du Midi.

Todo el canal en bicicleta

Para varios días o incluso semanas de pedaleo, la ruta ciclista del Canal des Deux Mers, que abarca los canales de Garonne y Midi, es ideal para los cicloturistas primerizos.

Desde el atlántico estuario de Gironda hasta las mediterráneas localidades Sète o Port-la-Nouvelle, esta es una de las mejores rutas de largo recorrido de Francia. Sus 450 km de pedaleo sin tráfico se antojan ideales para un itinerario relajado de dos semanas.

La ruta, de oeste a este, está bien asfaltada y resulta sencilla hasta más allá de Carcasona, donde a veces se convierte en un camino de vía única fuera de pista, cuando van bien unos neumáticos más gruesos.

31

Burdeos

DURACIÓN	DIFICULTAD	DISTANCIA	INICIO/FINAL
1 h	Baja	8 km	Place de la Comédie

TERRENO	Vías ciclistas y carriles bici

Altitud (m)

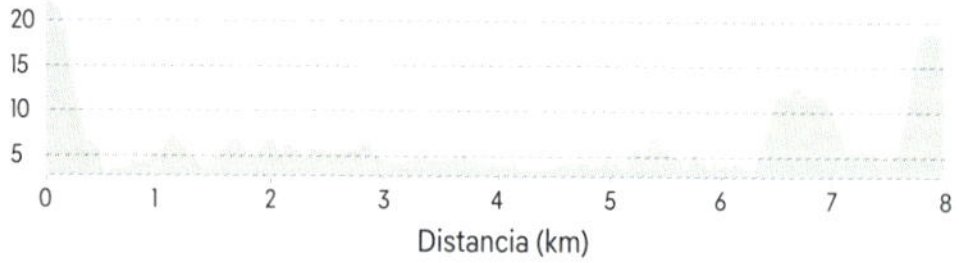

Rodeada de interminables viñedos, Burdeos es la capital de una de las regiones vinícolas más famosas del mundo. Y no hay que salir del centro para descubrir su excepcional cultura vinícola. Durante este corto paseo, el viajero encontrará bares de vinos, bodegas independientes, modernos museos y una excelente gastronomía. Este recorrido circular ribereño sumerge rápidamente en una ciudad que gravita orgullosamente en torno a su patrimonio líquido.

Alquiler

La red de transporte de Burdeos incluye bicis accesibles las 24 h, todo el año. Pueden alquilarse tanto por días como por semanas, con múltiples puntos de recogida y devolución por toda la ciudad.

Punto de partida

Se empieza en Place de la Comédie, el epicentro de Burdeos. Esta es una zona peatonal, con el Grand Hôtel frente al Grand Théâtre y sus intrincados arcos y columnas de piedra.

01 Se baja por Cours du Chapeau-Rouge y se va hasta el Miroir d'Eau. Se contemplan las vistas en el espejo de agua. La inspiradora simetría de Place de la Bourse, con sus ornamentadas ventanas, chapiteles y relieves en piedra blanca, se refleja en las aguas espejadas.

02 Se sigue por la orilla pasando por los bien mantenidos Jardins des Lumières, un sitio muy popular para tomar el sol, hacer un pícnic y ver pasar a la gente entre la fronda y las flores.

Pont de Pierre, Burdeos.

Ideal para

CATA DE VINOS

La Cité du Vin

Con su perspectiva del vino como patrimonio vivo y universal, La Cité du Vin (laciteduvin.com) ofrece una experiencia cultural única.

Sus exposiciones inmersivas multisensoriales ofrecen un viaje a través del tiempo y alrededor del mundo, mostrando cómo la historia del vino ha moldeado vidas y tierras durante milenios.

Tras visitar las exposiciones, no hay que perderse el bar Le Belvédère en la 8ª planta, que permite disfrutar de espectaculares vistas panorámicas mientras se degusta su cuidada selección de vinos de todo el mundo.

03 Luego, se pasa por la Maison Écocitoyenne, construida en 1952 pero que imita la arquitectura neoclásica del s. XVIII. Actualmente es un centro de actividades con exposiciones informativas que promueven el desarrollo sostenible.

04 Tras una ligera subida, se gira por el Pont de Pierre, uno de los hitos más queridos de Burdeos. Completado en 1822 tras superarse varios desafíos técnicos, este puente de piedra tiene 17 arcos y unas características farolas de estilo veneciano. Solo lo pueden cruzar los ciclistas, los peatones y el transporte público. Desde el centro del puente hay amplias vistas de las riberas de la ciudad a medida que el Garona traza una curva y desaparece de la vista.

05 Al otro lado del puente, se gira a la izquierda al llegar a la escultura brutalista de un león. La margen derecha de Burdeos es un oasis verde en pleno centro. Se recorre el paseo bordeado de árboles, pasando por pontones con embarcaciones de recreo, hasta llegar al Darwin Éco-Système. Entre arte urbano, aquí hay tostadores de café, una panadería ecológica, productores artesanales de chocolate e incluso una "microbodega urbana". Desde exhibiciones de BMX hasta conciertos, mercados de productores y festivales, nunca se sabe lo que se encontrará aquí, pero sí que será interesante. En el SuperGraal tienen una excelente selección de vinos ecológicos, naturales y biodinámicos.

06 Se sigue por la vía ciclista río abajo pasando por numerosos establecimientos interesantes, como la Guinguette Chez Alriq (donde en las noches de verano se puede escuchar música folk), la cervecería artesanal Brasserie de la Lune y el estudio de artes visuales La Fabrique Pola. Se sigue a través del Parc aux Angéliques hasta llegar al Pont Chaban-Delmas. Este puente de elevación vertical se abre para permitir el paso de los enormes cruceros que atracan en las profundas aguas de la curva del río. Desde su plataforma central de observación se pueden hacer excelentes fotos de La Cité du Vin, un edificio cuya fachada de cristal imita la onda que forma el vino al moverlo en una copa.

07 Tras cruzar el puente, se echa un vistazo a Les Halles de Bacalan o se serpentea entre la multitud de compradores por el Bord'eau Village, un centro comercial *outlet* a orillas del río.

08 Se sigue hacia el sur, pasando por el parque de patinaje al aire libre, hasta llegar al Café Ibaïa. Aquí se gira a la derecha para tomar la adoquinada Rue du Couvent hasta Rue Notre Dame. Se va a la izquierda

Una pausa

Con vistas a las históricas dársenas de flotación, el mercado cubierto de comida callejera **Les Halles de Bacalan** (biltoki.com/en/halles/bacalan) ofrece 1000 m² de exquisiteces gastronómicas bajo un mismo techo.

Aquí se garantiza la calidad y la trazabilidad de los productos. Con un ambiente animado y mesas comunales, se puede compartir una amplia gama de picoteo con nuevos y viejos amigos. Con más de 22 puestos, hay opciones para todos los gustos.

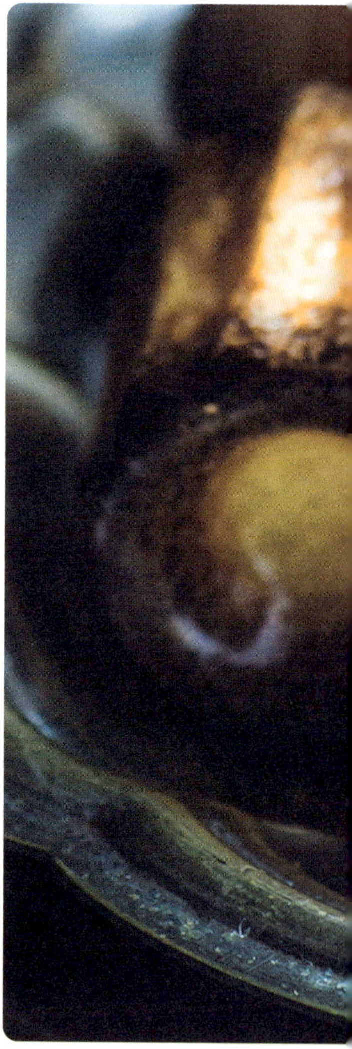

ULYANA KHORUNZHA/SHUTTERSTOCK ©

'Canelé'.

por esta pintoresca calle llena de anticuarios, tiendas de ropa y bodegas de vino hasta llegar al CAPC Musée d'Art Contemporain, que bien merece una rápida visita.

09 Se retoma la orilla hasta Rue Esprit-des-Lois, que conduce de vuelta a Place de la Comédie. El circuito termina aquí, convenientemente cerca de La Maison du Vin de Bordeaux, un edificio del s. XVIII que ahora es la sede del Consejo Interprofesional del Vino de Burdeos. Con un impresionante vitral, una sofisticada decoración y un elegante bar de vinos, el sitio ofrece un magnífico entorno para disfrutar de un merecido sorbo.

El 'canelé'

Pero el vino no es la única especialidad de Burdeos. Aunque menos conocido, también cabe mencionar el *canelé,* un pequeño bizcocho cilíndrico horneado en un molde.

De textura única, recién hechos, son crujientes por fuera y gomosos por dentro.

Se cree que su receta, a base de mantequilla, harina, azúcar, ron, vainilla y yemas de huevo, está vinculada a la historia de la producción vinícola de Burdeos, ya que en el proceso de vinificación se usaban claras de huevo, lo que implicaba un gran excedente de yemas.

32

País Vasco francés

DURACIÓN	DIFICULTAD	DISTANCIA	INICIO/FINAL
4 h	Alta	33 km	Bayonne / Thermes de Cambo-les-Bains

TERRENO	Vía ciclista, pequeñas carreteras y caminos de ripio

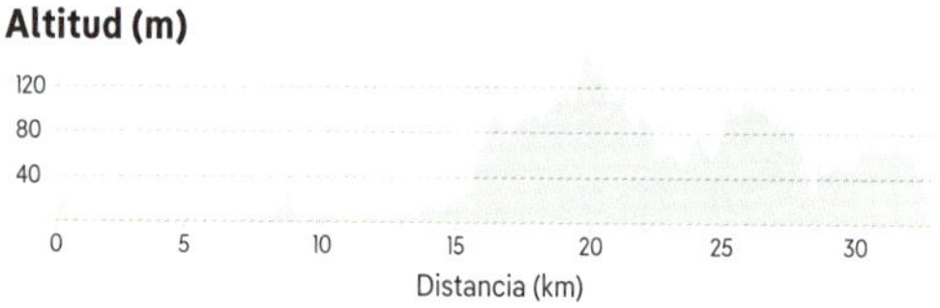

Esta ruta desde Bayona, la capital del País Vasco francés, hasta su interior rural supone un increíble periplo tanto paisajístico como gastronómico. Se trata de un itinerario especialmente diseñado para los amantes de la buena mesa, con numerosas paradas para probar las innumerables especialidades locales. Sin embargo, las considerables distancias y una cuantas imponentes ascensiones harán que todas esas calorías extras se quemen antes de notarlas.

Alquiler

Por los baches, se aconseja una bici de montaña. Maison Bicicletta (maisonbicicletta.com), una tienda conceptual que combina café y ciclismo, las tiene convencionales y eléctricas.

Punto de partida

Se empieza en Rue Port Neuf, aunque quizá cueste abandonar esta calle y sus pórticos, llenos de atractivas tiendas donde se vende el famoso chocolate de Bayona.

01 Se empieza por Rue Port Neuf con las encantadoras vistas de la catedral de Ste-Marie de Bayonne elevándose a través de esta estrecha calle llena de contraventanas. Se pasa por delante de varias tiendas de chocolate antes de llegar a Place Morlesin-Carreau, una plaza a orillas del río bordeada de emblemáticas mansiones vascas con entramado de madera e impregnada de deliciosos aromas procedentes del mercado cubierto. Hay que probar el famoso jamón de Bayona, a poder ser, con unas guindillas.

Río Nive, Bayona.

Ideal para

GASTRONOMÍA

‘Gâteau basque’

Desde su humilde creación en Cambo-les-Bains, el “pastel vasco” ha llegado a convertirse en un símbolo del País Vasco francés.

Creado a partir de una receta familiar transmitida de generación en generación, originalmente se comía los domingos después de misa, y se popularizó tras ser llevado al mercado de Bayona, donde las ventas se dispararon.

Es un pastel denso y redondo, de suave y quebradiza base, relleno de crema o mermelada de cereza, lo que lleva a la gran cuestión: ¿qué relleno se prefiere?

02 Se pedalea por Quai Amiral Jaureguiberry y se sigue hasta más allá del Pont du Génie. Aquí el pavimento se transforma en una vía ciclista al salir del centro. Se pasa por la sede del Aviron Bayonnais, cuyo equipo de remo se remonta a 1905. La ubicación de la ciudad en la confluencia de los ríos Nive y Adur ofrece a los remeros el campo de entrenamiento perfecto.

03 Los puentes se reflejan en las lentas aguas del Nive a medida que la vía ciclista serpentea de salida de la ciudad. Los campos de rugbi son sustituidos por sauces llorones, y pequeños pontones salpican las orillas del río. Lo único que se escucha es el silbido de los juncos, el gorjeo de los pajaritos y el ocasional grito de un timonel seguido del sonido de los remos en el agua. Esta vía ciclista se alarga 12 km.

04 Al acercarse a Ustaritz, el río se vuelve de color esmeralda oscuro, y el telón de fondo, montañoso. Se sigue la misma trayectoria cuando la vía ciclista termina al entrar en el pueblo. Tras una ligera cuesta, se va a la izquierda por la calle principal. Se admira la intrincada fachada neorrenacentista del palacete Lota, actual sede del Instituto Cultural Vasco.

05 Desde la calle principal, se gira a la derecha en el restaurante La Petite Auberge y se pasa por el frontón del pueblo, donde se juega a la pelota vasca. Este elemento está presente en casi todas las poblaciones del País Vasco.

06 Al salir de Ustaritz hay algunas subidas empinadas. Se pedalea colina arriba siguiendo las señales amarillas del Camino de Santiago hacia la Voie du Baston. En la cima aguardan las impresionantes vistas del Larrún, la mítica montaña vasca.

07 Se gira a la izquierda por un camino de ripio señalizado como "Haritzaldeko bidea", que atraviesa bucólicas zonas rurales pasando por granjas de pimientos y campos salpicados de ponis pottok, una raza de montaña autóctona, semisalvaje y milenaria.

08 Cuando el camino se bifurca, se toma a la derecha siguiendo otro cartel de la Voie du Baston. Así se llega al bonito pueblo de Espelette, donde las casas labortanas blancas, verdes y rojas están decoradas con ristras de pimientos y en los bares y restaurantes se cantan canciones tradicionales. Aquí hay numerosas tiendas que venden productos elaborados con los pequeños pimientos que comparten nombre con el pueblo.

09 Se serpentea hasta la parte baja del pueblo y la iglesia de St-Etienne. Luego, tras una larga ascensión, se llega a L'Atelier du Piment, una granja de pimientos que ofrece visitas gratis.

Una pausa

La Petite Auberge (lapetiteauberge-ustaritz.zensites.zenchef.com), con una ubicación ideal a media ruta, disfruta del título "Maître Restaurateur", un sello de calidad de la gastronomía francesa. El matrimonio formado por Solange y Jean-Marie Pigué ofrece platos tradicionales usando los mejores ingredientes locales, como el pescado fresco a la plancha, su especialidad.

En invierno, arde la chimenea y, en los meses más cálidos, está la terraza ajardinada. Para aquellos que aprecien lo genuino, este es el lugar ideal para hacer una pausa.

JOHN ELK III/GETTY IMAGES ©

Pimientos de Espelette.

10 Se sigue brevemente la carretera principal hacia Cambo-les-Bains antes de tomar una carretera más pequeña señalizada como “Basaburuko bidea”. Se pedalea cuesta abajo antes de ascender para rodear los terrenos de Villa Arnaga, una lujosa mansión considerada una obra maestra neovasca.

11 Tras una última ascensión hasta Cambo-les-Bains, se toma la ruta pintoresca que pasa por la iglesia de St-Laurent y se admiran las vistas panorámicas del valle del Nive. Se termina en los baños termales, sin duda la mejor manera para los cansados músculos.

Pimiento de Espelette

Perteneciente al tipo gorria (que en vasco significa “rojo”) de la variedad *Capsicum annuum*, el pimiento de Espelette tiene un característico sabor afrutado y ligeramente ahumado y picante. Se usa en muchas recetas locales, sobre todo en la *piperade*, un sofrito de acompañamiento que refleja los colores de la bandera vasca.

El microclima que proporcionan las verdes colinas y el aire de mar significa que solo se pueden elaborar productos oficiales de pimiento de Espelette con los pimientos cultivados en Espelette y pueblos circundantes, ya que el nombre cuenta con una DOP que garantiza su origen geográfico.

33

De Pau a Nay

DURACIÓN	DIFICULTAD	DISTANCIA	INICIO/FINAL
3 h	Baja	23 km	Pau / Nay

TERRENO	Vía ciclista y, de vez en cuando, carreteras secundarias

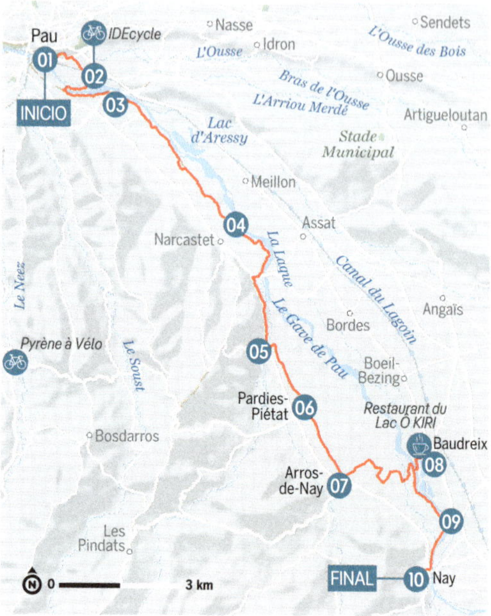

Altitud (m)

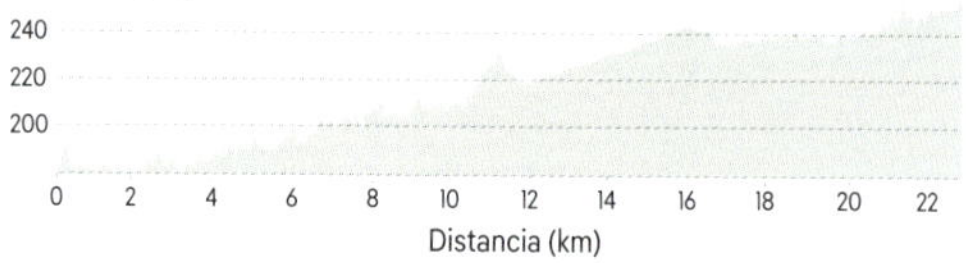

Con inicio en la antigua ciudad real de Pau, esta ruta depara asequibles ascensiones pirenaicas con muchos lugares interesantes para visitar. Sus 23 km de pendiente gradual suman un ascenso acumulado de 110 m, lo que resulta abarcable con un mínimo esfuerzo, si bien las vistas panorámicas harán creer que se está mucho más alto. Siguiendo la Véloroute 81, el magnetismo de las montañas atrae a los ciclistas a este frondoso valle al inicio de las estribaciones de los Pirineos.

Alquiler

IDEcycle (idelis.fr) es un sistema de alquiler autoservicio con estaciones en el centro de Pau. Para algo más sofisticado y personalizado, Pyrène à Vélo (pyreneavelo.fr) alquila bicis eléctricas.

Punto de partida

Se empieza en Le Tour des Géants, un museo al aire libre dedicado al Tour de France que ocupa la meta de las carreras originales y donde antaño se levantaba el velódromo de Pau.

01 Inspirado por los legendarios ganadores del Tour de France, se pedalea al este junto al río Ousse siguiendo los carteles del Stade d'Eaux Vives. Se pasa por La Forge Moderne, un moderno pueblo artesano y, tras cruzar el puente, se toma la vía ciclista señalizada que cruza las vías del tren.

02 Se pasa por el centro de deportes acuáticos Stade d'Eaux Vives y se pedalea en paralelo a los piragüistas que practican eslalon en aguas bravas. La ruta sigue corriente abajo antes de cruzar un puente que brinda vistas del castillo de Pau.

Castillo de Pau.

Ideal para

PAISAJES ESPECTACULARES

Pau

A principios del s. XIX, Pau fue apodada "la ciudad de los ingleses" debido a los muchos turistas británicos que recibía por su clima templado y espectaculares vistas.

Esto condujo a la creación del primer campo de golf de Francia y de la Europa continental, fundado aquí en 1856.

Antes de salir de Pau, se puede hacer un corto trayecto de subida en el funicular, inaugurado en 1908.

Arriba, se puede pasear por Blvd des Pyrénées desde el castillo de Pau para admirar las vistas panorámicas y, seguidamente, tomar algo en el Beanz Café.

03 Se siguen los carteles a Lourdes. El camino cruza gélidos arroyos y atraviesa un bosque poco arbolado, pero con mucha gente corriendo y paseando perros, hasta que se llega a las rocosas orillas del río Gave de Pau. La ruta vira a la derecha dejando atrás la ciudad. Las laderas de viñedos del jurançon, coronadas por *châteaux,* dejan paso a los amplios prados de la llanura de Nay, con atractivas vistas de los picos que hay por delante.

04 La ruta ciclista, asfaltada y bien señalizada, empieza a serpentear por el valle mientras las hojas susurran, las aves rapaces sobrevuelan en círculos y las campanas de las iglesias suenan a lo lejos. La ruta se reincorpora a la orilla del río, donde los rápidos fluyen entre piedras grises, y luego, río arriba, empieza a verse el puente de Assat.

05 Se sigue la carretera hasta la rotonda y se toma la última salida. Se siguen los carteles verdes a Lourdes. A una pequeña ascensión le sigue una suave bajada hasta el pueblo de Baliros. Tras cruzar el río Luz, se gira a la izquierda y se siguen los carteles de la ruta V81 para salir del pueblo pasando por la iglesia. Ahora, la llanura de Nay se despliega por delante y hay que girar la cabeza 180° para ver los Pirineos. Las nubes descienden desde las cimas a través de los puertos de montaña como si fueran los héroes del Tour.

06 Se pedalea cuesta abajo hacia Pardies-Piétat, las cúpulas de cuyo campanario se ven empequeñecidas por los picos que se alzan por detrás. La carretera rural está bordeada de pequeños muros de piedra cubiertos de musgo, y en los carteles empieza a aparecer Nay, además de Lourdes.

07 A las afueras de Arros-de-Nay, la ruta vira a la izquierda junto a cristalinos arroyos y a través de fértiles campos, donde los agricultores recolectan cebolletas, cuyo olor impregna el aire fresco. El ligero aumento de altitud apenas es perceptible si no fuera por la mole de cordillera que cada vez está más cerca.

08 Se dejan atrás las praderas salpicadas de caballos, se cruza un pequeño canal y se toma la bifurcación de la izquierda para llegar a la Passerelle de Baudreix, que cruza el río más allá de una pequeña cascada. Se va a la izquierda para visitar el lago de aguas espejadas donde se halla el Restaurant du Lac y una pequeña playa de baño con socorristas.

09 Se vuelve a cruzar la pasarela y se retoma la dirección original. La lisa vía ciclista asfaltada asciende ligeramente junto a las gélidas aguas azules del Gave de Pau hasta llegar

Una pausa

Una gran terraza de madera a cubierto con vistas a un pequeño lago en cuyas cristalinas aguas se reflejan las montañas circundantes es, sin duda, el principal atractivo del **Restaurant du Lac Ô Kiri** (lesokiri.com).

Pero eso no significa que su cocina tradicional no sea excelente también, pues ofrece un copioso menú de almuerzo de tres platos con los mejores ingredientes locales a un precio razonable, además de tener menú infantil y opciones a la carta. Resérvese antes.

MARK ZHU/SHUTTERSTOCK ©

Funicular de Pau.

a un estrecho canal de rápido fluir. Se sigue por la vía de un solo carril que hay enfrente. Este camino regala una muestra de la vida en Nay, una laboriosa población en la ladera de las montañas, antes de ofrecer increíbles vistas del río fluyendo a través de los arcos de piedra del puente de Claracq, con los Pirineos de fondo.

Musée du Béret, Nay

Cuando se piensa en Francia, quizá venga a la cabeza la emblemática boina que tiene su origen en este rincón del país. Así pues, ninguna visita a Nay estará completa sin una visita a este singular museo (museeduberet.com).

Ilustrando la historia de esta emblemática gorra, las exposiciones incluyen máquinas tradicionales usadas en el proceso de fabricación, ofreciendo una fascinante visión de lo que llegó a ser la boina.

La amplia gama de modelos que venden en la tienda del lugar también permite salir bien copado con una auténtica boina, fabricada muy cerca, en los talleres de la marca tradicional Laulhère en Oloron-Ste-Marie.

10 Se termina en Place de la République, dominada por el Hôtel de Ville y bordeada de restaurantes, bares y tiendas. Aquí está también la Maison Carée, construida en torno a 1540, cuyo patio replica la fachada del Coliseo de Roma; actualmente el lugar alberga exposiciones.

34

Narbona

DURACIÓN	DIFICULTAD	DISTANCIA	INICIO/FINAL
3 h	Media	25 km	Narbona / Port-la-Nouvelle

TERRENO	Superficies irregulares; mejor optar por una bici con neumáticos anchos

Altitud (m)

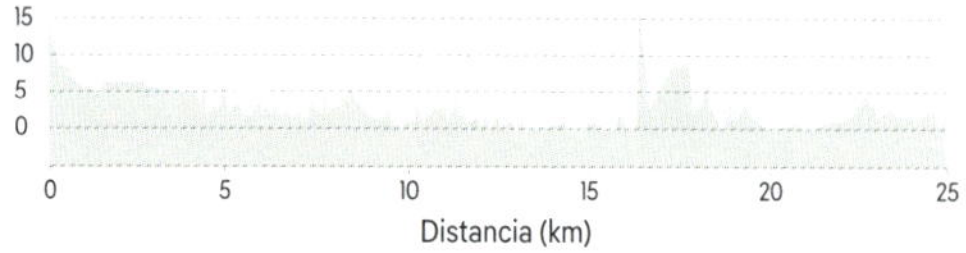

Esta soleada ruta desde Narbona, una pequeña ciudad con ambiente de pueblo del sur, hasta Port-la-Nouvelle, un resort de playa distinguido con bandera azul, es un irregular y exigente camino de sirga compensado por su distancia relativamente corta. Se trata de un tranquilo recorrido a través de un parque natural regional, donde el tiempo parece haberse detenido y pueblos pesqueros abandonados aparecen junto a vestigios que se remontan hasta tiempos de los romanos.

Alquiler

En una ubicación ideal junto al Pont de la Liberté, en el centro de Narbona, Languedoc VTT Évasion (languedoc-vtt-evasion.com) alquila bicis todoterreno de cicloturismo, ideales para esta ruta.

Punto de partida

El Palais des Archevêques se alza imponente en Place de l'Hôtel de Ville. Con su desconcertante mezcla de estilos, esta estructura monumental ha sido fortaleza, catedral y residencia del arzobispo.

01 Se empieza junto a los restos de la Vía Domitia, la calzada romana que unía Italia y España y recordatorio de las influencias que aún perduran en este rincón de Francia. Se baja hasta el canal y se cruza la Passerelle des Barques, con bonitas vistas del Pont des Marchands y los edificios en tonos tierra que lo bordean y que se reflejan en el canal.

02 Frente al puente peatonal está el mercado cubierto de Narbona, votado como el más bonito de Francia e ideal para comprar todo

Pont des Marchands, Narbona.

Ideal para

DESAPARECER DEL MAPA

Chantier de Charpenterie de Marine

En el canal de la Bobine, Patrimonio Mundial, este astillero de carpintería naval intenta conservar el patrimonio fluvial y marítimo de la región del Languedoc.

Implementando técnicas tradicionales de carpintería (materiales y herramientas incl.), un pequeño equipo de un programa de reinserción trabaja todo el año para restaurar embarcaciones fluviales y marítimas históricas.

Organizado en colaboración con el parque natural regional (parc-naturel-narbonnaise.fr) y financiado por la UE, el departamento de Aude y Le Grand Narbonne, este extraordinario proyecto puede visitarse durante todo el año.

lo necesario para un pícnic. Se vuelve a cruzar el canal, esta vez por el Pont de la Liberté. La vía ciclista está señalizada con un cartel verde de "Piste Cyclable" que hay que seguir en dirección a La Narbonette.

03 Se sale de la ciudad por este estrecho camino de sirga. Al cabo de poco, cada vez hay menos gente a medida que se cruzan los límites de la ciudad y se entra en el Parc Naturel Régional de la Narbonnaise en Méditerranée. Esta será la última vez en mucho tiempo que se escuchará el ruido de motores mientras se adentra en la naturaleza a lo largo del canal de la Bobine.

04 En la primera curva ancha del canal, una extensa llanura ofrece vistas despejadas. La silueta de las estribaciones de los Pirineos se alza a lo lejos y el Palais des Archevêques aún es visible a la espalda del ciclista. El mistral agita las altas hierbas, pero lo que se escucha sobre todo es el crujido del ripio bajo los neumáticos, interrumpido de vez en cuando por el lejano silbato de un tren.

05 Al otro lado del canal se verán barcos de madera, tanto terminados como en construcción, en el Chantier de Charpenterie de Marine. Al llegar a las puertas de la Écluse de Mandirac, se hace un corto desvío por el camino de la izquierda, que conduce a una pequeña carretera. Al cabo de unos cientos de metros está el Château du Petit Mandirac. No se puede visitar, pero la yuxtaposición de una mansión perdida en medio de los arrozales hace que valga la pena el desvío.

06 Para volver al camino de sirga se toma el camino rural frente al *château*, teniendo cuidado para evitar a las nutrias. Se sigue bajando por el camino junto al canal, y ya empieza a percibirse el olor salado del mar.

07 Se busca el merendero perfecto con vistas a los lagos de Campignol y l'Ayrolle. No hay bancos para sentarse, pero ahí radica su encanto. Se puede extender una manta bajo un árbol azotado por el viento y sentirse a kilómetros de la nada mientras los graznidos de las aves marinas viajan a través de los humedales.

08 Se esta rodeado de agua por todas partes, con lagunas marinas a ambos lados, así como el canal y la vía del tren a la derecha. El camino finalmente vira a la izquierda junto con el canal, atravesando una estrecha lengua de tierra con espectaculares vistas del Mediterráneo. Los flamencos planean en el cielo y luego se posan corriendo sobre el agua para unirse a cientos de otras aves que disfrutan de los bajíos de esta reserva natural.

Una pausa

Votado como el mercado más bonito de Francia, **Les Halles de Narbonne** (narbonne.halles.fr), de estilo *art nouveau*, ofrece una experiencia multisensorial y es ideal para comprar todo lo necesario para un almuerzo.

Su crisol de culturas se plasma en los acentos de los dueños de los puestos y en los platos regionales que ofrecen, con puestos de paellas valencianas y tapas catalanas junto a otros de *pizza* y aceitunas italianas. También hay paradas de charcutería local, fruta fresca y queso, así como panaderías.

Réserve Naturelle Régionale de Ste-Lucie.

09 Pronto se llega a la esclusa del canal y a la Maison Éclusière de Ste Lucie. Aquí hay bancos de pícnic. Este también es el punto de acceso a la isla de Ste-Lucie y sus senderos de excursionismo. Desde allí solo queda un tramo recto de 3 km de ripio antes de cruzar el Port des Salines hasta Port-la-Nouvelle.

Ste-Lucie y Nadière

Adentrándose en las lagunas entre Narbona y Port-la-Nouvelle se halla la Réserve Naturelle Régionale de Ste-Lucie.

Esta isla, fácilmente accesible, ofrece una amplia gama de senderos de excursionismo por pinares que culminan en miradores que dan testimonio de los muchos siglos de actividad humana en la zona.

Se puede observar las aves migratorias y las salinas desde el mirador con vistas a la intermitente isla de la Nadière, que aparece y desaparece.

Actualmente abandonada, los pescadores antaño construyeron viviendas temporales en ella porque ofrecía fácil acceso a los movimientos estacionales de los bancos de peces. Cuando sube la marea, las ruinas de las viviendas que aún quedan en pie se sumergen junto con la propia isla.

10 Se baja por el muelle hasta el mar, donde los pescadores venden sus capturas. Se termina la ruta en la playa de este resort costero. Se puede contemplar el faro con la arena entre los dedos de los pies o darse un baño antes de regalarse una buena comida en alguno de los muchos restaurantes del paseo marítimo.

Otras propuestas

'Pintxos'.

IHORGA/GETTY IMAGES ©

Bahía de Arcachón

DURACIÓN	DIFICULTAD	DISTANCIA
3 h	Media	24 km

Senderos fuera de pista alrededor de la Réserve Ornithologique du Teich facilitan acercarse a especies de aves migratorias.

Las aves se refugian en los prados salados con la pleamar, antes de desplazarse a las marismas cuando el agua se retira. Esta ruta permite evitar a las multitudes y disfrutar de vistas de la bahía de Arcachón desde escondidos puntos de playa. Luego, un sendero costero lleva de vuelta a la "Ville d'Eté" (ciudad de verano) de Arcachón pasando por pequeños puertos ostrícolas, pasarelas y caminos forestales cubiertos de pinaza. Por el camino habrá muchas oportunidades de degustar marisco y bañarse; además, la ruta termina en el paseo marítimo de Arcachón, lleno de bares, restaurantes, heladerías y actividades para niños.

De Biarritz a Hondarribia

DURACIÓN	DIFICULTAD	DISTANCIA
4 h	Alta	30 km

Entre Biarritz y Hendaya discurre uno de los tramos más espectaculares de la Vélodyssée, la sección francesa de la épica EuroVelo1, la ruta de la costa atlántica.

Esta es una ruta deportiva con muchas subidas y bajadas, pero merece la pena por el paisaje y los lugares de parada. Se pasará por sitios secretos de surf y bonitos pueblos vascos hasta llegar al colorido y portuario San Juan de Luz, donde se puede tomar unos *pintxos* en el centro histórico y zambullirse para refrescarse. Luego, la espectacular ruta por la zona natural protegida de la Corniche Basque ofrece fabulosas vistas de los acantilados costeros antes de llegar a la frontera española, que puede cruzarse en un pequeño ferri hasta Hondarribia, con sus animadas calles llenas de restaurantes.

VALERY ROKHIN/SHUTTERSTOCK ©

Río Charente, Cognac.

De Cognac a Châteauneuf-sur-Charente

DURACIÓN	DIFICULTAD	DISTANCIA
4 h	Media	36 km

Esta ruta sigue la Flow Vélo, un itinerario que atraviesa el valle del río Charente desde el litoral atlántico de La Rochelle al Périgord.

Se empieza recorriendo la histórica ribera de Cognac, una pequeña ciudad con un increíble patrimonio y famosa en todo el mundo por su aguardiente de uva. Las orillas del Charente conducen hasta Jarnac, una población menos conocida pero que alberga famosas destilerías de coñac, como Courvoisier, que ofrecen circuitos. Luego, el Charente se divide en múltiples ramales alrededor de islas silvestres, ofreciendo uno de los paisajes más atractivos del valle. Se llegará al encantador pueblo de Châteauneuf-sur-Charente antes de terminar en Le Bain des Dames, una playa fluvial de arena.

De Barbaste a Moncrabeau

DURACIÓN	DIFICULTAD	DISTANCIA
3 h	Baja	23 km

Esta ruta empieza junto al imponente Moulin des Tours, un molino medieval fortificado con un puente románico que perteneció a Enrique IV, que a veces firmaba sus cartas como "Enrique, el molinero de Barbaste".

Por la Véloroute de la Baïse se sigue el río navegable epónimo, serpenteando a través de fértiles valles bordeados de suaves colinas y campos de girasoles. El primer lugar de parada es Nérac, cuyos pintorescos muelles están bordeados de barcazas, galerías de arte y restaurantes. Aquí también hay un castillo-museo dedicado a Enrique IV, uno de los reyes más populares de Francia. La ruta termina con las vistas del valle desde el pueblo de Moncrabeau, famoso por su extravagante academia, festival y trono de los mentirosos.

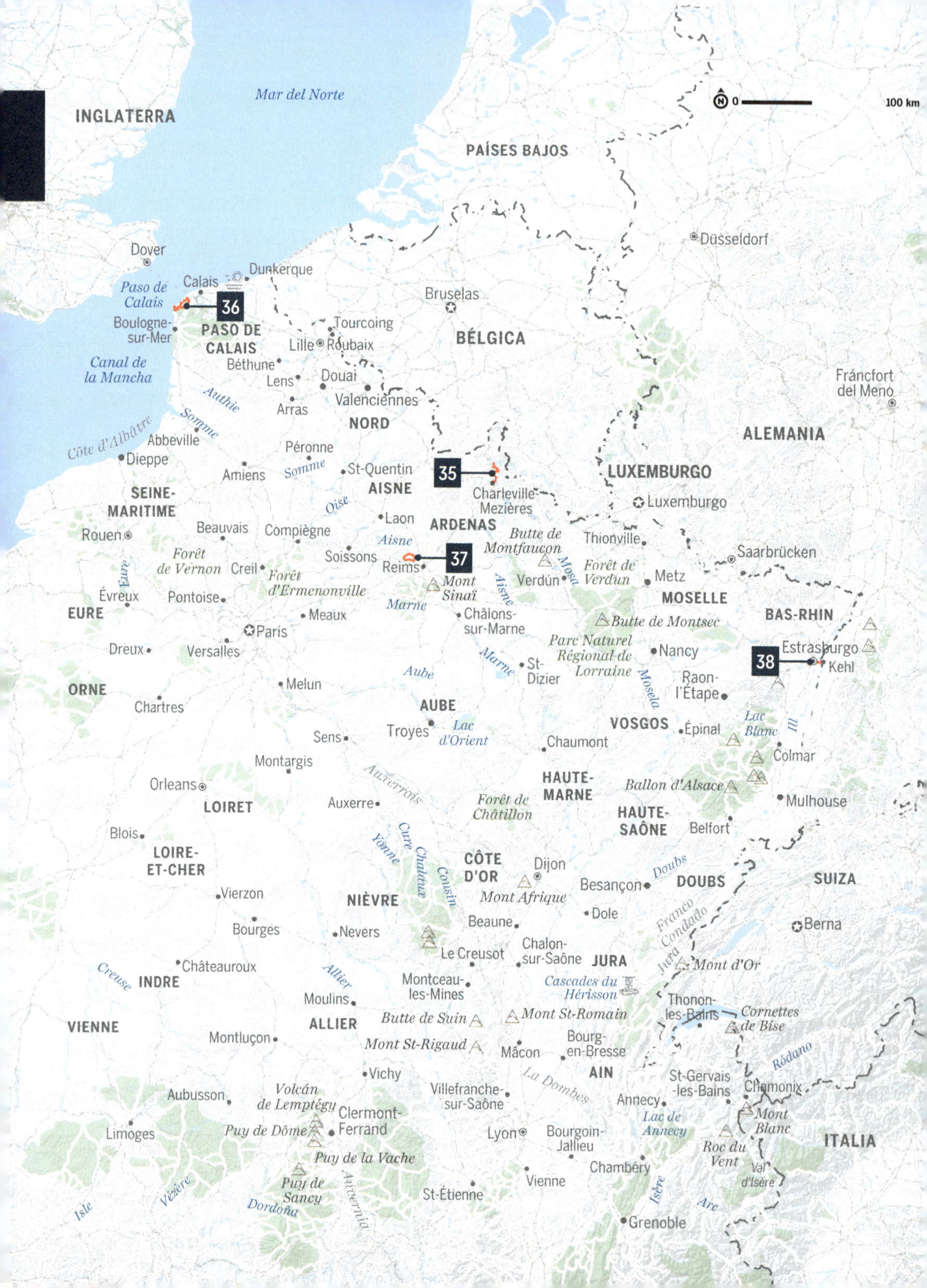

Mar del Norte
INGLATERRA
0
100 km
PAÍSES BAJOS
Düsseldorf
Dover
Dunkerque
Paso de Calais
Calais
36
Bruselas
Boulogne-sur-Mer
PASO DE CALAIS
Tourcoing
Lille
Roubaix
BÉLGICA
Canal de la Mancha
Béthune
Lens
Douai
Fráncfort del Meno
Authie
Arras
Valenciennes
Somme
NORD
ALEMANIA
Côte d'Albâtre
Abbeville
Péronne
Dieppe
Amiens
Somme
St-Quentin
35
LUXEMBURGO
SEINE-MARITIME
AISNE
Charleville-Mezières
Luxemburgo
Oise
Laon
ARDENAS
Beauvais
Compiègne
Butte de Montfaucon
Thionville
Rouen
Aisne
Forêt de Vernon
Soissons
37
Saarbrücken
Creil
Reims
Mosa
Forêt de Verdun
Metz
Eure
Forêt d'Ermenonville
Mont Sinaï
Verdún
Aisne
Évreux
Pontoise
Marne
MOSELLE
EURE
Meaux
Châlons-sur-Marne
Butte de Montsec
BAS-RHIN
París
Parc Naturel Régional de Lorraine
Dreux
Versalles
Marne
Nancy
38
Estrasburgo
Kehl
St-Dizier
Aube
Mosela
Raon-l'Étape
ORNE
Melun
AUBE
Chartres
Lac Blanc
Ill
Lac d'Orient
VOSGOS
Épinal
Sens
Troyes
Chaumont
Colmar
Montargis
Auxerrois
HAUTE-MARNE
Orleans
Ballon d'Alsace
LOIRET
Auxerre
Forêt de Châtillon
Mulhouse
HAUTE-SAÔNE
Blois
Cure
Belfort
Yonne
LOIRE-ET-CHER
Chalaux
CÔTE D'OR
Dijon
Doubs
SUIZA
Cousin
DOUBS
Besançon
Vierzon
NIÈVRE
Mont Afrique
Dole
Franco Condado
Bourges
Nevers
Beaune
Berna
Chalon-sur-Saône
Le Creusot
JURA
Jura
Mont d'Or
Creuse
Châteauroux
INDRE
Allier
Montceau-les-Mines
Cascades du Hérisson
Moulins
Thonon-les-Bains
Cornettes de Bise
VIENNE
ALLIER
Butte de Suin
Mont St-Romain
Montluçon
Bourg-en-Bresse
Mont St-Rigaud
Mâcon
Ródano
Vichy
AIN
La Dombes
St-Gervais-les-Bains
Chamonix
Aubusson
Volcán de Lemptégy
Villefranche-sur-Saône
Annecy
Clermont-Ferrand
Lac de Annecy
Mont Blanc
Limoges
Puy de Dôme
Lyon
Bourgoin-Jallieu
ITALIA
Roc du Vent
Puy de la Vache
Chambéry
Val d'Isère
Puy de Sancy
Auvernia
Vienne
Vézère
Isère
Isle
Dordoña
St-Étienne
Arc
Grenoble

AASTELS/SHUTTERSTOCK ©

Cap Gris-Nez (p. 214).

Noreste de Francia

Explorar

Noreste de Francia

Desde Calais, en el canal de la Mancha, hasta Estrasburgo, a orillas del Rin, el noreste de Francia linda con Bélgica, Luxemburgo, Alemania y Suiza. Gran parte de la región es conocida como el Grand Nord, y con razón. La geografía es montañosa y principalmente agrícola, con cielos abiertos, e incluye importantes regiones vinícolas, como Champaña y Alsacia, además de la belleza natural de las Ardenas. Ondulada pero sin grandes montañas, a la vez que amenizada por una agitada historia e impregnada de culturas poco preocupadas por las fronteras, aunque también marcada por siglos de guerras, esta es una región ideal para la práctica del ciclismo.

Calais

Esta parte de Francia encarada al Reino Unido atrae a millones de viajeros fugaces del otro lado del Canal, así como a turistas de Bélgica, Países Bajos y la propia Francia. Las tierras agrícolas al sur de Calais ofrecen fabulosas vistas del canal desde sus colinas, que cambian de color según lo que se cultive y la época del año, así como un viaje al pasado gracias a los búnkeres que construyeron los nazis en previsión de una invasión aliada que acabó por producirse en Normandía.

Dunkerque

Más al norte, casi en Bélgica, Dunkerque tiene un paisaje más llano, gente increíblemente amable y lecciones sobre la evacuación masiva de tropas en la II Guerra Mundial que dio lugar a la expresión "espíritu de Dunkerque".

Lille

Hacia el este a través de Lille, una de las zonas metropolitanas más grandes de Francia, se llega a las colinas marcadas por la guerra de las Ardenas, donde actualmente prospera la fauna, incluidos búhos y castores. El río Mosa serpentea a través de esta geografía con una elevación mínima, ofreciendo una sencilla ruta en bici a través de un paisaje espectacular.

Champaña

Más cerca de París se hallan las colinas calcáreas de Champaña, cuna del famoso champán francés. Esta es una región escasamente poblada, con algunas partes muy visitadas en verano,

CUÁNDO IR

Las zonas más montañosas, como las Ardenas, pueden ser muy frías en invierno, aunque son razonablemente templadas en primavera y otoño. La costa del canal de la Mancha puede ser una delicia siempre que haga sol. Alsacia disfruta de una gran tradición navideña, pero hay que estar preparado para la nieve, mientras que las zonas de viñedos acogen festivales entre septiembre y octubre.

si bien la mayoría solo la atraviesa de camino al más cálido sur. Reims, su mayor centro urbano, tiene una enorme catedral gótica, declarada Patrimonio Mundial, en la que eran coronados los reyes de Francia. Además, como ciudad universitaria que es, Reims tiene una rica vida cultural, al igual que la metrópoli históricamente franco-alemana de Estrasburgo, en Alsacia, a tiro de piedra de Alemania y objeto de disputa durante siglos debido a su estratégica ubicación a orillas del Rin, una de las rutas comerciales más importantes de Europa desde la Edad Media.

Estrasburgo

Con un ambiente de ciudad centroeuropea y dialecto propio, parecido al alemán, Estrasburgo es una ciudad muy adecuada para la bicicleta, al igual que los inclinados viñedos que conducen a Lorena, al sur, salpicada de iglesias antiguas y excelentes ejemplos de arte religioso medieval. Gran parte de la industria del noreste de Francia ya ha desaparecido, pero la región sigue siendo uno de los principales centros económicos de Francia gracias a su enorme sector agrícola y a los muchos viajeros que la visitan por su singular mezcla de culturas.

TRANSPORTE

El Eurostar, el Eurotúnel y los ferris conectan Inglaterra con las rápidas pero caras autopistas de Francia y su red de trenes de alta velocidad, que pueden llevar hasta la frontera oriental con Alemania en cuestión de horas. Con tiempo, se recomienda elegir carreteras secundarias o trenes regionales, que normalmente aceptan bicis.

EVENTOS

Mercado de Navidad

El de Estrasburgo (noel.strasbourg.eu), que data del s. XVI, afirma ser el mercado de Navidad más grande y antiguo de Europa.

Carnaval de Dunkerque

Celebrado en febrero, este famoso Carnaval es el más desenfrenado de Francia. Tradicionalmente, esta época de fiesta precedía a la temporada en que los pescadores se hacían al mar.

Festivales de marionetas

En septiembre, Charleville-Mézières acoge el mayor festival de marionetas del mundo (festival-marionnette.com), en años impares (el próximo, en el 2025), que combina con el Temps d'M, en los años pares.

Recursos

Visit Strasbourg (visit strasbourg.fr) Todo lo que ofrece Estrasburgo, incluida la compra de entradas.

Voies Vertes (voiesvertes.cd08.fr) Información sobre la Voie Verte a lo largo del Mosa.

German Bunkers (german bunkers.com) Guía detallada (en inglés) sobre las fortificaciones y los búnkeres nazis en la costa del canal y más allá.

DÓNDE ALOJARSE

En las ciudades y centros turísticos hay muchos hoteles abiertos todo el año, mientras que en las zonas rurales muchos cierran en temporada baja, aunque siempre hay una buena oferta de viviendas de alquiler para estancias cortas, más económicas en invierno. En verano, los *campings* son una excelente opción.

Incluso se puede llamar a la puerta de las casas en el campo y, en general, a la gente no le importa que el viajero plante la tienda de campaña en su propiedad: no hay mejor manera de empezar el día que con café en el campo a orillas del Mosa mientras se contemplan los castores.

35

Río Mosa

DURACIÓN	DIFICULTAD	DISTANCIA	INICIO/FINAL
2 h	Baja	5 km	Charleville-Mézières / Monthermé

TERRENO	Vías ciclistas asfaltadas

Altitud (m)

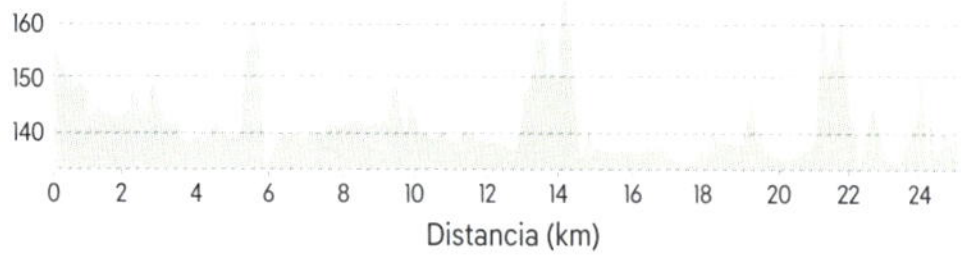

La ruta empieza en la histórica ciudad de Charleville-Mézières y sigue el serpenteante río Mosa por las espectaculares colinas boscosas de las Ardenas vía varios pueblos pintorescos. El viaje de ida y vuelta a Monthermé es de 50 km, pero siempre se puede acortar o tomar un tren de vuelta desde alguna estación en camino. Casi toda la ruta es por una vía ciclista compartida con peatones, caballos y algún que otro burro.

Alquiler

A2R (atelierdes2roues.com) alquila bicis eléctricas, infantiles y de montaña, así como remolques. En verano abre a diario. Ofrece reservas en línea y entrega y recogida de bicis.

Punto de partida

Desde la tienda de bicis, se va 400 m cuesta abajo hasta Rue de Berthaucourt/Rue du Canal de l'Est. Se va a la derecha antes de cruzar el puente y se toma la vía ciclista a lo largo del canal.

01 La vía ciclista gira a la derecha al cabo de unos 400 m, donde el canal converge con el caudaloso pero lento Mosa. Se sigue la vía ciclista unos 2 km y se cruza el puente, vedado a vehículos de motor. Más adelante se gira a la derecha por un puente vial que cruza el Mosa, y luego a la derecha bajando por una corta pendiente hasta la vía ciclista, la EuroVelo 19, donde Rue Jean Jaurès converge con Rue Pasteur.

Fortificaciones, Charleville-Mézières.

Ideal para

RÍO Y BOSQUES

Los cuatro hijos de Aymon

La leyenda de los cuatro hijos de Aymon data del s. XII y relata cómo este llevó a sus vástagos a París para presentárselos a Carlomagno.

Su hijo Renaud demostró su valía en un torneo real y el emperador le regaló el caballo mágico *Bayard*. Luego, Renaud mató a uno de los sobrinos de Carlomagno en una disputa ajedrecística, tras lo cual los cuatro hermanos huyeron a lomos de *Bayard*, bastante grande como para llevarlos a todos mientras cruzaba los valles.

Los hermanos buscaron refugio en las Ardenas, donde su primo, el mago Maugis, les construyó un castillo que daba al Mosa.

02 La ciudad y, luego, los campos van dando paso a bosques y afloramientos rocosos. Se verán burros y ciervos domesticados en cercados antes de llegar a Nouzonville al cabo de unos 10 km. Desde la Edad Media, Nouzonville, como muchas otras poblaciones de esta zona, fue un centro metalúrgico donde se fabricaban sobre todo fusiles, cañones, bayonetas y otras armas blancas. Esta zona, que ha sido testigo de tantos combates, fue ocupada por los alemanes durante las dos guerras mundiales. El café y panadería La Halte Gourmande (la-halte-gourmande.eatbu.com) está junto a la vía ciclista en el nº 2 de Rue Jean Roger, en Nouzonville.

03 Nada más pasar Nouzonville, en la otra orilla, está Solférino, un pueblo creado por Napoleón III para conmemorar su victoria de 1859 junto al ejército de Piamonte-Cerdeña contra el emperador austriaco Francisco José I en Solferino, en Italia, la última gran batalla de la historia donde los monarcas comandaron personalmente sus tropas. El sufrimiento de los soldados tras la contienda condujo a la creación de los Convenios de Ginebra y la fundación de la Cruz Roja Internacional.

04 Se sigue 8 km por la vía ciclista y se llega a Bogny-sur-Meuse, otro antiguo centro metalúrgico que alberga el Musée de la Métallurgie Ardennaise, en un antiguo edificio industrial en la otra orilla del Mosa y que merece la pena visitar. También se verá por encima del pueblo la resplandeciente estatua blanca de los cuatro hijos de Aymon y su mágico caballo *Bayard*.

05 Desde Bogny-sur-Meuse, se sigue otros 5 km por la vía ciclista hasta llegar a Monthermé. Este tramo del río está prácticamente deshabitado y es muy visitado por las aves en busca de peces. Con suerte, se verán águilas pescadoras y zampullines cuellinegros en plena cacería. Por la mañana y al anochecer son los mejores momentos para ver sus elegantes despegues y aterrizajes. Si se para por las boscosas colinas, hay que estar atento a los picamaderos negros.

06 Se puede cruzar el puente y subir a pie al mirador de La Roche à Sept Heures para contemplar la curva del río que se acaba de recorrer en la bicicleta, y luego volver por la misma ruta hasta Charleville-Mézières, seguir bajando junto al río por la EuroVelo 19 (esta vez por la otra orilla) o tomar la vía ciclista Trans-Semoysienne a lo largo del río Semois hacia el este, que ofrece una ruta más íntima a lo largo de un río más pequeño con aún más encanto natural. Para llegar al Semois, en la orilla derecha del Mosa, hay que tomar Rue Pasteur, que se convierte en Rue André Compain, y girar a la

LUKAS GOJDA/SHUTTERSTOCK ©

Búho real.

Una pausa

Les Boucles de Meuse (lesbouclesdemeuse.fr), en un edificio tradicional de piedra junto a la vía ciclista cerca del puente principal en Monthermé, ofrece excelente cocina casera, incluidos platos de carne y pescado, así como opciones vegetarianas y veganas.

El restaurante también es un hotel con 10 habitaciones, y permite disfrutar de una copa de vino o un café en su terraza. El personal es amable y profesional.

izquierda por la Trans-Semoysienne tras cruzar el primer puente.

07 Tras volver en tren o en bici a Charleville-Mézières, se pedalea hasta el Musée Arthur Rimbaud (musee-arthurrimbaud.fr), dedicado al hijo más famoso de la ciudad. Este atormentado poeta y *enfant terrible* del s. XIX tenía sentimientos encontrados hacia su ciudad natal, de la que ya había huido tres veces con 17 años. Luego, se va hasta la elegante plaza mayor del s. XVII, Place Ducale, construida a imagen y semejanza de la parisina Place des Vosges.

Avifauna del Mosa

El Mosa y las colinas vecinas albergan una rica fauna, incluidos búhos reales, mochuelos boreales y cigüeñas negras.

También se pueden ver castores mordisqueando hierba junto a la vía ciclista y, con suerte, la protegida drosera (una planta carnívora, también llamada rocío del sol) y varios tipos de orquídeas.

El río y los humedales y turberas circundantes son un imán para muchas aves, y es una gozada verlas alzar el vuelo desde el río al anochecer. Mientras, en los bosques de los alrededores, los cazadores acechan a ciervos y jabalíes.

36

Ideal para

PLAYAS E HISTORIA

Côte d'Opale

DURACIÓN	DIFICULTAD	DISTANCIA	INICIO/FINAL
2,5 h	Media	37 km	Paseo marítimo de Wissant

TERRENO	Carreteras, pistas agrícolas y vías ciclistas, y largas y lentas ascensiones y descensos

JEROEN MIKKERS/SHUTTERSTOCK ©

Cabo Blanc-Nez.

Al sur de Calais, esta ruta circular desde el antiguo pueblo pesquero de Wissant se extiende entre los cabos de Blanc-Nez y Gris-Nez, un destino muy popular entre los franceses por sus amplias playas de arena y entre los artistas que buscan esa luz que da nombre a esta costa (costa del ópalo). La ruta atraviesa campos que cambian de color a lo largo del año. Además de belleza natural, también se encontrarán fortificaciones nazis y un marisco excelente.

Alquiler

Aunque no es imprescindible, se recomienda una bici eléctrica (por las cuestas). Les Vélos de Nico (velo-wissant.com) ofrece un excelente servicio (reservas en línea incl.).

Punto de partida

La ruta empieza en el paseo marítimo de Wissant (a un corto trayecto al volante de Calais), donde está la tienda de bicis Les Vélos de Nico, cerca del Hotel de la Baie.

01 Desde Rue Jacques et Pierre Wissant se va hacia el interior hasta la Rte de Calais (D940). Se continúa durante 2,7 km y se gira a la derecha, ya fuera de Wissant, por una pista agrícola.

02 Se sigue la pista cuesta arriba 2,2 km (a las espaldas quedan fantásticas vistas de la bahía de Wissant), se gira a la izquierda en el cruce hacia Escalles y, luego, otra vez a la izquierda por Rue de la Mer hacia la playa de Cran d'Escalles.

Altitud (m)

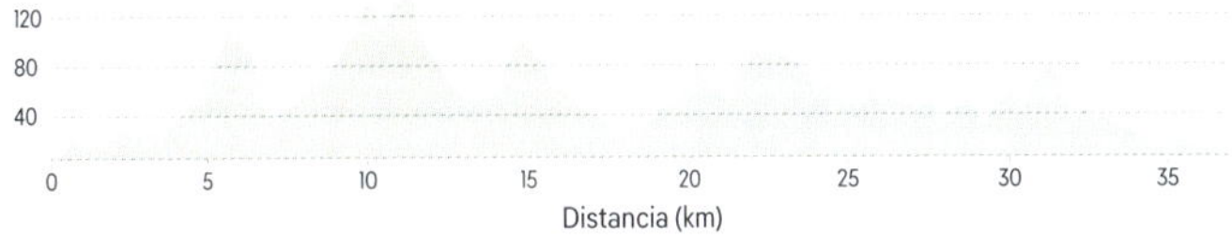

03 Se puede subir a pie al cabo Blanc-Nez ("nariz blanca"), cuyos acantilados son muy similares a los blancos de Dover, que en días despejados pueden verse claramente al otro lado del canal. El promontorio está coronado por un obelisco dedicado a la Patrulla de Dover de la Royal Navy, encargada de mantener el canal libre de submarinos alemanes durante la I Guerra Mundial.

04 Desde el centro de Escalles se toma la Rte de Peuplingues hacia el interior hasta Haute Escalles y se gira a la derecha por la Rte de Ramsault, que asciende durante 3,5 km y luego ofrece un emocionante descenso de 2 km a través de campos.

05 Se atraviesa Rameseau por Hameau de Rameseau, que se convierte en el serpenteante Chemin de la Vallée Tournante. Luego, se gira a la derecha por Rue Principale (D244) hasta Hervelinghen. En la iglesia de Hervelinghen se toma a la izquierda Rue de l'Église, que conduce a una pista agrícola por un bonito paisaje de ondulados

AASTELS/SHUTTERSTOCK ©

Monumento a la Patrulla de Dover.

Artistas en la Côte d'Opale

Lo de Côte d'Opale fue acuñado por el artista Édouard Lévêque en 1911 para describir la singular y cambiante luz de este tramo de la costa, en especial el modo en que el cielo se funde con el mar.

Estos paisajes costeros inspiraron a muchos otros artistas, incluidos los escritores Victor Hugo y Charles Dickens, el pintor inglés J. M. W. Turner y el compositor francés Henri Dutilleux.

A partir de la década de 1880, los pintores empezaron a mudarse aquí, muchos de ellos a Wissant, donde diversos paneles informativos explican la historia del movimiento artístico de la École de Wissant.

campos durante 3 km hasta llegar a la D249 a las afueras de Audembert. Los campos reúnen una mezcla de trigo, colza y cebada, además de lino, que en junio los tiñe de azul.

06 Se dobla a la derecha y se pasa por la iglesia hasta cruzar la D238 por la Rte de Warcove. Hay una tienda que vende productos locales antes de que la carretera vire a la derecha en el Gîte de la Ferme Rose. Se gira a la derecha por la Rte d'Ausques hasta llegar al cruce con la D249 y a la izquierda por la Rte de la Fleur des Champs. Se sigue por Hameau de Warincthun, se cruza la D191 y se sigue por Hameau d'Onglevert.

07 Al cabo de 1 km, se gira a la derecha por una pista agrícola. Se tuerce a la izquierda y, luego, a la derecha y se cruza la D940 hasta el bosque de Haringzelles, donde hay restos de baterías nazis. Se da una vuelta a pie por estas reliquias de la II Guerra Mundial o se gira a la derecha por La Sence para visitar el contiguo Musée du Mur de l'Atlantique en Audinghen, donde también hay artillería nazi. Hay que tener cuidado al explorar los búnkeres en ruinas: en la década de 1950, tres trabajadores franceses murieron a causa de artefactos sin detonar en la Batterie Todt Turm 3.

08 Se sigue por el camino principal hasta que converge con la Rte du Cap (D191), que atraviesa Waringzelle y conduce a Framezelle. El cabo Gris-Nez ("nariz gris") y su faro están claramente señalizados, al igual que el restaurante Les Margats de Raoul. Se vuelve por la misma carretera, se toma a la derecha por la Rte de Floringzelle y, luego, la bifurcación de la derecha por Rte du Panche hasta Audinghen.

09 Cuando se vea el restaurante Vent du Nord, se va a la izquierda y, después, a la derecha por Rue des Écoles. Se vuelve a girar a la derecha por Rue des Breux de vuelta a los campos. Al cabo de 1 km, se gira a la izquierda por Le Hamel (que se convierte en Rue des Trois Violons). Se gira a la derecha en la Rte d'Ausques (D249) y, al cabo de 300 m, a la izquierda por una pista agrícola.

10 Se sigue la pista 1,5 km. Luego, esta discurre en paralelo a la Rte de la Motte au Bourg (D940), a la que el ciclista se incorpora, a la derecha. La carretera se convierte en Avenue Victor Hugo al entrar en Wissant, y se toma a la izquierda por Rue de la Motte au Vent. Se sigue la calle a través de Wissant, pasando por el supermercado Spar, para girar a la izquierda por Rue du Professeur Leloir y volver a la tienda de bicis.

Una pausa

Les Margats de Raoul (lesmargatsderaoul.eu), de camino al cabo Gris-Nez, ofrece cocina del lugar, incluidos *moules et frites* (mejillones y patatas fritas), pescado fresco y la especialidad local: el *welsh*, un pariente lejano del galés *Welsh rarebit*.

Este plato, con muchos carbohidratos, consiste en una tostada con queso fundido, ideal para una larga ruta en bici. Se puede regar todo con una cerveza local de la Brasserie des 2 Caps.

Búnker de hormigón de la II Guerra Mundial, Wissant.

El Muro Atlántico

Hitler sabía que los aliados en algún momento cruzarían el canal de la Mancha para intentar liberar Europa, pero no por dónde.

Por eso, ordenó la construcción de una enorme línea de fortificaciones que iban desde Noruega hasta España, pero con especial hincapié en la costa francesa frente a los acantilados de Dover, el punto más cercano entre la Europa continental e Inglaterra.

Tras la guerra, resultó complicado desmantelar tantos búnkeres y casamatas de hormigón armado, por lo que muchas de estas moles grises todavía salpican el paisaje de la bonita Côte d'Opale.

37

Ideal para

VIÑEDOS

Champaña

DURACIÓN	DIFICULTAD	DISTANCIA	INICIO/FINAL
2 h	Media	22 km	Trigny

TERRENO	Carreteras y algunos caminos de tierra y pistas agrícolas; cuestas

INCAMERASTOCK/ALAMY STOCK PHOTO ©

Viñedo, Champaña.

Esta ruta explora las colinas del macizo de St-Thierry, con los viñedos más septentrionales de la famosa región de Champaña y posibles paradas en camino para hacer catas (y seguro que algunas de las ascensiones darán sed). Gran parte del itinerario es por carretera, pero en esta parte de Champaña no suele haber mucho tráfico en verano. Se toma el tren de Reims a Muizon y se pedalea hasta Trigny, o desde Reims se puede ir en bici hasta Trigny (13 km; 45 min) o hasta Merfy (30 min).

Alquiler

Bike Energy (bikeenergy.com) está en Trigny, pero puede entregar y recoger bicis en cualquier lugar de los alrededores, incluida Reims. Se puede reservar en línea.

Punto de partida

La ruta empieza y termina en L'Epicurien, en Place de la Mairie, en Trigny, a la vuelta de la esquina de la base de Bike Energy.

01 Se empieza en L'Epicurien, en Trigny, se gira a la derecha e inmediatamente de nuevo a la derecha en una pequeña rotonda para salir del pueblo por el este. Se verán los primeros viñedos a la izquierda. Al cabo de 600 m, se sale a la izquierda de la carretera principal hacia el bosque, el Bois du Vivier, que en verano ofrece una agradable sombra.

02 Hay 2 km en ligera pendiente hasta Chenay. Luego, se dobla a la izquierda al pasar la fuente y se sigue la D26 a través del pueblo.

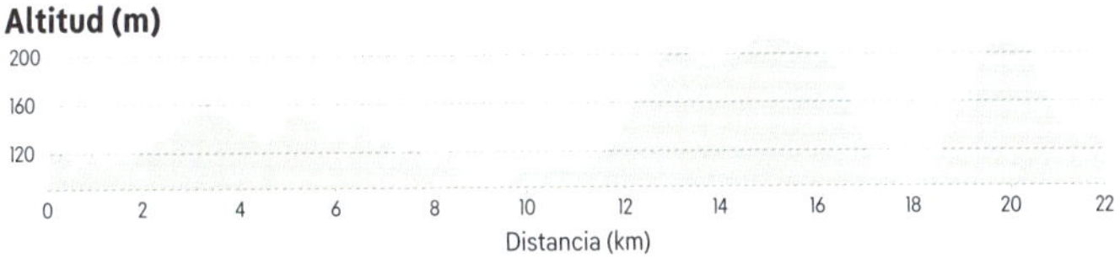

MICHAL ZAK/SHUTTERSTOCK ©

Corchos de Champán.

En la bifurcación se continúa por la izquierda hasta ir a parar a más viñedos. Al salir del pueblo, a la derecha, se verá el cruciforme monumento a la Resistencia. Desde allí, si está despejado, puede verse la enorme mole gótica de la catedral de Reims al este.

03 Se sigue por la D26 a través de Merfy, sede de algunos de los bodegueros de champán más famosos de la zona. Pasados unos 250 m de la iglesia de Merfy, se toma a la izquierda hacia Pouillon por Rue de Pouillon.

04 Se prosigue por la carretera 2,5 km hasta Pouillon. Recto a través del pueblo, en la pequeña rotonda (se verán seis buzones verdes) se gira a la izquierda por una carretera más pequeña. Al cabo de 100 m se toma la bifurcación de la derecha y se sigue 750 m a través de viñedos hasta llegar a la D330, que se toma a la izquierda; se verá la bodega Champagne Charles Heston a la izquierda.

05 En esta ruta hay muchas bodegas de champán, pero no todas abren al público, aunque la mayoría vende sus productos si se llama antes. La bodega Champagne Charles Heston, en funcionamiento en Pouillon desde 1951, abre a diario y ofrece catas en su bodega y bar de champán; previa reserva, también ofrece un menú de almuerzo típico. Sus uvas proceden de las laderas de seis pueblos circundantes.

Champán del macizo de St-Thierry

En verano, el macizo de St-Thierry no recibe tantos turistas como la región entre Reims y Épernay.

Las uvas o *cépages* (cepas) de la zona son principalmente de variedad meunier, y se cultivan en las laderas orientadas al sureste en un suelo más arenoso y arcilloso que el que hay más al sur, lo que aporta a los vinos un sabor más mineral.

Los monjes benedictinos controlaban el vino tranquilo elaborado en esta zona entre los ss. VII y XVII, cuando descubrieron que una segunda fermentación en la botella daba al vino de Champaña sus famosas burbujas.

SLOWMOTIONGLI/GETTY IMAGES ©

Burra *grand noir du Berry.*

06 Se sigue la carretera hasta Villers-Franqueux y, en el cruce principal, se va a la izquierda por la D30 (Rue de la Gare). Se sigue la D30 hacia Hermonville y se atraviesa el pueblo (3 km). Luego, la carretera empieza a ascender a través de viñedos. Al cabo de 2,5 km se gira a la izquierda (150 m después de un cruce hacia la izquierda donde no es posible ir a la derecha).

07 Se continúa por la carretera 2 km hasta llegar al punto más alto de las colinas, una oportunidad excelente para admirar y fotografiar los campos y viñedos circundantes. A continuación, hay un largo descenso hasta el pueblo de Pévy, girando a la derecha por Rue des Creutes y luego a la izquierda por la D575 nada más pasar el ayuntamiento *(mairie)*.

08 Se toma la D575 durante 2 km hasta más allá de Prouilly, donde se convierte en la D75, y se gira a la izquierda por una pista agrícola, y luego a la derecha por En Hutois. Aquí se halla la Asinerie de Pes Vitis (asineriedepesvitis.com), donde Flora Mathis cría burras *grand noir du Berry* y elabora cosméticos naturales con su leche, como jabón, champú y cremas.

09 Se vuelve a Prouilly, donde se va a la derecha por el empinado Chemin de la Montagne 200 m pasada la iglesia. Puede que se quiera empujar un rato la bici. Se sigue hasta que se vea aparecer una gran antena a la izquierda, en lo alto de la colina; un poco antes de ello, hay un camino de tierra a la derecha que conduce al bosque. Ahora solo queda hacer un divertido descenso a través de la fronda y los viñedos de vuelta a Trigny y tomarse una merecida copa en L'Epicurien.

Una pausa

L'Epicurien, en Trigny, está bien para un tentempié, pero para una comida el Attis (restaurantattis.com), en Chenay, es extraordinario. El chef Benoit Mérot selecciona y prepara sencillos ingredientes franceses en una granja restaurada con un patio interior. El comedor tiene vistas a los viñedos de Chenay, a escasos metros. Ofrece dos menús (36 y 53 €) y tiene 250 vinos para elegir.

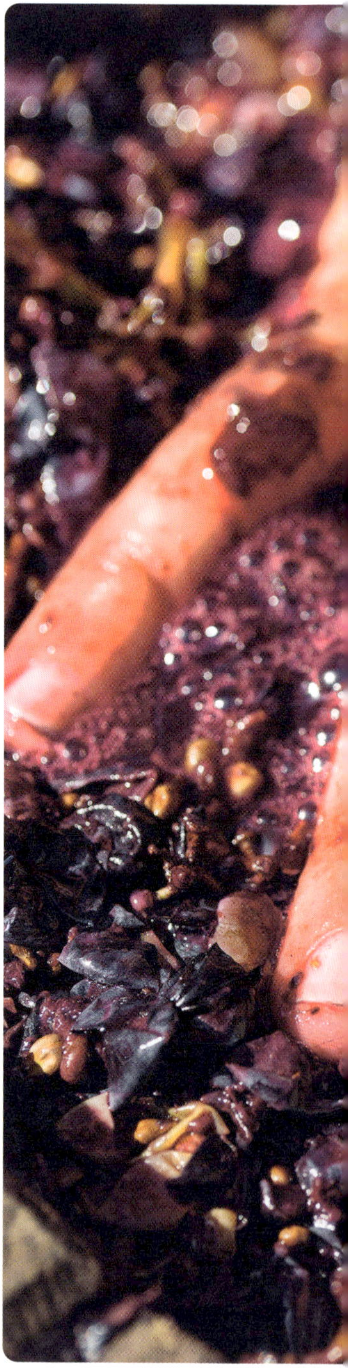

MOUNTAINS HUNTER/SHUTTERSTOCK ©

Prensado a mano de las uvas.

Fête des Vendanges

Como muchas de las regiones vinícolas de Francia, el macizo de St-Thierry celebra su Fiesta de la Vendimia, que marca el inicio de la temporada alta de octubre.

La sede de la fiesta va cambiando entre los 15 pueblos de la zona, pero siempre ofrece la oportunidad de mostrar esa cultura y tradiciones locales que van desapareciendo, como la llevar las uvas a la prensa y prensarlas a mano.

Para la ocasión se montan unas carpas donde disfrutar de la música, la comida y el champán.

38

Ideal para

ARQUITECTURA

Estrasburgo

DURACIÓN	DIFICULTAD	DISTANCIA	INICIO/FINAL
2 h	Baja	20 km	Estación de trenes de Estrasburgo

TERRENO	Vías ciclistas y alguna carretera

NETFALLS REMY MUSSER/SHUTTERSTOCK ©

Petite France, Estrasburgo.

En la frontera con Alemania, Estrasburgo tiene un carácter único definido por los intercambios tanto pacíficos como beligerantes entre ambos países. La ciudad tiene un fabuloso patrimonio arquitectónico y muchos estudiantes, lo que resulta en una animada vida nocturna que incluye microcervecerías y festivales al aire libre. Su llana orografía la hace ideal para pedalear, con una red de carriles bici por toda la ciudad y a través del Rin hasta Alemania.

Alquiler

En la estación de trenes está Velhop (velhop.strasbourg.eu). Si no, One City Tours (onecity-tours.com/one-city-bike) queda a 5 min a pie de la estación.

Punto de partida

Se empieza en Place de la Gare, frente a la estación de trenes, un fabuloso ejemplo de arquitectura del s. XIX al que se le ha añadido un elegante y moderno atrio de cristal.

01 Se va a la derecha al salir de la estación de trenes por Blvd de Metz. Al cabo de 700 m se dobla a la derecha por Rue de Rothau, se pasa por debajo de las vías del tren y se gira a la izquierda por Rue du Ban-de-la-Roche.

02 Se dobla a la derecha en el aparcamiento y se toma el carril bici que cruza un túnel por debajo de la autopista. Se sigue a través de los árboles, con el canal a la derecha y huertas comunitarias a la izquierda, por la Piste Maurice

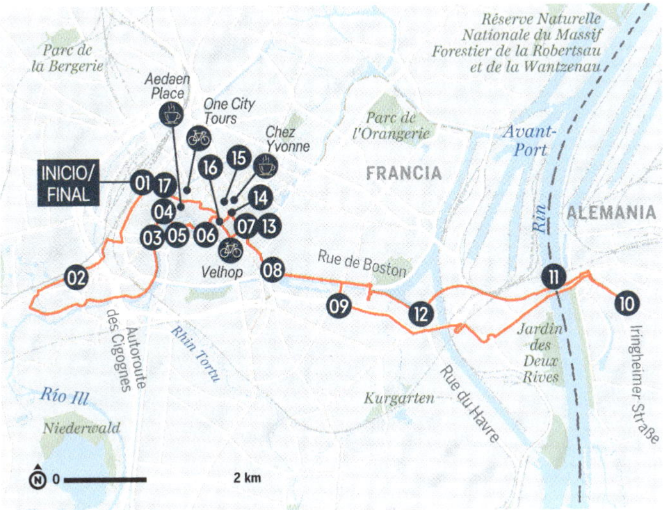

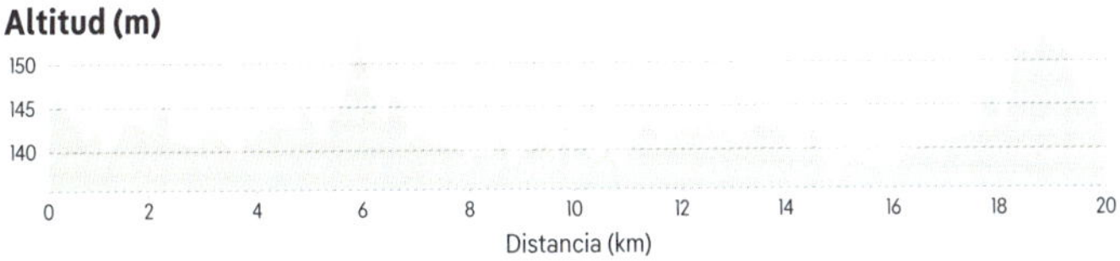

Garin y a través del Parc Eugène Imbs. Luego, se cruza la Rte de Schirmeck y se gira a la izquierda por Rue des Carolingiens y otra vez a la izquierda por la Piste de Quatre Rivières.

03 Se sigue el carril bici hasta que empieza a seguir la orilla izquierda del río Ill y se continúa por esta 1,25 km, con la Gran Mezquita de Estrasburgo en la otra orilla, hasta llegar al Musée d'Art Moderne et Contemporain. Este elegante museo con fachada de cristal alberga una más que notable colección impresionista, algunos Picassos y una excelente sección surrealista. El Art Café, en la azotea, es ideal para echar un bocado mientras se contempla la ciudad.

04 Se sigue el carril bici hasta Rue Ste-Marguerite, se gira a la derecha, se cruza el puente y se llega a la Petite France. Este es el centro histórico, donde vivían y trabajaban pescadores, curtidores, tintoreros y otros artesanos. Las casas con entramado de madera de los ss. XVI y XVII se construyeron a ras de los canales, tan necesarios para sus labores. En los inclinados tejados había buhardillas donde se secaban las pieles. Esta sigue siendo la parte más bonita y fotogénica de la ciudad, y sus calles adoquinadas bordeadas de coloridas casas son también las más turísticas. En algunas partes, claramente señalizadas, hay que bajarse de la bici.

CONSEJO:

Les Bains Municipaux

Los baños municipales de Estrasburgo son una joya arquitectónica. Su deslumbrante mezcla de neobarroco y *art nouveau* nació de la creativa mente de Fritz Beblo a principios del s. XX.

Cambio de bandera

Estrasburgo prosperó gracias a su localización a orillas del Rin, pero esa misma posición estratégica hizo que fuera invadida repetidas veces, pasando varias veces de control francés a alemán en los últimos 150 años.

Francesa desde 1681, fue anexionada por Alemania en 1871 tras la invasión prusiana, devuelta a Francia en 1918, ocupada por los nazis en la II Guerra Mundial y de nuevo francesa tras la contienda.

La Unión Europea, construida sobre el principio de la paz entre Francia y Alemania, tiene varias instituciones aquí, incluidos el Tribunal Europeo de Derechos Humanos y el Parlamento Europeo (compartido con Bruselas).

Una pausa

Chez Yvonne (restaurant-chez-yvonne.net) es una de las *winstubs* (literalmente "salas de vinos", aunque también sirven comida) más antiguas de Estrasburgo, una favorita del presidente francés Jacques Chirac. Situada al norte de la catedral, ofrece cocina alsaciana tradicional, como pollo al *riesling*, empañadillas de hígado y codillo de cerdo, junto con platos de carne más convencionales y los omnipresentes *spaetzle*, en un acogedor comedor con mucha madera.

05 Se gira a la derecha y se cruzan los Ponts Couverts (que ya no están cubiertos), construidos como parte de las defensas del s. XIV. A la derecha se verá la Barrage Vauban, una presa defensiva del s. XVII que permitía inundar rápidamente la parte sur de la ciudad para impedir el avance de los invasores. Vauban, considerado el mejor ingeniero de su época, sirvió en el ejército de Luis XIV.

06 Se dobla a la izquierda tras pasar la segunda torre medieval a mano derecha y, luego, a la derecha por Rue des Moulins en el cruce. Se cruza otro puente, se toma a la derecha por Rue de la Monnaie y, luego, a la izquierda por la estrecha Rue Salzmann al llegar a la iglesia de St-Thomas, que queda a la derecha. Se gira a la derecha por la Grand'Rue y de nuevo a la derecha por el carril bici en Rue de la Division Leclerc.

07 Se tuerce a la izquierda al llegar al Pont Nicolas y, seguidamente, a la derecha al llegar a Rue du Vieux-Marché-aux-Poissons. Aquí se halla el Musée Historique, perfecto para saber sobre la compleja historia de la ciudad desde la época del Sacro Imperio Romano Germánico. Al otro lado del río, el Musée Alsacien ilustra la vida tradicional en la región, sobre todo en los ss. XVIII y XIX.

08 Tras cruzar el puente, se sigue la carretera y se gira a la izquierda por Rue des Boeufs, que se convierte en Rue de la Brigade Alsace-Lorraine. Se gira a la izquierda por la vía ciclista antes del puente del canal y se sigue el canal durante 900 m por Quai des Alpes hasta doblar a la derecha para cruzar el Pont Winston Churchill.

09 Si no se quiere cruzar el Rin y pasar a Alemania, aquí se puede dar marcha atrás y saltar al paso 13. Al cabo de 100 m, se gira a la izquierda por Avenue du Rhin (E52) y se sigue durante 1,5 km hasta cruzar el Pont Vauban. Justo después del puente, se toma la salida del carril bici de la derecha, se cruza un túnel por debajo de la vía del tren y se gira a la izquierda y, luego, a la derecha hasta llegar a la rotonda. Se cruza la rotonda y se sigue por el carril bici a la derecha de Avenue de Vitry-le-François.

10 Se prosigue 1 km y, cuando se llega a mitad del Pont de l'Europe sobre el Rin, ya se está oficialmente en Alemania. Poco después del puente se va a la derecha por Hauptstrasse y se sigue hasta Marktplatz de Kehl, donde es posible tomar

Parc de l'Orangerie, Estrasburgo.

Parc de l'Orangerie

Al noreste del centro, en dirección a las instituciones europeas, se halla el Parc de l'Orangerie, el Retiro de Estrasburgo.

Con unas 30 Ha, incluidos varios parques infantiles, un minizoo, un lago con barcas y 3000 árboles, es un lugar excelente para descansar y ver a los estrasburgueses.

El lugar acoge conciertos gratis en verano y bandadas de cigüeñas en primavera; así que vale la pena visitarlo en cualquier época del año.

OLRAT/SHUTTERSTOCK ©

Place Gutenberg, Estrasburgo.

un café o probar especialidades locales, como la *flammkuchen* y el *schnitzel*, en el Cafe Central (Blumenstrasse 13).

11 Se vuelve por Hauptstrasse, se cruza Strassburger Strasse y se toma el carril bici de la izquierda. Esta vez se cruza el Rin por el Pont Beatus Rhenanus, un puente en arco más moderno que también usan los tranvías (se puede subir con la bici al tranvía).

12 De vuelta en Francia, se gira a la derecha siguiendo el carril bici bajo dos puentes, se cruza otro moderno puente en arco por donde pasa el tranvía y ya se está de vuelta en Estrasburgo. Se gira a la derecha por el carril bici a lo largo de Quai du Bassin Dusuzeau. Se dobla a la izquierda antes del Pont du Danube, se sigue el carril bici que sube hasta el puente y lo cruza, y se vuelve a girar a la izquierda por Quai des Alpes.

13 Se sigue recto 1,2 km y, al llegar al primer puente vial, se toma a la derecha de vuelta a Rue de la Brigade Alsace-Lorraine. Se sigue por Rue des Boeufs y se gira a la derecha por Rue des Bouchers, se cruza el puente y se continúa por Rue du Vieux Marché aux Poissons.

14 Al llegar a la estrecha Rue Mercière, antes de la elegante Place Gutenberg, a la derecha se disfruta de las mejores vistas de la catedral de Notre-Dame de Strasbourg. Cuando se completó en el s. xv, su torre, de 142 m, era la más alta de Europa. Esta obra maestra del gótico, con su famoso pilar de los Ángeles, merece una visita; hasta el mirador hay 332 escalones.

15 Unos cuantos metros al norte más allá de Place Gutenberg está Rue des Grandes Arcades, donde se halla Le Comptoir de Mathilde, un sitio excelente para comprar exquisiteces locales (amplia selección de chocolate para untar incl.).

16 De vuelta en Place Gutenberg, que toma su nombre del inventor de la imprenta moderna en el s. xv, que vivió en la ciudad y que tiene una estatua en la plaza, se va hacia el suroeste por Rue des Serruriers y, luego, se gira a la derecha por Rue de la Division Leclerc, que se convierte en Rue des Francs-Bourgeois.

17 Se gira a la izquierda cuando se vea el Cinema Vox a la derecha y se sigue por Rue Ste-Hélène. Se toma a la derecha Rue des Drapiers y, luego, a la izquierda Rue du 22 Novembre. Se cruza el Pont Kuss para llegar a la estación.

Una pausa

Poco antes de volver a la estación de trenes, se puede tomar a la izquierda por Rue des Aveugles hasta el **Aedaen Place** (aedaen-place.com), una *brasserie*, pizzería, bar clandestino y galería de arte con una relajante decoración de plantas. También acoge espectáculos musicales y de comedia. Se recomiendan el *pisco sour* del bar y el *brunch* dominical en el restaurante Spuntino. Si se tiene prisa, también se puede pedir una *focaccia* para llevar.

Otras propuestas

Bray-Dunes.

JENS DEPPNER/SHUTTERSTOCK ©

Trans-Semoysienne

DURACIÓN	DIFICULTAD	DISTANCIA
Hasta 2 h	Baja	20 km

Esta continuación de la ruta por el río Mosa discurre hacia el este en suave pendiente desde Monthermé, río arriba por el burbujeante, poco profundo y montañoso Semois, hasta Nohan-sur-Semoy.

Se empieza frente al supermercado Carrefour al sur de Monthermé y se sigue por la orilla derecha del río aguas arriba a través de un bosque cada vez más tupido. A menudo, las ramas de los árboles se extienden por encima del sendero creando un túnel verde que se alterna con tramos abiertos que ofrecen espléndidas vistas del valle. Se puede ver y escuchar mucha fauna hasta llegar a Nohan-sur-Semoy, donde alguien puede recogernos en coche. Si no, se puede pedalear de vuelta a Monthermé. No hay trenes desde Nohan-sur-Semoy.

De Dunkerque a Bray-Dunes

DURACIÓN	DIFICULTAD	DISTANCIA
2,5 h	Baja	30 km

Se empieza en el puerto de Dunkerque, donde se pueden alquilar bicicletas. Desde Quai de Leith, cerca de la estación de trenes, se adentra en el puerto y lo rodea.

Se pasará por el Musée Opération Dynamo, dedicado a la evacuación masiva de tropas en la II Guerra Mundial, antes de ir al este por el paseo marítimo, compartido por ciclistas y peatones. Las evacuaciones de la Operación Dinamo se produjeron sobre todo desde Malo-les-Bains (donde se verán algunas encantadoras casas *art déco*) y Bray-Dunes; se pasa por ambas al ir hacia el norte. Una agradable vía ciclista discurre por el lado este de las dunas, vía el museo Fort des Dunes, hasta la frontera belga, donde es posible tomar una cerveza antes de volver a Dunkerque.

KIRK FISHER/SHUTTERSTOCK ©

Eguisheim.

Colmar y alrededores

DURACIÓN	DIFICULTAD	DISTANCIA
2 h	Media	25 km

Esta agradable ruta empieza y termina en Colmar, al sur de Estrasburgo, y transcurre entre viñedos alsacianos y pintorescos pueblos cercanos. Antes de empezar, hay que visitar el impresionante retablo de Isenheim, en el Musée Unterlinden de Colmar.

Se sale de Colmar por el oeste hacia Ingersheim y, luego, hasta Turckheim, un pueblo como de cuento rodeado de viñedos. Se sigue hacia el sur por Wintzenheim, Wettolsheim y Eguisheim, pueblo medieval considerado uno de los más bonitos de Francia, con viejas calles adoquinadas dispuestas concéntricamente alrededor del castillo. Se sigue hasta Herrlisheim-près-Colmar antes de ir al norte para volver a Colmar por una vía ciclista junto al río Lauch.

Ruta del champán de Reims

DURACIÓN	DIFICULTAD	DISTANCIA
2,5 h	Baja	40 km

Desde la estación de trenes de Val-de-Vesle, al sureste de Reims, se va al suroeste hasta el Canal de l'Aisne à la Marne, que se sigue por la derecha, pasando por el cementerio de guerra de Sillery, hasta Reims.

Se cruza el canal en el Pont Huton y se va a la izquierda por Rue Albert Thomas hasta la famosa casa de champán Veuve Clicquot. Se continúa 1 km por Blvd Diancourt, que se convierte en Blvd Pommery, y se llega a la casa de champán Pommery. Se sigue al noroeste por Blvd Henry Vasnier. Al llegar a Place Aristide Briand, se gira a la izquierda por Rue Voltaire para la catedral de Reims. Al oeste por Rue des Tournelles se retoma el canal, que se sigue de vuelta a Val-de-Vesle.

Cómo llegar

Los aeropuertos internacionales más grandes del país son los de París y Niza, seguidos de los de Lyon, Marsella y Toulouse. Casi todas las grandes ciudades tienen trenes directos a París, con conexiones en trenes regionales hasta el punto de partida de la ruta ciclista. El de Niza es perfecto para destinos del sur de Francia. En general, si se llega desde un país extracomunitario, pasar los trámites aduaneros lleva su tiempo.

Viajar con la bicicleta

Las aerolíneas consideran la bicicleta como equipamiento deportivo. Algunas las aceptan y otras cobran una pequeña tarifa de equipaje. Para volar con una bici, hay que empaquetarla de manera específica: hay que bajar o quitar el sillín, desmontar la rueda delantera y aflojar el manillar, y posiblemente desmontarlo, para que quepa junto al cuadro de la bici. Hay que envolver el cambio de marchas en plástico de burbujas para protegerlo de golpes. Puede que haya que quitar los pedales. Los trenes de alta velocidad cobran una tarifa por llevar la bici (10-20 €). Algunas líneas del TGV obligan a que vaya desmontada y guardada en una bolsa para bicis. Los trenes TER suelen tener un espacio designado para bicis, que se pueden llevar gratis.

	París CDG	París Orly	Niza
TREN	45 min **12 €**	25 min **14 €**	25 min **1,50 €**
AUTOBÚS	85 min **2,10 €**	40 min **2,10 €**	20 min **1,50 €**
TAXI	50 min **55 €**	25 min **35 €**	15 min **32 €**
LANZADERA	60 min **17 €**	30 min **11,20 €**	20 min **32 €**

ENTRAR EN FRANCIA

Los ciudadanos comunitarios pueden entrar libremente en Francia. Los de unos 60 países extracomunitarios no necesitan visado para estancias de hasta 90 días.

WIFI

Casi todos los aeropuertos y estaciones de trenes ofrecen wifi gratis. En las ciudades, el wifi está generalizado. En los pueblos quizá haya que pedir a alguien compartir conexión o crear un punto de acceso desde su móvil.

EFECTIVO

Se puede retirar efectivo en los cajeros automáticos. Entre los principales bancos están BNP Paribas, Crédit Agricole, CIC y Société Générale. También hay *bureaux de change* para cambiar dinero.

IVA

Los extracomunitarios pueden pedir una devolución del IVA por compras superiores a 175 € al salir del país. En los aeropuertos hay máquinas para escanear los códigos de barras de los recibos correspondientes.

Cómo desplazarse

A TENER EN CUENTA

Se conduce por la derecha.

50

En las carreteras está prohibido adelantar por la derecha.

0,5

El límite de alcoholemia es de 0,5 g/l.

BICICLETAS EN EL TRANSPORTE PÚBLICO ☆

Muchos autobuses regionales tienen espacio para las bicicletas, y algunas líneas privadas, como Flixbus (flixbus.com), permiten llevarla gratis. Sin embargo, viajar en Francia en tren con una bici aún puede ser complicado. Las normas varían según el tipo de convoy. En los TGV hay que reservar. Algunos obligan a guardar la bici en una bolsa especial en la zona normal de equipaje. Muchos trenes no permiten bicis de carga o remolques para niños.

INFORMARSE ES IMPORTANTE

Antes y durante el viaje recomendamos que cualquier información relacionada con la seguridad, la salud, los trámites administrativos como con la expedición de visados, etc., sea verificada con el Ministerio de Asuntos Exteriores del país del viajero. Nuestras guías están actualizadas al cierre de la edición original, pero los cambios políticos, sociales y naturales son cada vez más rápidos e inciertos.

Automóvil/ coche compartido

BlaBlaCar (blablacar.fr) domina el mercado de *covoiturage* (coche compartido) en Francia. Para alquilar un coche a un particular, se puede probar **Roadstr** (roadstr.fr) o **Ouicar** (ouicar.fr). En las ciudades grandes hay servicios de alquiler de coches por horas, como **Zipcar** (zipcar.com) y **Ubeeqo** (ubeeqo.com).

Límite de velocidad

En autopista/carretera regional/área urbana, 130/110 km/50 km por hora, a no ser que se especifique lo contrario. Las zonas peatonales suelen estar limitadas a 30 km/h. En autopistas y carreteras muy transitadas hay muchos radares, y son habituales las multas por exceso de velocidad.

Autobús

Los horarios de los servicios locales y regionales varían durante las vacaciones escolares. Hay muchas líneas interregionales, que salen desde la *gare routière*. Algunos vehículos tienen espacio especial para llevar bicis.

Tren

Es posible reducir las emisiones de carbono y hacer de la visita a Francia una aventura en tren y bici. Hay coches cama nocturnos en varios itinerarios, y compartimentos privados para viajeras en solitario.

COSTES

Automóvil de alquiler
Desde 35 €/día

Metro de París
Aprox. 26 €/ semana

Tarifa de transporte de bicicletas en tren
20 €

Gasolina
Aprox. 1,90 €/l

IZDA.: EQROY/SHUTTERSTOCK ©, DCHA.: MIKAEL VAISANEN/GETTY IMAGES ©

Alojamiento

WARMSHOWERS, LA RED PARA CICLISTAS

Diseñada para viajeros que recorren el mundo sobre dos ruedas, Warmshowers (warmshowers.org) es un valioso recurso. Los anfitriones ofrecen sus casas para que los ciclistas puedan descansar, darse una ducha y comer. Aunque no se pernocte, es buena idea contactar con los anfitriones de una región para informarse sobre la zona. Además, si se tiene algún problema con la bici, casi todos los anfitriones suelen ser ciclistas y pueden ayudar al respecto. Warmshowers también tiene un útil foro para la planificación de viajes.

CUÁNTO CUESTA UNA NOCHE EN...

Hotel-*boutique*
100-250 €

Tienda de campaña (dos personas)
10-25 €

Gîte
55-100 €

Chalés

Los que viajen a los Alpes deberían reservar un chalé de madera con vistas a las montañas. Normalmente, solo la planta superior es de madera, mientras que la estructura principal es de piedra u hormigón. A menudo equipados con muebles de madera y mullidas mantas, son acogedores refugios entre las imponentes montañas. Cuestan desde 150 €/noche, con grandes descuentos por semanas.

'Châteaux' y haciendas

Reservar una estancia en un *château* o hacienda es una forma divertida de sentirse como un rey. A no ser que se vaya en grupo, la forma más económica y razonable de alojarse en uno de estos lugares es decantarse por el modelo de B&B. El valle del Loira es la mejor zona para encontrar habitación en un *château;* y, para una casa señorial, Borgoña. Precios desde 140 €/noche.

'Mas'

Para una estancia típica en Provenza, nada como reservar una noche en un *mas* (casa provenzal). Normalmente construidos con materiales de bajo coste, como arcilla, madera o piedra local, un *mas* suele constar de varios edificios, ya que antaño cada uno tenía su función en la granja. Desde 100 €/noche.

Casas de granito

En la costa de Bretaña, las casas están construidas con el oscuro granito bretón. Esta piedra y estas casas están protegidas con un sello parecido a la DOP o la DOC de productos como el queso y el vino. Desde 80 €/noche.

'Maisons à colombage'

Desde Normandía hasta Alsacia, las casas con entramado de madera *(colombage)* representan la clásica arquitectura residencial. Para su construcción, una estructura de madera se rellenaba de cal, paja, arena y arcilla. Normalmente, esto se traducía en casas asimétricas, lo que le da a las calles un encanto especial. Los propietarios de *maisons à colombage* suelen alquilar una habitación. Desde 70 €/noche.

Bicicletas

CUÁNTO CUESTA ALQUILAR...

Bicicleta de carretera
Desde 20-50 €/día

Bicicleta eléctrica
Desde 35-70 €/día

Circuito en bicicleta
Desde 50 €

Alquiler de bicicletas

Muchas ciudades han implementado sistemas de bicis compartidas fáciles de usar. En otras, también hay sistemas de bicis de alquiler sin estaciones. El cicloturismo está creciendo rápidamente en Francia y, si en la zona ya hay una consistente economía turística, probablemente habrá múltiples tiendas de alquiler de bicis. Se pueden encontrar a través de Accueil Vélo (francevelotourisme.com/accueil-velo) o la oficina de turismo. Los hoteles, y a veces los B&B, también alquilan bicis. En regiones donde el cicloturismo ya está arraigado, como el Loira, el Canal du Midi o Ardèche, hay tiendas que ofrecen servicio de entrega y recogida de bicis; fuera de estas regiones puede ser más complicado.

Bicicletas eléctricas

Las bicis eléctricas están de plena actualidad en Francia. Muchas tiendas de alquiler, sobre todo en las zonas montañosas, han pasado a alquilar solo bicis eléctricas. Las bicis se alquilan totalmente cargadas y con una batería de repuesto. Si se alquila una para varios días, la tienda suele prestar un cargador. En los últimos años, las bicis eléctricas también se han vuelto más ligeras y fiables. Las bicis de montaña eléctricas también van al alza, no solo en zonas montañosas, sino también en áreas con senderos un poco pedregosos, embarrados o técnicos. Por motivos de seguridad, no se alquilan bicis eléctricas a menores de 12 años.

OTRO EQUIPAMIENTO

Las bicis suelen incluir un kit de reparación. Hay que comprobar los frenos, neumáticos y marchas antes de salir de la tienda de alquiler, y tener siempre a mano su número de teléfono por si surgen problemas.

Salud y seguridad

SEGURO

Actualmente, para viajar, mucha gente usa el seguro de la tarjeta de crédito con la que compró los billetes de viaje. Pero esta no es una solución infalible, sobre todo si se tiene un accidente relacionado con un deporte (como el ciclismo). Hay que consultar con la aseguradora si las reclamaciones relacionadas con el ciclismo están cubiertas. Si no, hay que buscar un seguro más completo.

Casco

El casco salva vidas, pero no hace que el ciclista sea invulnerable. Uno de los mayores peligros para los ciclistas son los vehículos a motor en la carretera. Siempre hay que estar atento al tráfico y mirar dos veces antes de cruzar una carretera o girar. Hay que hacer señales con la mano para indicar las intenciones a los automovilistas, y nunca se debe asumir haber sido visto hasta que no se haya establecido contacto visual.

Ciclismo apto para familias

Aunque los conductores franceses están acostumbrados a los ciclistas y el país está ampliando su red ciclista, lo más seguro si se va con niños es circular solo por vías seguras. La distancia legal de adelantamiento de un coche a una bici es de entre 1 y 1,5 m. Si no se está seguro de poder pedalear seguro por carreteras compartidas, hay que ir solo por vías ciclistas o alquilar un remolque para llevarlos.

Incendios forestales

Los veranos en Francia cada vez son más calurosos y secos. Cuando se viaje por zonas con riesgo de incendio, no hay que fumar ni usar encendedores. Durante los períodos de sequía, muchas zonas están cerradas al público en general, o a gente que usa un transporte que podría provocar chispas (p. ej. bastones de senderismo o caballos con herraduras metálicas).

AVERÍAS

Si se tienen problemas con una bici de alquiler, hay que llamar a la tienda. Si el francés del viajero no es muy bueno, puede usar estas frases:
J'ai besoin d'aide! ¡Necesito ayuda!
J'ai crévé! ¡He pinchado! (no confundir con **Je suis crévé!,** que es "¡estoy agotado!").

Turismo responsable

El cambio climático y los viajes

Es imposible ignorar el impacto que producimos cuando viajamos, así como la importancia de hacer cambios cuando se pueda. Lonely Planet insta a todos los viajeros a comprometerse con la huella de carbono de su viaje. Muchas páginas web ofrecen calculadoras de carbono que permiten al viajero hacer un estimar las emisiones de carbono que genera su viaje, p. ej. resurgence.org. Muchas aerolíneas y webs de reservas ofrecen la opción de compensar el impacto de los gases invernadero emitidos participando en iniciativas ecológicas por todo el mundo. Lonely Planet compensa la huella de carbono de todos los viajes de su personal, a sabiendas de que se trata más de una atenuación que de una solución.

RECURSOS

BlaBlaCar
blablacar.fr
Plataforma de coches compartidos.

FairBnB.Coop
fairbnb.coop
Plataforma de B&B éticos.

Accueil Vélo
francevelotourisme.com/accueil-velo
Recursos de cicloturismo.

COMIDA LOCAL

Los productos locales saben mejor cuando se preparan de una forma social y ecológicamente responsable. Véase Ecotable (www.ecotable.fr) para encontrar establecimientos comprometidos con una restauración ecorresponsable.

HABLAR FRANCÉS

Unas cuantas palabras clave ayudarán en las compras:
Marché des producteurs – Mercado de productores.
Produits paysans – Productos de campesinos.
Produits fermiers o *Vente directe* – Productos de granja o venta directa.
Bio – ecológico.

LEER LAS ETIQUETAS

Ecoetiquetas ecológicas de fiar: para los hoteles, **La Clef Verte, EU Ecolabel** y **EarthCheck;** para los restaurantes, Michelin utiliza un **trébol verde.** También se puede consultar **Mr Goodfish** (mrgoodfish.com) para evitar comer especies sobreexplotadas de pescado y marisco.

Lo esencial

INFORMACIÓN ÚTIL

Hora local
CET

Prefijo del país
33

Teléfono de urgencias
112

MONEDA: EURO (€)

Se puede pagar con tarjeta en restaurantes, tiendas, hoteles, para comprar billetes de tren, etc., pero en mercados, bares y tiendas pequeñas suelen preferir efectivo (o ser obligatorio).

En Francia, el pago *sans contact* (sin contacto) con tarjeta o móvil está en auge, incluso en peajes y para comprar billetes de tren. Las tiendas pequeñas puede que no tengan datáfono.

Horario comercial

Muchas tiendas cierran de 12.00 a 15.00. En muchos negocios, los domingos y lunes suelen ser días de descanso. En poblaciones pequeñas, muchas tiendas podrían abrir solo por la tarde.

ELECTRICIDAD

Tipo E
220V/50Hz

Tabaco

Se puede fumar en las terrazas; se debería pedir un cenicero al camarero. Tirar la colilla al suelo puede acarrear una fuerte multa (hasta 60 €). Está prohibido fumar en interiores y en el transporte público.

Lavabos públicos

Los negocios con el sello *Accueil Vélo* en el escaparate se comprometen a ofrecer sus lavabos a los ciclistas sin que tengan que comprar nada. En muchas poblaciones hay lavabos públicos, normalmente cerca del ayuntamiento o los aparcamientos. Se recomienda llevar papel higiénico.

Fiestas oficiales

En Francia, los siguientes son *jours fériés* (días festivos):

Año Nuevo 1 de enero

Domingo y lunes de Pascua Finales de marzo/abril

Día del Trabajo 1 de mayo

Día de la Victoria en la II Guerra Mundial 8 de mayo

Día de la Ascensión 40 días después de Pascua

Domingo y lunes de Pentecostés Entre mediados de mayo y mediados de junio; el séptimo domingo después de Pascua

Día de la Bastilla 14 de julio

Día de la Asunción 15 de agosto

Día del Recuerdo 11 de noviembre

Navidad 25 de diciembre

CUÁNTO CUESTA UN...

Un café exprés
2 €

Un 'café crème'
4 €

Una cerveza de barril
4-10 €

Rutas por dificultad

BAJA

MEDIA

ALTA

Índice

Rutas en bici 000
Mapas 000, 000

Rutas en bici 000
Mapas 000, 000

LOS AUTORES

Ashely Parsons
Escritora de viajes y aventuras, Ashley Parsons divide su tiempo entre Provenza y los Alpes franceses. Se pueden seguir sus viajes a través de Instagram en @jailoo.studio.

Christopher Cooley
Cuando Christopher no está explorando en su bicicleta de montaña, probablemente se le encuentre sirviendo cafés a ciclistas en @musettebikecafe, en Burdeos.

Charles Onians
Periodista y escritor de viajes, ahora Charlie prefiere la adrenalina del ciclismo a cubrir conflictos.

Pierre Jaumouillé
Escritor de viajes, director de cine y ciclista y corredor de larga distancia, se puede echar un vistazo a las aventuras de Pierre en su Instagram @pierrejml.

Rory Mulholland
Rory es un periodista irlandés afincado en París cuyo amor de toda la vida por el ciclismo le ha llevado a hacer rutas en bici a lo largo y ancho de toda Europa. Se le puede seguir en @mulhollandrory.

Quentin Boehm
Quentin es un escritor de viajes y aventuras al aire libre, fotógrafo y director de cine afincado en los Alpes franceses. Se puede viajar sin prisas con él a través de Instagram en @jailoo.studio.

geoPlaneta
Av. Diagonal 662-664, 08034 Barcelona
www.geoplaneta.com – www.lonelyplanet.es

Lonely Planet Global Limited
Lonely Planet Global Limited, Digital Depot,
The Digital Hub, Dublín D08 TCV4, Irlanda
www.lonelyplanet.com
Contacta con Lonely Planet en: lonelyplanet.com/contact

Las mejores rutas en bicicleta por Francia
1ª edición en español – marzo del 2024
Traducción de *Best bike rides France, 1* – octubre del 2023
© Lonely Planet Global Limited

Editorial Planeta, S.A.
Av. Diagonal 662-664, 7º. 08034 Barcelona (España)
Con la autorización para la edición en español de Lonely Planet Global Ltd
A.B.N. 36 005 607 983, Lonely Planet Global Limited, Digital Depot,
The Digital Hub, D08 TCV4 Dublín, Irlanda

ISBN: 978-84-08-28022-4
Depósito legal: B. 15.371-2023
Impresión y encuadernación: Macrolibros
Printed in Spain - Impreso en España